田野家园·续编

廖榕光 著

光明日报出版社

图书在版编目（CIP）数据

田野家园．续编 ／ 廖榕光著．－－北京：光明日报
出版社，2023.7

ISBN 978－7－5194－7366－2

Ⅰ．①田… Ⅱ．①廖… Ⅲ．①风俗习惯—社会调查—
福建—文集 Ⅳ．①K892.457－53

中国国家版本馆 CIP 数据核字（2023）第 127599 号

田野家园·续编

TIANYE JIAYUAN · XUBIAN

著　　者：廖榕光

责任编辑：房　蓉　　　　　　　责任校对：郭玫君　董小花
封面设计：中联华文　　　　　　责任印制：曹　净

出版发行：光明日报出版社

地　　址：北京市西城区永安路 106 号，100050

电　　话：010-63169890（咨询），010-63131930（邮购）

传　　真：010-63131930

网　　址：http：// book. gmw. cn

E - mail：gmrbcbs@ gmw. cn

法律顾问：北京市兰台律师事务所龚柳方律师

印　　刷：三河市华东印刷有限公司

装　　订：三河市华东印刷有限公司

本书如有破损、缺页、装订错误，请与本社联系调换，电话：010-63131930

开　　本：170mm×240mm

字　　数：380 千字　　　　　　　印　　张：20

版　　次：2024 年 1 月第 1 版　　印　　次：2024 年 1 月第 1 次印刷

书　　号：ISBN 978－7－5194－7366－2

定　　价：89.00 元

引　言

　　《田野家园·续编》是《田野家园》（黄山书社 2019 年 10 月出版）的姐妹篇。收录的作品大部分是作者 2019 年以后写作的民俗类及地方史类的文章，共 96 篇，近 30 万字。

　　其中，有的是已在全国性学术论坛或国家级刊上发表的论文，如《闽南佛教的岩》一文，是作者参加中国民俗学会 2022 年年会的论文，在 2022 年 11 月 13 日的年会专题学术交流会上宣读；《关于闽台"王爷"神来历的调查　兼谈"割香""送王船"》一文，是作者参加由中国社科联世界宗教研究所、中国宗教协会联合主办的"送王船仪式与海洋文化遗产保护专题学术研讨会"的论文，2020 年 12 月 22 日在研讨会的大会交流时宣读；《顺治帝迎见达赖礼仪之争》一文，是作者涉猎清史的研究文章，先发表于国家清史纂修领导小组、国家清史编纂委员会办公室的内参刊物《清史参考》第 31 期，后被收入《清史镜鉴·部级领导干部清史读本》一书并公开发行（国家图书馆出版社 2009 年 7 月出版）。

　　《南安英都拔拔灯的调查、发掘和申遗之路》一文，是作者在"传承与保护——南安英都拔拔灯项目学术研讨会"上的主题发言。该文回顾了作者几乎穷其一生精力，不懈调查、探索、钩沉董山昭惠庙的渊源及"拔拔灯"特殊灯会的形成和传承发展的过程，抢救复活了这一彰显海上丝绸之路东端发祥地——泉州特色文化的古老民俗灯会，是对国家级非物质文化遗产代表性项目"南安英都拔拔灯"调查及申遗过程的一次总结性回顾。

　　本书收入的田野调查报告有：《发现翁山洪氏东八房宗亲迁台家谱珍本》，钩沉出翁山洪氏东八房迁徙台湾的时间及地址，七十多年以来南安英都"洪氏东八房宗亲去台居何处"的疑团终于云开雾散，促进了两岸洪氏亲缘再续；《王鼎九的诗集〈翔山樵唱〉》，发掘了民国时期南安青年诗人王鼎九笔下忧国忧民的诗词200多首;《英都地下团支部旧址在荣星村》,通过调查革命斗争时期中国新民主主义青年团英都地下团支部的成立和斗争活动情况,新发现一处老区革命遗址;《洪潘出生地调查》,则通过多方调查访问,得出"中国管乐之父"洪潘的出生地是中国而不是马来西亚的结论,表现了史学工作者尊重历史、敬重名人的负责任的态度。

本书也收录了作者写的一些有关古代科举、职官、牌坊的知识性通俗短文,有一定的可读性,主题包括签判通直、乡约正、乡饮宾、钦赐举人、牌坊,等等。

"探骊寻珠"一章收录了作近年来发现的古牌匾、家谱、名人诗词楹联、名人书法、墓志及介绍文章,使遗珠重现异彩,有一定的存史价值。

本书还收录了作者采写的民间故事4篇。这些故事都流传于南安西部,有着深厚的群众基础,影响范围较广。作者通过广泛调查,多方寻访,忠实记录,慎重整理,努力还原了别具一格的口头文学原生态。

目　录
CONTENTS

01

地方民俗

"清明粿"和寒食节

清明节前夕，在闽南农村，家家户户都要用粮食制作一些熟食品，作为清明节当日上山扫墓的供品。其中最主要的一种，是用大米为主要原料再加一种青草制成的包子，习惯上称为"清明粿"。

清明又是一个重要的农事节令，正值农民春耕大忙，有了"清明粿"，农民可以带去上山下田，在劳作饥饿时当点心，非常方便。因此，以前在农家清明节前制作"清明粿"是非常重要的，人口较多的大户往往要用十几斤甚至几十斤粮食来制作。

"清明粿"，既可当作祭扫先人坟墓的供品，又可作为农忙劳作时的点心，兼具有礼仪和实用的双重意义，所以这一民俗在农村经久不衰。

我认为，闽南一带农村清明节制作"清明粿"这一习俗的形成，应该是从古代的寒食节习俗衍变而来的。

根据古老的传说，清明节的形成与春秋时期晋文公重耳的故事有关。

晋国公子重耳逃亡时，生活极其艰苦，为了让重耳活命，一直跟随他的介之推，不得不从自己的腿上割下一块肉来让他充饥。公元前636年，经历19年流亡生涯的重耳终于执掌政权，成为晋文公。即位之后，他对当初伴随他流亡的功臣一一封赏，唯独忘了介之推，很多人为之不平。但介之推鄙视争功讨赏的人，就悄悄上了绵山隐居。晋文公知道后非常后悔，亲自带领随从去绵山寻找介之推，但在那么高大的一座山中寻找一个人是非常困难的，于是有人献计三面放火烧山，留一面不放火，以此把介之推逼出来，晋文公依计而行。但这一场大火并没有把介之推逼出来，事后搜山，发现介之推死在一棵老柳树下，并留有血书，上写着，"割肉奉君尽丹心，但愿主公常清明"，晋文公懊恼不已，放声痛哭。他深悔不该放火烧山，否则介之推也不致被活活烧死。于是他下令，将每年的这一天定为寒食节，全国民众一律不准生火煮饭，只吃生冷食物。第二年，晋文公又率众臣上山祭奠，发现那棵老柳树死而复活，因为那一天正好是二十四节气中的"清明"，就给这棵老柳树赐名"清明柳"，并晓谕天下，将这一天定为清明节，作为扫墓的日子。寒食节正好在清明节的前一天。

有关晋文公与介之推（有的文献称"介子推"）的传说很多，并且有文字记载，历史上公认的寒食节、清明节的形成就是发源于他们的故事。

久而久之，清明节与寒食节合而为一，这一天既为先人扫墓，又禁生火，增添了这个特殊节日的肃穆、凝重气氛。

闽南农村清明节前制作"清明粿"实际上是古代寒食节风俗的遗存。提前蒸制好"清明粿"，就是为这一天不生火做饭准备好食品。

"清明粿"外形与传统的包子相同，但因制作时在包子皮的原料中加入了一种名叫"鼠曲"的青草而与众不同，故名"清明粿"，又称"鼠曲包"。

"鼠曲"又名"佛耳草"，菊科植物，生于山坡、路旁、田边，茎直立，长白色绒毛，开黄花。有祛痰止咳的药用功效，春夏之交可采其开花的全草晒干入药。制作"清明粿"时，采其嫩茎，经洗净捣烂后，与研磨后的大米粉浆混合揉匀，即成为做包子皮的原料。馅儿有咸的，也有甜的。咸的用农家腌制的芥菜或晒干的萝卜丝，炒煮后即成。甜的以花生米捣碎后加糖文火熬成。"清明粿"成品为包子状，成形后垫上新鲜的香蕉叶或枫叶放入蒸笼蒸熟。加了鼠曲草的"清明粿"成品呈墨绿色。

加入"清明粿"的鼠曲草是经舂臼捣烂的，但其细纤维依然存在，因此，清明粿吃起来特别有嚼劲，加上具有独特的天然野草香味，令人回味无穷。

泉州城里的人习惯在清明节吃"润饼"，而从农村出来的人还是怀念那独具风味的"清明粿"。遗憾的是，不少现代年轻人只知道洋快餐店里的汉堡包，却不知道有"清明粿"这一独特的纯天然传统节令食品。

"寿龟"与供品礼仪

在闽南，特别是泉州一带，有一种特殊的民俗礼仪供品，名叫"寿龟"，习惯简称为"龟"。这可不是江河湖海、池塘水库里常见的两栖爬行动物乌龟，而是一种用糯米为主要原料加工制作的熟食品，它是闽南民间宗教信仰礼仪的一种必不可少的供品，正一派道士称为"寿龟"。因其在蒸制前先用模子压上"龟"的甲壳图形纹样，故"寿龟"的外形具有龟的形状，用以代替长寿的动物乌龟作为敬神的供品。它被广泛应用于为神仙"庆寿"的宗教民俗节日。

"寿龟"的制法是先把浸泡后的糯米磨成浆，榨干水分后搓揉成一个个小团状，压扁，包上甜馅（用捣碎的花生仁或芝麻、绿豆等可做成不同风味的馅），包好即压上龟形图案的模子，使它成为龟的形状，然后放入蒸笼蒸熟即成。常温条件下保质期可达5~7天。如果在春夏之交，田埂或山坡上有一种开着黄色小花的"鼠麴草"，可采其鲜叶及花蕾洗净、晒干、捣烂，取适量揉进糯米浆做成的表皮，这种加入鼠麴草制成的"寿龟"，带有特殊的野草香味，还可以增加成品的韧性，口感很好。

"寿龟"是有规格的，有大、中、小3种规格。

大号的"寿龟"通常被称为"大龟"，成品长30厘米左右，宽20厘米左右。这种"大龟"是用来供天的，每年农历正月初九老天爷过生日，如果用全猪或猪首供天，一定要配有"大龟"，这是"标配"。民间俗称"猪头龟"，这是大礼。

"中龟"的规格次于"大龟"，大约有20厘米长。这种中型的"寿龟"是用来供道教的神仙以及民间信仰神祇的。特别是闽南一带盛行"王爷公"崇拜，那些"代天巡狩"的王爷公，"地位"仅次于天公，他们每年有一次"圣诞"，为他们"庆寿"的供品中，就必须有规格仅次于"大龟"的"中龟"。

"大龟"和"中龟"因体积较大，不但制作时较麻烦，而且实际上供神之后人们是要享用的，毕竟太大了不方便吃，还要用刀切成小块。所以，"大龟"和"中龟"一般都只是象征性地制作3个作供品，其他则制成"小龟"。

"小龟"长12~15厘米，宽7~10厘米。"小龟"用于为供天的"大龟"或供神的"中龟"装盘时垫底，还可以用来供家庭奉祀的土地公、灶神爷等"最基层"地位的神。

在闽南农村各种名目的"佛诞""神诞"民俗节日中，"寿龟"是必不可少的供品，它与全猪（或猪首）、全羊、鸡鸭鱼、寿面（面条）组成完整的供品系列，等级分明，体现了古代科学未发达时，人们希望与大自然和谐共生，寄希望于"天"，对至高无上的"天"及司掌人类命运的各种神仙的崇敬和虔诚。

"寿龟"在人生礼仪中的地位也是十分有趣的。同样是用糯米包上甜馅做成的熟食品，在人成长的人生礼仪中的不同环节，就有不同的叫法。婴儿满月了，敬神用的供品就不是"寿龟"，外形只能做成扁圆的形状，实际上就是糯米甜包子，名称叫"满月圆"，表示这婴儿来到人间整整一个月了。泉州人不兴做"百日"，而是做"四月"。为婴儿庆"四月"时敬神用的供品外形也不能做成龟状，而是另外用一种刻有桃子形状的模子压印而成，名称叫"寿桃"。据传说，天上王母娘娘有棵仙桃树，吃了仙桃就会长寿，所以，婴儿庆"四月"要用"寿桃"供神，也是祈求婴儿健康长寿的意思。婴儿满一年了，闽南人为婴儿庆周岁叫"度晬"，"度晬"就要用"寿龟"了。有钱的大户人家，给男婴做"度晬"，还要隆重地"叩谢天公"，这就要制作"大龟"。庆周岁时婴儿有一个仪式叫"脚踏龟"，大人抱着穿上新衣服、新鞋子的婴儿，让他象征性地用双脚踩一下小"寿龟"，表示希望这孩子早日会站稳，会走路，健康长寿。

泉州民间这种体现在人生最早3次礼仪中的敬神的不同供品，阶段性很明确，供品各具个性，这种仪式感十足的程序，体现了古代人对新生命的细心呵护和寄托的良好愿望，是一种很有人性的人生礼仪。

"寿龟"在男人的人生礼仪中还有2个主要环节必须用上。一次是男孩长到16岁时过"成人礼"，叩谢天公时要有"寿龟"配上猪、鸡、鸭、鱼等牲礼做供。另一次是男丁结婚要履行"上头"仪式，同样要用"寿龟"供天。

"寿龟"是农村家家户户经常要用到的礼仪供品，制作"寿龟"是家庭主妇必须掌握的一门技艺。"寿龟"不仅仅是礼仪供品，还是一种美味的食品。因皮料或馅料不同制成的各种"寿龟"，风味各具特色，热吃或冷吃皆宜，在家赋闲品茶或下田劳作时，都可以作为点心。因此，能做得一手好"龟"，往往会使一个家庭主妇声名远扬。

随着农村经济结构的改变，农民大都走上务工或经商之路，现在的家庭主妇已经不会制作"寿龟"了，市场上也就衍生了专业制作"寿龟"的商业化小作坊。市场上的"寿龟"产品虽然不具备多种多样的个性特色，但还是颇受欢迎的。在泉州，较有名的是产自永春县五里街的"榜舍龟"和南安市洪濑镇的"洪濑黑粿"（洪濑人习惯称寿龟为"黑粿"），都成为闽南宴席上的特色佳肴，享有盛誉。

话说惊蛰

惊蛰，古代又称"启蛰"，是我国二十四节气中的第三个节气。

入冬以后，一些动物藏入泥土中，不饮不食，这种冬眠现象，称为"蛰"。古人认为到了"惊蛰"这个节气，气候转暖，春雷响动，蛰居在泥土中的动物听到春雷，苏醒了，故称为"惊"。"惊蛰"这一节气的名称由此而来。

惊蛰节气在每年的 3 月 5 日或 6 日，此时正是"数九寒冬"的"九尽春回"，进入"九九"艳阳天。因此，人们习惯把"惊蛰"视为真正春天的开始。

惊蛰是农业生产的重要节气之一。在我国南方，惊蛰是春耕大忙的开始。特别是在我们闽南农村，惊蛰正是早稻播种育秧的时节。农民为了不误农时，除了浸种、准备播种育秧外，还得抓紧灌水溶田。所以有农谚说，"谷种落土田里摸"，虽未到插秧时节，实际上已经天天在田里摸爬忙碌了。也就是说，忙碌的春耕开始了。北方也有农谚，"到了惊蛰节，锄头不停歇"，也同此理。

当代诗人庄河水有一首《惊蛰》诗，很准确地描写了惊蛰的节气特点：

> 一声霹雳醒蛇虫，
> 几阵潇潇染绿红。
> 九九江南风送暖，
> 融融翠野启春耕。

"九九"是中国古代民间用来表示冬至后的 81 天日期的总称。九九八十一天结束，就是惊蛰节气。

惊蛰这个节气的特点是春雷响动，万物复苏。当然不一定就在"惊蛰"的这一天响春雷，而是到了这个节气，春雷该响动了。以前闽南农民对这一节气是否正常响春雷很关注。如果有个别年份未到惊蛰提早打雷，就会认为对春耕生产不利。有农谚说，"未惊蛰先响雷，四十九日乌"。闽南语"乌"表示阴天，台湾省有童谣，"天乌乌，要落雨"，即此意。闽南农民在长期生产实践中总结出一条规律：如果未到惊蛰节气就响春雷，预示着这个春天多阴雨天气。

有经验的老农会据此在春播春种活动中注意规避不良的气象因素。这是农耕时代我们先民的智慧结晶。

"惊蛰"这个节气的名称是由雷声引起的。古人想象中的雷神模样是鸟嘴人身，又长了一副好大翅膀的巨神，他手执大锤，用力撞击天鼓，故天上会发出隆隆的雷声。既然惊蛰响雷是天上雷神在击鼓，那么人间就在惊蛰这一天来蒙鼓皮。大家知道，大鼓敲久了鼓皮会破损，匠人会在惊蛰这一天为破旧的大鼓重新蒙上新的鼓皮，借助雷神的灵应，新蒙的鼓声音会更响。著名儒家经典《周礼》中的《挥人》篇说："凡冒鼓必以启蛰之日。"我认为这倒不是迷信，因为春天气候潮湿，这时把鼓皮蒙紧，随着夏、秋季节气候的干燥，那时鼓皮会变得更加紧致，声音就会更加响亮了。"英都大鼓吹"的著名乐队"五世口大鼓吹队"，司鼓手好几代传人都学会了蒙大鼓皮的手艺，如有破损，都是在惊蛰节气前后更换维修的。

春雷响动，万物复苏，大地一片春意盎然。惊蛰节气带给人类的启示，不仅是催促农民不误农时抓紧春播春种的紧迫感，而且是在温馨的春天气息里，警示和催促人们不负春光，把自己从事的本职工作抓紧做好，为新的一年取得好成绩开局起步。

2022 年 3 月 4 日

说说关于端午节的那些事

一、端午节的由来

端午节在每年农历的五月初五。端，本义为正；午，本义是中。端午，就是中正。传统文化认为，仲夏五月龙星处在正南中天，五月初五，飞龙在天，为全年周天运行最中正之位。古人崇尚中、正，选定五月初五作为仲夏的节日，淋漓尽致地表现了中华民族崇尚中正之道的优秀传统文化。所以，这个节日命名为"端午"。又因为五月初五是午月中的第一个午日，午为"阳辰"，因此又有"端阳节"之称。在闽南，则俗称为"五月节"。

在我国上古时代，南方百越民族以龙为图腾，认为自己是龙子，直到现在，中华民族都以龙的传人表示自己的身份。端午节龙舟竞渡活动和用粽子投江，实际上都和龙有关。古代百越人会在五月初五这一天举行盛大的祭祀活动，赛龙舟时要"断发文身"以像"龙子"，他们在急促的鼓声中划着刻画成龙形的独木舟竞渡争先，用这种活动祭祀先人。这就是端午节被称为"龙舟节""粽子节"的由来。龙舟竞渡习俗也逐渐由南向北传播。在南方，又俗称"扒龙船"。

古人认为，端午日是一年里草本药性最强的一天，这一天采集的草药，最有效，药气最灵。古人还认为，菖蒲、艾草有辟邪的作用。端午阳气旺，菖蒲、艾草长势茂盛，所以这一天在门上挂菖蒲、艾草辟邪。

后来，端午节被附会为悼念爱国诗人屈原的节日，故端午节又有"诗人节"的别称。

总之，端午节起源于上古百越先民择"飞龙在天"的吉祥日子祭拜龙祖，祈福辟邪，并注入了夏季时令祛病防疫的风尚，后来，又被附会加入纪念屈原等历史名人的内容，是集拜神祭祖、祈福辟邪、欢庆娱乐和享用节日美食于一体的民俗大节，它和春节、清明节、中秋节并称为"中国四大传统节日"。中国人郑重地过端午节，是一种文化现象。这个节日涵盖了古老的星象文化、人文哲学等内容，蕴含着丰厚深邃的文化内涵。

2006年5月，国务院把端午节列入首批国家级非物质文化遗产名录。从2008年起，端午节列入国家法定的节日，放假一天。2009年9月，联合国教科文组织正式批准端午节列入"人类非物质文化遗产代表作名录"，端午节成为我国首个入选世界非物质文化遗产的节日。

二、千秋万代悼屈原

端午节在传承发展的过程中，善良的人们赋予端午节以纪念先贤先哲的内容，使那些传说中的故事成为端午节的"起源"。其中，影响最广泛的就是"纪念屈原"一说。但是，历史学家证实，没有任何历史文献记载屈原和端午节有关。

龙舟作为一种文化，它的出现比屈原所处年代要早得多。河姆渡遗址出土的文物证明，大约7000年前就有以独木开凿成长形的彩绘龙舟，还有木桨，这就是先民最早的"龙舟"，后来才有了用木板装配而成的较大型龙舟。而屈原是春秋时楚国楚怀王的大臣，是一名忠贞正直的好官，他一直倡导"举贤用能"的用人方针，建言"富国强兵"的治国方略，极力主张"联齐抗秦"的外交路线。但他的一系列主张遭到贵族的强烈反对，楚怀王听信谗言，把屈原逐出都城，流放到边远地区。屈原在流放途中写下了忧国忧民的《离骚》《天问》《九歌》等不朽诗篇。前278年，秦军攻破楚国都城，屈原听到消息，心如刀割，写下《怀沙》后，抱石投汨罗江自尽。他用生命谱写了一曲慷慨赴死的爱国主义悲歌。据传说，屈原投江那一天是五月初五。屈原逝世的那一年是公元前278年，距我国古代最早的龙舟竞渡至少晚了三四千年。而我们发现的将屈原和端午节联系起来的最早的文字记载，是南北朝的神话小说《续齐谐记》，这时已经是屈原逝世后的750年了。也就是说，是屈原逝世700多年之后，人们才通过一部神话小说，把屈原逝世和端午节挂上了钩。

尽管历史学家一再强调端午节的起源和屈原无关，但人民群众不是史学工作者，当有书面文字记载端午节是为悼念屈原而设立的节日，不管是神话还是传说，他们都表现出积极的认同感，郑重其事地代代传承。我作为一名民俗工作者，必须告诉大家，端午节的起源比屈原逝世的时间要早得多，端午节不是为悼念屈原而设立的。但对于广大人民群众认同端午节是悼念屈原的这一现状，我表示深深的理解。中华民族历来强调民族的气节和爱国精神，为国家为民族牺牲的英烈，一直是人们崇尚的精神楷模。每当民族和国家的危难时刻，屈原忠贞正直、刚毅不屈的高尚品德，就成为鼓舞千百万人英勇奋斗的精神动力。

抗日战争时期，郭沫若用 10 天的时间把屈原的故事编成话剧，在国统区重庆连演了十几场，屈原的光辉形象，鼓舞了成千成万中国人坚定抗日的必胜信心。

屈原之所以受到广泛尊敬和崇拜，还有一个原因，他是我国古代伟大的诗人，是中国浪漫主义文学的奠基人，是楚辞的创作者。他的诗，想象丰富，文采绚丽，充满浪漫主义色彩，对我国诗坛有着深远的影响。当代新诗的奠基者郭沫若创作的《女神》《凤凰涅槃》，明显传承了屈原的浪漫主义风格。屈原的诗，最感人之处还在于充满着爱国主义思想和无私无畏的牺牲精神，他的诗一直是鼓舞中华民族英勇不屈的精神动力。《九歌》中的经典诗句，如"带长剑兮挟秦弓，首身离兮心不惩"和"身既死兮神以灵，魂魄毅兮为鬼雄"，意思是：为了国家和民族，我就是脑袋掉了，壮心也不会改变。我身虽然已死，但我的精神不会死，到九泉之下我还是鬼中的英雄。如此豪迈，掷地有声！屈原那深沉的爱国爱民思想和英勇无畏的斗争精神，构成了无与伦比的文化魅力。1953年，世界和平理事会通过决议，确定屈原为当年纪念的世界四大文化名人之一。端午节因为注入了纪念屈原的元素而更加深入人心。

有的地方还有端午节是纪念伍子胥、介之推、曹娥的传说，但以纪念屈原的说法为主流。

三、咱厝的端午节民俗

端午节在闽南俗称"五月节"。在我们南安，古代的五月节是怎么过的？

清康熙版《南安县志》中有很简单的记载：

> 端午，悬蒲艾于门；为角黍馈节；有龙舟竞渡之戏。（角黍就是用玉蜀黍做成尖角形状的粽。）

清乾隆版《泉州府志》中关于端午节的记载则较为详细：

> 端阳，龙舟竞渡；悬蒲艾及桃枝于门，贴符及门贴；小儿以五色丝系臂，曰长命缕，又以通草像虎及诸毒物插之；饮雄黄酒且喷于房角及床下，云去五毒，小儿则擦其鼻，作粽相馈遗，以米粉或面和物于油内煎之，谓之堆。

从以上史料中我们得知，泉州、南安一带的端午节习俗大体是插艾于门，包粽子作为节日礼物相馈赠，举行龙舟竞渡活动，饮雄黄酒，并且用雄黄酒作为消毒剂在房角床下喷洒，小孩子则用雄黄酒擦在鼻子上以去毒，还有做"煎嗃"。

以上记的都是清朝的事，到了民国，由于连年战乱，迄无宁岁，人民群众生活困苦，特别是在农村，端午节就没有像府志、县志里记载的那么美好了。

我的童年是在南安县城溪美镇度过的，经历过 20 世纪 40 年代闽南县城小集镇的端午节，那时在溪美没有看到赛龙舟，生活较好的人家做粽子，贫困人家就做煎嗲，更有一种以全麦粉蒸制而成的麦粿。饮雄黄酒也是极个别人家的事。生活较为过得去的人家才会给孩子佩戴香囊（香包），是一种用包有好几种气味芬芳的中药的香包，外形还绣有老虎或其他吉祥纹样，挂在小孩脖子上，有驱邪、杀菌、防病的作用。古人认为，农历五月梅雨天气多，毒气毒虫容易滋生，应该防疫，所以端午这一天大清早就要采艾草挂在门上，以防毒气入侵。

20 世纪 50 年代以后，我一直居住在英都镇。从 20 世纪 50 年代起到 80 年代，英都农村过五月节都做煎嗲，直到改革开放以后，农民生活水平不断提高，才做粽子。近年来，生活越过越好，粽子也做得越来越讲究，配料多种多样。只有改革开放以后，粽子才真正成为节日的美食，进入寻常百姓家。

下面我把自己身历的英都农村过五月节的那些事和大家分享。

煎麦嗲。"嗲"字念 dē，是用小麦磨成浆放在平底锅上烙成的油饼，相当于北方的烙饼。闽南语把烙说是"煎"，烙饼叫作煎嗲，这个煎嗲的"嗲"字是闽南语，没有字，所以乾隆版《泉州府志》用"堆"字代替，取其音近而已，并不是一堆一堆的意思。农历五月正是南方麦子收割完成以后，把新登场的麦子磨成粉、磨成浆加工而成的食品都有特殊的香味，农家用自己新收成的麦子做原料烙饼，实际上具有尝新的意思。麦嗲有咸、甜两种类别，咸的是在麦浆里加入些切碎的韭菜、小虾米（也称"虾皮"），甜的则是加入红糖。更讲究的则做成甜馅，磨浆时还在小麦里加入适量糯米，以增加烙饼的韧性，摊开烙到半熟时，放上馅料，再翻转把馅料夹在中间。甜馅用捣碎的花生米或黑芝麻熬糖做成，并加上适量的蒜蓉，香甜可口。麦嗲用的是没有去掉麸皮的全麦粉，而不是精面粉，从现代营养学的角度来看，它和精面粉比起来，含有粗纤维，富含维生素 B 族。当然，这是营养学家研究的题目了。

挂艾草、采草药、送蚊虼。五月节历来被认为是送瘟神、驱病灾的节日，当天清晨要采摘带露水的艾草插于门上，以示祛病避灾。据说这一天去采摘的"香薷""仙草"等中草药都特别有药用价值，晒干了收藏，可留作六月酷热天制作预防中暑的凉茶之用。当晚还有一个环节，叫"送蚊虼"，就是用麦草扎成火把，里面还夹带着"麦嗲"，点燃后送到溪涧河边的草丛、树林里，寓意把蚊虫送出我们居住的村庄，不再受蚊虫侵扰。这活动带有游戏性质，多为小孩子参与，他们举着麦草火把，念着朗朗上口的歌诀："送蚊虼，送蚊虫，送去溪埔吃树花，咬树丛，唔通飞入阮厝来咬人。"顽皮的孩子有时现编歌诀，把"蚊厄"送到溪边，高声叫喊着隔岸"送"给对面村庄。因此，在孩子们送蚊厄的行动中，往往有些大人不放心，跟在后面，防止孩子们的"过激"行为，影响与相邻村落的团结。当然，更多的是把这当作一种娱乐，你送我，我送还给你，乐一乐罢了。

做田敬。英都古代在农历四月廿六日有做"田敬"的民俗，此时春播完成，敬一下田间的神祇，祈望保佑农作物不受虫病侵扰，旺盛生长。后来演变成在端午节这一天来做"田敬"了。考其原因可能是五月节既然寄托了人们防病去灾的愿望，善良的农民同时也希望他们种植的农作物不受虫害侵扰。南方农历五月是阴雨季节，田间农作物的各种病虫害频发，利用五月节做"田敬"，体现了农耕时代劳动人民祈求农作物无病无灾的朴素愿望。所谓做"田敬"，程序也非常简朴，就是在五月节这一天，到自己的每块耕地里插上小竹竿，竹竿上劈开个叉，夹着黄色的"纸钱"，给田头的土地神供"麦嚼"、烧香就行了。程序很简单，意义却是很重大的。我附近有个自然村，将这一习俗一直坚持到现在，人民公社的"一大二公"、"文化大革命"的"破除迷信"、当代商贸大潮对农业的冲击，都没能把这个风俗冲毁。

古代英都人过五月节的习俗，体现了闽南山区独特的农耕文化。据传说，煎"麦嚼"是为了补天，当年女娲娘娘炼石补天时不小心留了一个洞，以致每年五月南方阴雨绵绵，百病丛生，对人和农作物的健康成长都非常不利，煎"麦嚼"补天就是为了把这讨厌的阴雨堵住。"做田敬""送蚊厄"等习俗也都和农业生产、人类健康有关。可见，古代英都农民过端午节和"悼念屈原"没有什么关系。

总之，端午节起源于古代先民的自然崇拜，由上古时的祭龙演变而来，经过长时期的传承、发展，形成了集拜神祭祖、祈福辟邪、欢庆娱乐、享用节日美食于一体的民俗大节，是中华民族及汉字文化圈诸国的传统文化大节。以龙为标志的龙舟，表现了我们是龙的传人的民族自豪感；龙舟竞渡，表现了团结拼搏、乐观向上的集体主义精神；尽管悼念屈原是后来附会的，但通过在每年一度的端午节重温屈原事迹，激励了人们的爱国主义情怀和为真理英勇献身的无畏精神；挂菖蒲、艾草等一系列习俗，提醒人们于五月梅雨季节注意防疫保健；由端午节产生的五花八门、各种风味的粽子，不但成为一项独特的节日美食，还通过馈赠亲友增进了亲朋之间的友谊，成为别具一格的节日风景线。可以说，世界上没有任何一个节日，能够像我们的端午节一样有如此丰富的文化内涵，这是值得我们中国人自豪的。

2022 年 5 月 31 日

"七月半"应是中国的感恩节

闽南民间有句俗语，"清明无回家无墓，七月半无回家无祖，年兜无回家无某"，耳熟能详，上了年纪的几乎尽人皆知。

"七月半"就是农历的七月十五，这是中华民族祭祀祖先的传统节日，历史悠久。古代人认为，七月是个吉祥月，上古时代我们的先人就在这个月的月中（七月十四日、十五日）祭祀祖先，追思逝去的亡人，其实就是个孝亲思亲的节日。

到了东汉，道教兴起，道教把这个节日命名为"中元节"。道教有"三元"之说，以正月十五为上元，七月十五为中元，十月十五为下元。上元是天官赐福，中元是地官赦罪，下元是水官解厄。人生在世难免有些罪孽，中元日是地官赦罪的日子，把中元节作为祭奠祖先的节日，含有为祖先的亡灵赦罪的意思。唐宋时期，每逢中元节，城市道观会举行盛大法会，作醮祈祷，为亡灵超度。宋代的王仲修有《宫词》一首，其中就有"六宫最重中元节，院院烧香读道经"之句。

后来佛教传入中国，佛教也很重视这个节日。佛教以七月是报恩月，说七月十五是僧徒功德圆满的日子，佛弟子在这一天举行"盂兰盆法会"，拯救死后被打入地狱的苦难众生。因此，"七月半"又被俗称为"鬼节"。

著名小说《儒林外史》，生动地描写了明代南京秦淮河畔过中元节的热闹景象：

> 长夏已过，又是新秋，清风戒寒，那秦淮河另是一番景致。满城的人都叫了船，请了大和尚在船上悬挂佛像，铺设经坛，从西水关起一路施食到进香河。十里之内，降真香烧的有如烟雾溟蒙，那鼓铙梵呗之声不绝于耳。到晚，做得极精致的莲花灯点起来，浮在水面上。又有极大的法船，依照佛家中元地狱赦罪之说，超度这些孤魂升天。把一个南京秦淮河，变做西域天竺国。

宗教来推波助澜，为"七月半"这个古老的节日披上了浓重的宗教色彩，使这个朴素的节日变得神秘而崇高。

我认为，上古时代先民认为七月是吉祥月，在这个时节来祭祀祖先，实际上还有向祖先"荐新"的意思。六月已过，夏收结束，以夏收的新鲜农作物果实祭奠祖先，含有向祖先报告半年劳动的丰硕成果，让祖先与我们共同尝新的意思。不忘先辈，缅怀祖德，是我们中华民族的优秀品德。因此，"七月半"之所以显得如此郑重，是因为有厚重的感恩内涵，它和清明节、春节一起成为重要的民俗节日。

近几十年来，西风东渐，年轻人过"洋节"之风盛行，他们盲目地追求西方的"圣诞节""情人节""感恩节"，一方面是因为我们对民族传统节日的宣传不够，或者保护不力，文化自信心不足，另一方面反映了我们有些法定节日的缺失（如母亲节、父亲节）。节日是一种文化，该有的，我们民族都要有。因此，弘扬优秀传统文化，继承优秀传统，在当下显得非常迫切。孝亲永远是中华民族优秀传统文化的一部分，必须大力弘扬。"七月半"不是鬼节，不要说得那么难听，那么恐怖。"七月半"是中华民族的"感恩节"。我们在为这一天祭祀先人的时候，上供菜碗，焚化纸帛，并不是什么迷信，而是怀念先人的一种精神寄托。

2022 年岁在壬寅七月十五日中午匆匆

关于闽台"王爷"神来历的调查
兼谈"割香""送王船"

我国闽台两省的"王爷"神（也称"王爷公"）崇拜现象，在全国是独一无二的。王爷神崇拜发祥于闽南的泉漳两地（包括现在的厦门市），后经泉漳两地的移民传播到我国的台湾省以及南洋诸国，成为我国和南洋诸国文化交流的纽带。其他省份的民俗神是没有王爷神的，即使是同属于福建省的闽西、闽北、闽东都难觅王爷神的庙宇。

王爷神的形象和地位，在闽南人的心目中是崇高和神圣的。王爷神"聪明正直"：聪为耳听八方，不偏听偏信；明是眼睛雪亮，明察秋毫。他们奉玉皇圣旨"代天巡狩"，铁面无私鉴察阴阳，具有很高的神职权力，令人敬畏。在农村，他们被广泛地奉为"当境神"，受一方信众膜拜，承担着捍患御灾、保一方平安的使命。在闽南农村的宗教信仰中，劳动人民对王爷神崇拜的热度远远超过对佛教诸佛及道教各路神仙的信仰程度。村村立有当境神庙，户户厅堂安坛设位，因王爷神信仰崇拜而衍生出来的"割香""谢神做醮""做佛诞"以及"迎值年""送王船"等各种仪式更是独具特色。

据调查，闽台两省拜王爷神的独特宗教活动，都是依托"正一派"道教的道士（俗称"师公"）来进行的。但是这些王爷神并不属于道教的神仙体系，因此，现在的职业道士对这些王爷神的来历实际上也一无所知，不过是人云亦云而已。

1992年8月13日，我曾由洪瑞生先生引荐，拜访泉州著名地方史学者陈泗东先生，此行主要是聆听陈老先生对我的英都昭惠庙渊源研究成果的意见，谈话的最后聊到闽南的王爷神崇拜。陈老先生说："我最近着重研究两个课题，一是关于泉州的南少林，二是关于王爷神崇拜。"他介绍说："南少林的中心在泉州，泉州少林寺是南少林武术的发祥地，这些都有明确的史料记载，我把它发掘出来了。唯有'王爷神'的来历因无文字记载，至今研究工作还没有突破。"

陈泗东学识渊博，被称为泉州地方史研究的权威，向有"泉州通"之称。

他晚年致力于研究的两大课题，南少林研究硕果累累，而王爷神研究则苦于没有文字资料而未突破，这也可以看出因王爷神崇拜来历之神秘而给研究工作带来诸多困难。陈泗东先生逝世于1994年，他逝世后，后人整理出版他的文集《幸园笔耕录》，其中收入他关于南少林研究的文章，未见有关于王爷神研究的文章。天不假年，如果陈泗东先生没有那么早谢世，相信肯定会有更多研究成果的。

王爷神的来历和崇拜形成

我把在福建省南安市英都镇、仑苍镇开展田野调查时得来的王爷神来历综合如下。

一、奉旨出巡途中罹难的钦差大臣

有一种传说是唐贞观年间，太宗李世民钦授36名新科进士巡按江南，不料于长江遇风浪，船只沉没，全部殉职，太宗准封"王爷"神号，赐代天巡狩，享祀南方。这是民众对王爷神来历的最主流一说，因此，后来所有王爷神都具有"代天巡狩"的神职功能。这些代天巡狩的神祇有审察阴阳的洞察力和先斩后奏的权力，具有震慑邪恶的威灵，令人望而生畏。

二、有功之臣死后受封

王爷神中有一些是有名有姓并且在史书上可以找到明确记载的，最著名的当数"李府大人"了。李府大人就是李大亮，据唐史记载，李大亮（586—644），陕西泾阳人，隋朝时的武将，后归顺李渊，授土门县令，有政声，升金州司马，后因平叛有功，累迁越州都督。唐太宗即位后，授交州都督。他安定边陲，屡建奇功，贞观八年（634）授剑南道巡省大使。他对唐初政局稳定的贡献很大，且居官清廉，累迁武阳公，拜右卫大将军。逝世时唐太宗放声痛哭，赐陪葬昭陵。这样一位唐朝开国功臣，生前曾被封为"巡省大使"，死后被赐陪葬皇陵，声名显赫，他受到后人景仰并被奉为神祇是理所当然的。"王爷"是皇帝的至亲，地位仅次于皇帝。李大亮被尊奉为"王爷"，符合老百姓的愿望。王爷神中那些有名有姓的真实人物，大都属于李大亮（李府大人）这一类。台湾有一所宫庙奉祀"马府大人"，即东汉著名将领马援，这位"马王爷"的时代已经距现在将近两千年了，是已知年代最远的一位王爷神。

三、传说中为救百姓献身成神

这类王爷神最典型的当数"池府大人"。据民间传说，池王爷姓池名然，字逢春。他是明万历年间举人、武进士，授漳州府尹，在赴任途中路遇两个行瘟使者，将往漳州放毒，池为救民，向两使者"借看"瘟疫粉末，吞毒粉自尽，漳泉百姓得以免遭劫难。此事感动天庭，玉旨敕封池为"代天巡狩"王爷，还加封为"总巡"。

四、忠臣蒙冤死后受封

闽南王爷神有"十二房科"之说，是由12个不同姓氏的王爷神组成的，他们的姓氏分别是蓝、雷、谢、蔡、潘、沈、孙、余、刘、余、纪、张。这12位王爷神按干支纪年法的"地支"年份，分别担任子、丑、寅、卯、辰、巳、午、未、申、酉、戌、亥的值年神，故又称"值年大王"，每12年为一个周期。这12位王爷神按次序轮值，担任该年类似众王爷的"召集人"的职责，捍患御灾、保境安民，及时向天上玉皇报奏吉凶祸福及人间善恶。关于这"十二房科"的形成，也是众说纷纭。我调查到的一种传说是，"十二房科"王爷神形成于清代中叶，他们本是忠于社稷、爱恤黎民的闽南籍文官（其中有"雷""蓝"两姓是闽南的少数民族），都是进士出身，共12人，因文字狱蒙冤，被雍正皇帝杀害，死后被玉皇大帝封为"代天巡狩"的王爷，轮值司掌监察阴阳的权力。这个说法是关于"王爷神"形成的年代最近的一种。我认为，因受"文字狱"而蒙冤被害后被玉帝封为神明之说，符合老百姓的愿望，此说具有比较高的可信度。各地对"十二房科"的称谓还有不同的叫法，比如，"十二兄弟""十二值年""十二大巡"等。

现实生活中受冤枉的好人和忠臣往往广泛受到民间的同情与崇敬。和"十二房科"相似的还有台湾省高雄市的"十八王公"。相传大陆的渔民18人因遇台风避难于高雄沿海偏僻荒岛，安分守己开垦谋生，不料被清兵当作"反清复明"的郑成功残部而剿杀，附近民众怜其冤屈，为之收埋，并尊为"十八人公"奉祀。后来，这"十八人公"也被"玉帝敕封为王爷"，民众为盖"十八王公庙"，香火旺盛。显然，"十八王公"也被尊为王爷神了。

萌芽于宋代、形成于明代、壮大完善于清代的王爷神，是一个庞大复杂的众神体系，是闽南劳动人民接力数百年造神运动的丰硕成果，其崇拜对象从西汉末年的马援，到清代中叶冤死于文字狱的进士，历史跨度将近两千年。不管这些"王爷"的姓名史书上有无记载，老百姓都认为他们是有名有姓有感人故事的真正英雄，他们忠肝义胆、聪明正直、大义凛然，是老百姓心目中真正的神，比那些虚无缥缈的"菩萨""仙家"更接地气，因此对他们的崇拜也就更具有广泛的群众性。而这一特殊信仰也因地方史志毫无记载而更具神秘色彩。

水沟馆的"五王府"

南安市英都水沟馆,前身是开清重臣洪承畴的恩师——洪启胤出仕前个人收徒教书的一座小小书房,因其门前有一条小沟渠而得名。传说洪启胤在馆学里除了奉祀孔子神位,还奉祀有一尊"王爷公"金府大人。洪启胤中进士以后,书馆无人续办,倒是这尊"金府大人"被村民信众接续奉祀,村民又把附近土名叫"一世祖"的小自然村中奉祀的"刘府大人"请到水沟馆中一起奉祀。入清以后,"王爷公"崇拜在民间成风,水沟馆又增祀佘、雷、潘3尊王爷,合称"五王府",这"五王府"从各地会聚于水沟馆,"义结金兰",尊刘府大人为"大哥"。

水沟馆"五王府"能够成为英都洪姓全体族人的当境保护神,源于清乾隆年间举行的一次神事仪式,众善信请退休的博学鸿词进士、翰林院检讨洪世泽上香"请神",洪世泽祷告道:"五王府尊神聪明正直,监察无私,庇吾翁山洪氏子弟沉沉兴。"翁山洪氏在英都10个行政村聚族而居,是南邑望族。

割香和送王船

闽台盛行的王爷公崇拜,最具个性化特色的宗教活动是"割香"和"送王船"两项仪式。

"割香"是闽南民俗神信仰的宗教活动之一,是一种由信众广泛参与的大型进香活动,旨在祈求风调雨顺、国泰民安,场面热闹。闽南语把"一群人""一拨人"说是"一割人",所以,群体性的进香活动就叫"割香"。

但王爷神的割香活动,则更具严肃气氛,为整个仪式过程蒙上一层神秘的色彩,所以被特别称为"割王爷香"。其中,尤以水沟馆之"割香"活动最典型。走在"王爷公"神轿(称为"辇轿")前面的仪仗,有大锣开道,有长号和螺号队,有执掌大板、棍棒的皂隶、衙役、刀斧手,有手持刀、枪、剑、戟18般兵器及铁拳头、铁巴掌的执事,辇轿后面有红色凉伞、鸣铳队等,极尽威严之风,令人望而生畏。法师吹起银制的"龙角",手中摇动法铃,默念咒语,乩童"起童"后,全身抖动,赤膊坐上专门的神轿,在法师的咒语和锣鼓声中,手中抢起钢刀或铁蒺藜,不断往自己背上猛力劈打,鲜血淋漓,这就是王爷神附体了,气氛十分严肃,令人生畏。王爷神在割香巡行时所到之处,沿途信众拈香跪拜祷告,虔诚地祈求平安。

各地的"送王船"仪式不尽相同。沿海渔村的送王船仪式是请木匠制作木船，木船的样式是"王船"规格，与一般的民用船只不同，开斧施工还要择吉日吉时。英都水沟馆的"王船"则是用竹子扎成框架然后用彩色纸张粘贴而成的，属于闽南"彩扎"工艺的一种，也是择吉时开工，工艺现场禁止妇人进入，好事者参观时不许说话，应保持沉默。

水沟馆的"割香""送王船"活动不是轻易随便举行的，不是"常态化"，而是在年景特别不好（例如，发生干旱等特大自然灾害或特大流行性传染病疫情）时才举行的。我访问过数位现在年龄80岁以上的老人，据他们回忆，从他们懂事起，水沟馆只有过2次"送王船"，并同时举行"割香"的活动，都是因为发生瘟疫而起的。（2008年我曾访问过英都镇民山村民间唢呐老艺人洪乌在，他是1908年出生的，2008年正好100周岁，当时他身体健康，行动自如，记忆很好。他清楚地记得，民国年间水沟馆只举行过两次"割香"和"送王船"，一次是1921年他13岁时，水沟馆"割香"去安溪县埔任，另一次是1925年他17岁时，水沟馆"割香"去泉州，这一次因瘟疫"割香"队伍没有进城，只派人入城"请火"，具体是去城内的哪座庙他忘记了。）

"王爷船"的船体特别大，据老前辈传说，几乎可比真船。"送王船"仪式在"割香"回程后，在英溪的西湖码头溪边广场（溪埔）举行，摆筵"做供"，法师"发表请神"，"王爷船"上装载柴、米、油、盐及五谷粮食，道士在"王船"上诵经作法，合境善信各户人家都敬备米饭菜肴挑来溪边"犒将"，意为犒劳王爷神的"部将、兵丁"。法师通过掷筊杯形式确认"王爷神"对供奉物资已经"降纳"后，举火焚化纸船，并将其灰烬用袋子盛好，放入溪流水中，道士吹角摇铃，送"王爷船"的灰烬远去。法事礼仪宣告结束。

"送王船"的目的是为王爷神送去新造的大船和物资，让他们能够更有力战胜瘟疫、灾难，保境平安。

我认为，王爷神崇拜之"送王船"和"割香"仪式，都是祈求王爷神捍患御灾、保境安民的一种表现，是古代劳动人民向大自然表达和谐相处良好愿望的一种"对话"形式，体现了王爷神崇拜的中心主旨：惩恶扬善，伸张正义，捍患御灾，保境安民。进行神事活动中表现出来的对王爷神的敬畏，实际上是古代人民敬畏大自然和崇尚人间正义的感情流露。

2020 年 12 月 21 日再修改

（注：本文是作者 2020 年 12 月 22 日在中国社科院世界宗教研究所、中国宗教学会联合主办的"送王船仪式与海洋文化遗产保护专题学术研讨会"上交流的论文。）

宋代的火葬风俗和英都的宋窟

著名古典小说《水浒传》的第二十六回，叙说了武大郎被他的妻子潘金莲用计毒死后，采用火葬的方式进行殡葬。作者描写了武大郎被毒死之后，随即买了棺材，并向"团头"何九叔报告，请他来验尸。次日，化人场的"火家"来收尸，并扛抬棺材出殡，到了城外化人场，即举火烧化。尸体焚化后，把骨殖撒入澉骨池内。由此可知，在北宋时期我国已经实行火葬了。

"团头"又称"仵作"，是专门协助县官审理涉及人命案件时检验尸体的人员，必须经过培训才能上岗（至明清时期仵作已列入县署的编制人员，其职能相当于现在的法医）。人死了家属必须及时向仵作报告，经仵作验尸后认定是正常死亡，方能出殡。"火家"是负责收尸和抬运棺材的，是专职以处理尸体为职业的人员。"化人场"就是现在的火葬场。化人场还设有"澉骨池"，池里有水，尸体火化后，骨殖即撒入"澉骨池"冷却。从以上描述来看，北宋时期我国的火葬习俗已经盛行，地方政府对火葬已经实行了有效的管理制度，并提供了相应的服务。

据民俗专家研究，火葬始于隋、唐，至两宋时期，火葬风俗已经相当盛行了。

第一，这和佛教的普及有关。火葬本是佛家之俗，皈依佛教的和尚、尼姑或居士信女，圆寂（逝世）后即行火化。随着当时佛教影响力的扩大，火葬之风被社会广泛接受。正如宋代学者洪迈在《容斋续笔》卷十三的《民俗火葬》一文中所说："自释氏火化之说起，于是死而焚尸者，所在皆然。"

第二，火葬风俗能够盛行的主要原因是土地资源的限制。北宋经济繁荣，人口达到一亿，有的农村人多地少，农民舍不得在自己的耕地上造坟墓，城市贫民买不起墓地，实行火葬解决了这些人死后无地可葬之难，故而以火葬代土葬这一风俗被广大民众认可。《水浒传》第二十六回写到，武松出差完事后回家，听说哥哥武大郎身故，即问嫂嫂潘金莲："（哥哥）如今埋在那里？"潘金莲答道："我又独自一个，那里去寻坟地？没奈何，留了三日，把出去火化了。"

古典话本小说《清平山堂话本》第三卷中的《错认尸》一篇，写的也是宋代的故事，也有关于火葬的描写："赛儿病了两个余月死了，高氏叫洪三买具棺木，扛出城外化人场烧了。"从以上描写可以得知，当时采用火葬是以市民百姓普通人家为主的，有钱的人还是买坟地实行土葬的。同样是以北宋为时代背景的另一部著名古典小说《金瓶梅》，在第六十五回就有土豪西门庆为其小老婆李瓶儿大办丧事的详尽描写，李瓶儿是实行土葬的。

第三，火葬盛行的另一个原因是程序简单，花费少。靖康之难以后，宋室南迁，建立南宋。火葬之风更进一步在南方各省普及。尽管当时的一些士大夫认为火葬有违儒家之礼，并上书要求禁止，但当时的统治阶级表现得非常明智，在火葬与土葬之争中，不但没有禁止火葬，实际上还支持火葬的推行。绍兴二十八年（1158）户部侍郎荣薿上奏朝廷说，"……贫下之家，送终之具，维务从简，是以从来率以火化为便，相习成风"，荣薿认为，火葬之所以受"贫下之家"欢迎是因为丧事简办，省钱。他的意见被朝廷认可。

第四，政府对火葬的支持也是很重要的原因之一。尽管火葬遭到士大夫上层阶级的非议和反对，但政府并没有禁止，反而从政策上给予支持。据史料记载，在北宋真宗时，化人场每收葬一名死者，政府需要花费 600 文钱（含棺木的费用）；到北宋神宗时，提高到 2000 文；再到南宋高宗时，大约要 3000 文。这些从财政支出的大笔钱财，使许多贫苦之家无力收埋亲人者得以享受有尊严的人生最后一程，有力地倡导和推进了丧事简办的文明新风。

元朝以后，土葬渐渐恢复，丧事礼节复杂，花费巨大，大量的坟墓致使耕地、林地减少。

既然两宋时期我国火葬蔚然成风，那么，我们南安那时有没有实行火葬？答案是肯定的：有，而且也是普遍实行的！

20 世纪 80 年代，英都镇民山村邦砩自然村的洪成祖先生曾经告诉我说，民山村营头附近，古代有个"宋窟"。"宋"是指宋朝，"窟"的本义是洞穴，闽南语是指较深较大的一个坑。营头本来是个"冢山"，是专供土葬时埋葬棺木的一座小山。本名"茔头"，后来雅化写成"营头"。宋窟就在这个小山西南角的山坡下，相传就是宋代实行火葬时收纳火葬骨骸的公益性场所。经济稍微好一点的人家，当时还有"二次葬"，即把火葬时未烧尽的骨骸放入名叫"皇金"的特制陶罐，然后埋葬成坟。大部分人家是不保留骨骸进行"二次葬"的，就放入这"宋窟"内，请僧侣念念经就算完了。洪成祖懂堪舆术，是小有名气的"地理先生"，因他对堪舆术的研究，从而发掘了"宋窟"这一历史。"宋窟"这个名当然是后人称呼的，在当时可能称为"××窟"吧。这也可以证明，当时有的家属不愿意把亲人的骨殖放入化人场的"澈骨池",便取回故乡撒入"宋窟"。还有一种可能,是化人场没有设置"澈骨池"。

如果从北宋算起,这"宋窟"已经有800多年的历史了。沧桑变幻,当年"宋窟"的准确地址早已无觅,只留下大体的方位和"宋窟"这个地名供人稽古。我调查到,和营头"宋窟"同时,在英墟塘边街西端尽头的低洼处,即今英都医药公司门市部左边,也有一处"宋窟",这是已知的英都的第二个"宋窟"。

除了"宋窟",我还有更有力的证据,可以证明在宋朝(至少是南宋时期)英都确是实行火葬的。

2006年,英都镇的南安市翁山洪氏家庙管理委员会开展了洪氏祖墓全面修葺工程。工程包括迁建、复建四世和五世祖墓,修复加固一世、二世、三世祖墓。在修葺位于大新村新枫筐内的二世祖考温斋公墓时,发现墓丘土堆严重塌陷,疑为"皇金"破损,施工人员及时报告管委会,请示是否发掘探查,再根据损毁程度决定如何处理。在接到报告后,我和家庙管理人员洪壬水先生亲到现场,焚香祝告后指导开挖发掘,探察结果为,"皇金"主体基本完好,但"皇金"盖破碎,泥土塌进"皇金",致"皇金"内的骸骨混杂泥土。当下即将该"皇金"起出,清理骸骨,发现骸骨虽然不多,但头骨尚存。将这些遗骨除去泥土清洁后,放入新购置的"皇金"收纳。此次发掘探查发现,该"皇金"形制很小,高度只有现代"皇金"的一半左右,估计在50厘米左右。当时施工人员非常诧异,怀疑是不是古代人身材较矮。我告诉他们,这是宋代火葬后收纳骸骨的"皇金"。人的遗体经过火化,剩下的未烧尽的骸骨已经不是完整的了,所以这种专供火葬后二次葬的"皇金"的规格比较小。不过,古代用木柴做燃料进行火葬,能够做到头骨保留完整,技术已是相当不错了。从那个"皇金"可以得知,当时火葬已经普遍实行,所以有陶瓷厂生产专供火化以后骸骨"二次葬"用的小"皇金"。这种葬具的传统产地是晋江市磁灶镇。

据《武荣翁山洪氏族谱》载,温斋公生卒具体日期不详,推定其约生于宋度宗年间。度宗是南宋的第六个皇帝,在位时间是1264—1274年,属于南宋末年。据此推测,洪温斋大约逝世于元成宗以后(成宗是元朝的第二位皇帝)。在重修翁山洪氏二世祖温斋公坟墓的过程中,无意中发现了宋末元初火葬后骸骨二次葬的器物,足证宋代直至元初是实行火葬的。英都如此,南安亦然。

在殡葬形式衍变的历史上,中华民族绕了一个弯。汉族本来在宋代实行火葬已经蔚然成风,入元以后却又逐渐回归土葬。如今,又重新返回火葬之路了。随着经济的发展、科技的进步,火葬场的设备和火化技术都已今非昔比,人们还可以在火葬场的殡仪馆为逝者举行更有尊严、体面的人生最后礼仪，这是丧葬文化的文明体现。

本文根据英都的"宋窟"和翁山洪氏二世祖温斋公遗骸的葬具，证明火葬风俗在我们泉州、南安早已有之，并非什么新鲜事物。当下政府推行火葬，目的在于节约耕地，同时也倡导丧事简办，改掉旧葬礼那些繁文缛节，节省丧葬费用。当然，随着科技的进步，人类将来有可能创新采用更优越、更环保的殡葬方式。但在当下，实行火葬无疑是首选之策。

当前在殡葬仪式上出现了一些不文明现象，出殡仪式搞大排场，各种"阵头"不伦不类，还有将骨灰进行二次葬、占地修大墓的，这都是与实行火葬的初衷相悖的。同时，群众反映殡仪馆有的项目收费偏高，还搞等级服务（比如，租用其"奔驰"车作为灵车的可以不用排队，优先安排火化），客观上助长了殡葬仪式铺张浪费的攀比之风，造成了负面影响。这些都有待于改正。

2020 年 7 月 3 日

当前农村殡葬礼仪的代哭现象

一、溯源：代哭之由来

用哭声来表达对逝世亲人的悲痛心情，是中华民族传统的一种礼仪。为了表示悲伤，子女在父母亲人逝世时应该立即高声号哭。声音越大，传得越远，就越能证明这家的人有孝心。这一礼仪由来已久，据说出自《周礼》，距今已有两千多年。高声号哭除了表达失去亲人的悲痛心情，还兼有告知宗亲邻里的作用。所谓"举哀发丧"，就是从这哭声开始的。因此，不但哭声越大越好，而且不能停顿。

但人的精力是有限的，孝眷们不可能在治丧的过程中连续几天号哭不停，因此需要有人帮忙。家族堂亲或者左邻右舍来帮忙轮流号哭，以保持哭声不断，这就是"代哭"。

三四十年前，卡式收录机问世，传承了2000多年的举哀发丧要哭声不断的这个问题，被现代化的家用电器轻松地解决了。亲人们放声大哭一阵，把哭声录在磁带上，在好几天的守灵期间都可以反复播放。出殡时还可以安排专人提着便携式收录机，跟在灵柩后面行进，一路播放。这实际上是古代"代哭"形式的延伸。

哭丧是一门艺术。殡葬礼仪中的哭，并不是无内容的号啕大哭，而是"唱哭"，这种"唱哭"，有调子，有句式，内容现编，即兴发挥，用哭词追念死者生平，表达悲痛心情。会"哭"的人，能够一口气哭个大半小时甚至几十分钟，淋漓尽致地歌颂死者生前的功绩及其惠人的好处，而且内容毫无重复。这种连哭带唱的"唱哭"，具有强烈的感染力，往往催人泪下。

应该说，亲邻代哭或收录机播放孝眷的哭声，都是当时表达哀思的真挚体现。

但闽南一带有一句俗语："倩人哭，无目滓。""倩"是古语，意思是用钱雇请别人替自己做事。"目滓"就是眼泪。现在对一些本来是自己要干的事，拿钱雇用别人来做，结果效果不尽满意，人们往往会说："倩人哭，无目滓。"

代哭既然是亲邻相帮的事，并没有金钱代价。我在农村访问过许多八九十岁乃至一百岁的老人，都说从未看到曾经有职业代哭的人。那么，为什么会有"倩人哭，无目滓"这句俗语呢？

二、演变：从俊男挽郎到职业凶肆

晋、唐时期，皇帝、皇后、皇太子逝世，会从公卿以下子弟中挑选未婚俊男当"挽郎"。苏东坡的《艾子杂说》记载："挽郎乃死者之导也。"挽郎就是在出殡时牵引灵柩唱着挽歌前行的人，是皇家出殡礼仪的仪仗之一。挽郎的人数是按死者身份的级别而定的，根据史书记载，太子出殡挽郎20人，帝后出殡挽郎60人，皇帝出殡挽郎的人数多达120人。

挽郎既然是皇家出殡礼仪的仪仗，就需要有一定条件，要经过严格挑选。晋朝规定，从公卿以下六品子弟的俊男中挑选，南朝的宋、北魏，以及唐、宋，都规定选六品以上子弟担任。

当挽郎是一件好差事，因为当过挽郎的人有升官的机会，这是一条比通过科举当官要轻松得多的捷径，因此有人甚至托关系走后门争当挽郎。

挽郎唱的挽歌是西汉时无名氏创作的杂言诗，名为《蒿里》，这首诗表达了生者对死者无可奈何的悲哀。至汉武帝时，宫廷乐师李延年将其分为二曲，《薤露》用于送别王公贵人，《蒿里》则用于送别士大夫和庶人。

上行必有下效，挽郎送殡这一风俗后来传到民间。有钱人出殡，为了风光，用钱雇请挽郎来唱挽歌，这就在社会上催生了"挽郎"的职业。唐宋以后，城市中有一种叫"凶肆"的殡葬服务机构，较大的城市凶肆还不止一家，有东肆、西肆两家竞争生意。凶肆的业务范围是出卖寿衣等各种殡葬用品，出租殡葬礼仪用的工具，并提供人力服务，雇请挽郎也是找凶肆联系的。当然，社会上的职业挽郎与宫廷选用的挽郎是有本质上区别的，职业挽郎都是一些落魄文人，靠当挽郎获取微薄的收入。福建省梨园戏经典剧目《李亚仙》里的落魄秀才郑元和，就是因生活所逼不得不去当挽郎，靠唱挽歌度日。

自从有了凶肆服务机构和职业挽郎，"代哭"这一殡葬礼仪就成为一种商业化的服务项目。当然，这种提供"代哭"等殡葬服务的凶肆，古代也只是城市才有，而且是有钱的大户人家才请得起的。

目前没有资料可证明古代农村（至少是闽南农村）曾经有过"代哭"的服

务。那么，为什么农村会有"倩人哭，无目滓"的俗语呢？我认为，这可能是古代劳动人民对职业代哭鄙视的缘故吧，农村丧事是亲邻相帮的，堂亲邻里出于亲情帮忙哭哀，根本不存在用金钱雇请的情况。

三、观察：当下职业代哭现象种种

改革开放以来，随着农村经济发展，农民收入不断提高，殡葬礼仪渐趋繁杂，职业代哭应运而生，且三十多年来愈演愈烈。我就南安、安溪一带农村观察，当下代哭有以下种种表现形式。

"廿四拜"。有一种以"廿四拜"命名的哭灵队，成员以女性为主，专业从事代哭服务。二十四拜本来是我国古代的大礼，是一种复杂的民俗礼仪。如何跪，如何叩头，如何鞠躬，有一套规范的 24 道程序，民间称为"二十四拜"。但当下哭灵队的所谓"廿四拜"，大多只是借用名称而已。现在泉、漳、厦一带农村的"廿四拜"哭灵队，沿用芗剧传统剧目《梁山伯与祝英台》中"英台哭灵"一场祝英台的唱段，在 24 个哭拜的过程中，共有 24 个唱段，一拜一个调（一个曲牌）。这 24 个唱段运用了"大哭""小哭""宜兰哭""江西哭""七字仔""孤鸿调""柴桥韵"等曲牌，集芗剧的所有"哭调"之大成，缠绵悱恻，撕心裂肺，淋漓尽致地倾诉祝英台对恩爱情人梁山伯的无尽哀思，演唱的难度很高。"廿四拜"哭灵队就是把祝英台在梁山伯坟前哭诉对死者哀思的唱词改为对父母或祖父母逝世的通用唱词。但我经过观察后发现，这些所谓的"廿四拜"哭灵队大都没有唱全 24 个"哭调"。

现在的"廿四拜"哭灵队大都只是名义上而已，实际上是大量套用流行歌曲、台湾闽南语歌曲中关于思念亲人的歌曲进行演唱，与其说是哭灵，不如说是一种表演更恰当，其目的不在于替逝者家属代哭以表达哀思，而是以煽情的表演性唱哭来博取现场观众的好感。我听到许多流行歌曲，如《妈妈我想你》《二泉吟》《驼铃》等含有悼念、送别情绪的歌曲，都被"廿四拜"哭灵队用来在"哭灵"时演唱，演唱者在灵柩前尽情发挥，往往把孝眷弄得都忘了自己的身份，变成观众了。

还有一种莫名其妙的所谓"搜相"环节，就是"廿四拜"唱哭人手捧死者遗像，边唱哭边跪行于孝眷面前，让孝男孝女用手抚摸逝者的遗像，以煽情的唱哭来调动孝眷的悲恻气氛。

"廿四拜"哭灵队还有什么搬演"土脚戏"的环节。"土脚"是闽南语"地板"的意思。所谓搬"土脚戏"就是"廿四拜"哭灵队无须搭台，席地表演节目，虽说是不搭台，却有彩绘背景的布幕、旋转的彩色灯球、炫目的灯光令人眼花缭乱，演出的都是些格调低下、庸俗不堪的小节目，形式有点类似东北的二人转，插科打诨以笑料取悦观众，还配有电声乐器震耳的乐声，与丧事需要的气氛格格不入。

继"廿四拜"哭灵队之后，现在又盛行一种由西洋乐队表演的"三奠酒"仪式。在祭奠现场，"廿四拜"哭灵队唱罢，西洋乐队登场，吹奏各种带有哀怨思亲情调的管乐曲，乐队的指挥则在灵堂前装模作样行"三奠酒""三鞠躬"礼，以夸张的表演动作博取红包，而孝眷则把它当成是花钱雇请乐队来替自己代行奠酒、鞠躬大礼。

三奠酒本是正一派道教的道士替丧家举行送殡超度的一项仪式程序，道士们念着经文，唱着挽歌，依序在逝者的灵前进行三次上香、奠酒礼仪。曾经属于宗教世俗化礼仪的超度仪式，现在被服务殡葬活动的西洋乐队化用了。

据了解，不光是闽南的西乐队，现在全国各地的农村有许多地方都有哭灵队代行"三奠酒"礼仪。当这些管乐队或哭灵队煞有其事地在逝者灵前"三奠酒"行礼如仪时，孝眷们竟忘了自己才是行礼的主角，在一旁抽着烟"看热闹"，有的则掏出手机拍照片。

四、思考：为什么职业"代哭"现象如此泛滥

"代哭"礼仪在我国历史悠久，以哭声来表达对逝去亲人的悲伤之理念根深蒂固。当下农村出殡仪式中的职业代哭现象愈演愈烈，虽然我们不能确定我国古代农村是否有过职业代哭，但我仍然认为这是一种"死灰复燃"的文化现象，古代帝王家的俊男"挽郎"送殡，古代城市凶肆提供职业挽郎唱挽歌送殡，都可视为当下农村各种职业代哭的前身。

改革开放以来，农民收入增加，富裕起来的农民念及先辈一生劳苦，为表达孝心，在经济条件许可的前提下，都想把葬礼办得隆重一点，以此形式"报答亲恩"。他们认为既然雇请了各种中西乐队吹吹打打、增加热闹气氛，还不如雇请这种代哭更为"值得"，因而相沿成俗。

改革开放以后，成长起来的农村青年男女，都忙于外出经商务工，很少参与传统的殡葬礼仪，不习惯在亲邻逝世时帮忙"代哭"，用他们的话说就是"不晓得哭"。有了职业代哭后，当然顺水推舟，乐此不疲。本来是表达丧失亲人悲痛心情的哭丧，被"打包"给专业代哭团队（含"奠酒"的西乐队）承包"代哭"，是当下丧事礼俗的一大悲哀！

　　从众的心理在作祟也是主要原因之一。多年来，虽然农村殡葬礼仪中的"廿四拜"哭灵队代哭现象泛滥成灾，但诟病之声从来没有停止过。有些人明知当下种种"代哭"形式不伦不类，并非真正意义的代哭，但又不好意思去抵制，大都是随大流，生怕被人背后议论"不够尽孝"或"丧事不隆重"等。

　　已经相沿成俗甚至几乎泛滥成灾的事物，一时要改变是困难的，有赖于大众文明水平的不断提高，更需要有人出来做表率，勇敢抵制。我看到在一场葬礼的筹备过程中，孝眷当众公开表态说："这场葬礼我主张不雇请'廿四拜'，我不需要这类装模作样的陌生人在此哭爹哭娘，恕我不能从俗。其他礼节由大家安排，我都会服从的。"像这个孝眷的明朗表态，宗亲族群或乡里社区，应加以表扬并倡导，向其看齐。移风易俗需要有勇气的带头人，更需要有社会力量的广泛支持。

漫谈寺庙宫观

我国宗教有着悠久的历史，既有本土的宗教（如道教），也有外来的宗教（如佛教等）。各种宗教活动场所的建筑物，名称也各不相同。宫、殿、观、馆是道教活动场所的名称。寺、院、岩、庵是佛教活动场所的名称。还有一种称为"庙"的，也偶见于道教和佛教的活动场所命名，但实际上真正称为"庙"的建筑物，奉祀的大多是非道非佛的民间信仰神祇。

至于伊斯兰教，活动场所称为"清真寺"，基督教的活动场所，则称为"教堂"。

一

道教是我国本土的宗教，有着悠久的历史。道教的活动场所主要有观、宫、殿、馆、坛、洞。

观。"观"字的本义是向上观望，是古人观天象的地方。用"观"来命名道士的修行场所，据说起源于汉代。汉武帝迷信仙术，建"延寿观"，请道士在这里"迎接天神"，乞求"长生不老"。上行下效，后来建观迎仙就蔚然成风，道教徒都把"观"作为修行场所。北京的"白云观"，是我国北方著名的道观之一。泉州的玄妙观（俗称"天公观"），始建于西晋太康年间（280—289），有学者认为是道教传入福建后的第一座道教宫观。玄妙观规模宏大，有三清殿、凌霄殿、灵官殿。在安溪县，则有龙虎观。

宫。宫在古代是人们对房屋的统称，从秦汉时期开始，帝王称他们的居所为宫，此后老百姓的房子就不敢叫"宫"了。随着皇家对道教的重视，把"宫"这一专有名词也赐给了道教的活动场所，如江西的太清宫、四川的上清宫，都是皇帝敕赐的。从此，道教的活动场所才有了"宫"的名称。南安市溪美的荣溪宫，就是道教的活动场所。现在英都的"宫"都是奉祀民间信仰神的，并不是道教的宫，如俗称为"董山宫"、"石狗宫"和"大寨宫"，其实正名是董山昭惠庙、长潭昭惠庙和千佛堂，奉祀的都是民俗神。

殿。在大家耳熟能详的《西游记》中，凌霄宝殿是玉皇大帝住的宫殿，孙悟空大闹天宫，天宫就是凌霄宝殿。所以，殿是神仙居住的地方。道教的建筑，多有以殿命名。闽南家喻户晓的"仙公"，即正一派道教崇祀的俗神杨救贫，祖殿在安溪县的经岭，名称就叫"进法殿"，由此分灵到各地奉祀，其建筑物也都称为"殿"，英都镇奉祀仙公的殿有十多处。

英都现存有一处最早的道教宫殿，即位于良山村高间山上的"宝华殿"（又俗称"高间仙殿"），奉祀"五谷大仙"（神农氏）等"九位大仙"，都是属于道教的神仙。宝华殿是英都现在仅存的纯道教宫殿。

馆。馆本是古代教书的地方，就是乡村馆学。小说《儒林外史》写道，秀才范进参加乡试屡试不中，他的丈人就骂他道："趁早收了这心，明年在我们行事里替你寻个馆，每年寻几两银子。"这里说"寻个馆"，就是找个乡村馆学让他去教书，去挣些银子。英都镇霞溪村的"溪益馆"，就是建于明代的乡村学馆，是教书的地方。后来这个"馆"字也用来为其他用途的建筑物命名了，如藏书的"图书馆"，藏展品的"博物馆"，外国使节的常驻机构"大使馆"，还有更通俗的餐馆、菜馆等。

后来，由于道教的流派不同，有的道士把修道场所用"馆"来命名，把道观称为"道馆""仙馆"。但英都现在以"馆"命名的宗教信仰场所"水沟馆""葛岸馆""大墘馆"等，都与道教无关，都是奉祀民间信仰神的。

坛。正一派道教的道士居家修行的场所，都称"坛"，即在家安坛奉祀神仙，并立有坛号。民国时期英都的道士洪光汉法师，在家建"灵真坛"奉祀道教神仙"法主公"。他常年修行，经常为民众做法事祈福消灾，是南安西部有名的正一派道士。

洞。洞就是山洞，也是道家修行的场所。道家喜欢于山高之处修行，当然有山洞是最好的。洞中修行，既可避风雨、防暴晒，又可避免外界干扰，利于专心修行，这就有了"洞"。许多著名的道观大殿之后有"祖师洞"，就是当年祖师在这里修行过。后来一些小型的道教场所也有以"洞"命名的。

英都没有"洞"，倒是附近的安溪县墩坂村俗称"坂顶宫"的，就是道教的"洞"，其匾额为"会元洞"三字，系明嘉靖庚戌科（1550年）会试第一名（会元）的傅夏器所题。南安人傅夏器出仕前曾受聘任塾师，在这里教书授徒。属于道教的会元洞奉祀清水祖师，可见在明朝时"清水祖师崇拜"就已经不是佛教的"专利"了。

二

佛教是外来的，传入中国以后，形成了中华佛教，而且分有各种流派。佛教的活动场所，主要有寺、院、岩、庵。

寺。"寺"最早是朝廷官署的名称，如"大理寺"，是执掌刑狱案件的机构，相当于现在的最高人民法院。相传在东汉明帝时，佛教传入中国，天竺僧人以白马驮经东来，最初住在洛阳的"鸿胪寺"（相当于现在的外交部礼宾司），后来鸿胪寺改建，取名"白马寺"。从此，鸿胪寺变成白马寺，成为僧人的住所，各地也都用"寺"来命名佛教的活动场所。

中华佛教的寺，有一套完整的规制。如山门、天王殿、大雄宝殿、祖师殿、观音殿、药师殿等，有些大寺还设有罗汉堂，供奉五百罗汉，还有僧房、职事堂（库房）、香积厨（厨房）、茶堂（接待室）、云会堂（接纳云游僧人的禅堂）等建筑。由此可见，不是所有佛教活动场所都可以称为"寺"的。

院。建筑规模比寺小的，称为"院"。院是僧人参禅的场所，故又称"禅院"。

岩。岩也是佛教的活动场所，依山势岩石而建。称为"岩"的佛教场所在闽南最多。英都镇的古竹岩（又名古迹岩）、狮子岩，都有巨大的岩石，岩石下有巨大的石洞，凭石洞而建僧舍。

英都古代佛教曾有"七岩八院"之盛，院大多建于隋唐五代，但因为是山区，只有院，没有寺。岩则南宋以后才有。

庵。庵也是指小型的寺，但多为尼姑修行之处，故又俗称"尼姑庵"。旧时文人也有以庵来命名书斋的，如清代文人冒辟疆的书斋叫"影梅庵"。但现在庵专指尼姑参禅修行的场所了。

三

我国有许多民间信仰的神祇，这些神在历史上都真有其人。他们生前有功业，事迹感人，后来人们为纪念他们而立庙奉祀。虽然他们也依托正一派道教的"师公"进行一些法事活动，但这些神祇既不是道教的仙，也不是佛教的佛。奉祀这些神的场所，大都以"宫""庙""堂""馆"命名。闽南和中国台湾地区还有特殊的"王爷公崇拜"，也是属于民间信仰神祇。

宫。"宫"一词原来指有套间的房子，后来指许多间建筑组成的建筑群，最后专指皇帝的居室。再后来，宫也被佛教和道教用于称他们的庙宇。但现在实际上大多用于奉祀民间信仰神，如南安市仑苍镇蔡西村奉祀王爷神的寮洋宫。

庙。庙本是供祀祖先神主牌位的建筑物，皇帝供祀祖先的庙叫宗庙，王公大夫供祀祖先的庙叫家庙。可见在古代庙是奉祀祖先的，后来也被道教和佛教用于其宗教活动场所，常常被统称为"寺庙"。但现在实际上"庙"一字大多用于奉祀民间信仰神的场所。例如，著名的泉州市涂门街关岳庙（奉祀关公和岳飞），著名的南安英都董山昭惠庙（奉祀仁福王三位尊神）。

堂。堂本义是殿堂，高于一般房屋的建筑，用于祭奠神灵之所。因此，奉祀民间信仰神的场所也称为"堂"，如英都镇芸林村的"广惠堂"，荣星村的"千佛堂"，英东村冲岳自然村的"积庆堂"等。

馆。现在闽南的馆大多是奉祀王爷神的场所，例如，奉祀五位王爷神的英都"水沟馆"，奉祀三位王爷神的英都"葛岸馆"，都是南安著名的王爷神庙，华侨奉其香火到新加坡、印度尼西亚分灵奉祀，仍然匾其额为"水沟馆""葛岸馆"。

中国是有多种宗教的国家，在长期的发展过程中，各种宗教互相渗透，特别是福建的泉州地区，多种宗教信仰互相融合，和平共处，形成了丰富多彩的多元文化现象。因而在宗教活动场所的称谓上，也有互相混用的现象。但总体而言，寺、院奉祀的是属于佛教的"佛"，宫、殿奉祀的是属于道教的"仙"，庙奉祀的是本来就是人的民间信仰"神"。本文介绍的只是较普通的常识，限于个人的知识，如有错漏，敬望识者指正。

2022 年 3 月 21 日完稿

闽南佛教的"岩"

现象：闽南的"岩"

闽南农村有许多称为"岩"的佛教信仰活动场所，其中，安溪县的"清水岩"是最有名的，在泉州地区几乎家喻户晓。

闽南农村，处处有"岩"的存在。笔者所在的南安市英都镇，古代有"七岩八院"之说，关于"七岩"的名称，在清康熙版《南安县志》和乾隆版《泉州府志》都有明确的记载。

僧人依附山间的天然岩石筑僧舍，并奉祀某一尊佛教的菩萨或祖师，开展宗教活动，或以巨大岩石下的天然洞窟作为修行和礼佛之所，这就是"岩"。

岩和寺的最大区别是，佛教的寺，有一套完整规制的组织机构和功能不同的殿、宇、堂、馆等建筑，岩则没有。住寺的僧众等级森严，分工明确。岩则比较灵活，有一位和尚住进其中，就是岩了。

这里说的这个"岩"字，是被简化了的，"岩"的古字是"巖"，巖本义是岩洞、岩穴，也引申为隐居。《康熙字典》中关于"巖"字的注释，还引用了《增韵》注："石窟曰巖，深通曰洞。"据此可以理解为，"岩"字的古义是巨大石头下形成的窟。这应该就是闽南佛教活动场所称"岩"的依据。

我国古代北方有大型的佛教石窟，如龙门石窟、云冈石窟等，都是人工开凿的，规模宏大，称为"窟"。南方天然岩石下形成的窟，规模微小，故称为"岩"。岩和窟同样依山依石而建，同样是僧人奉佛修行的场所，但规模差别是很大的，不可相提并论。

成书于明朝弘治己酉（1489）年的《八闽通志》，是福建省第一部全省性的地方志。笔者详览书中卷七十五至卷七十九的《寺观》，其中所记当时福建全省各地3000多所佛教寺院的名称，未见有名"岩"的佛教建筑物，只有寺、院的记载。笔者所在的南安西部，古代属于南安县廿七都，《八闽通志》载有西峰延寿院和禄寿院二处。西峰延寿院建于唐乾宁初年，禄寿院则建于五代清泰中。还有一处是规模不小的中峰院，《八闽通志》没有收录，但笔者从该院现存的铸铁大钟的铭文中清晰地看到，该院建于宋宣和三年（1121年）。可见，在隋、唐、五代至北宋，只有寺和院，没有称"岩"的佛教建筑。

那么，闽南佛教场所中现在林林总总那么多的"岩"，是怎么产生的呢？

溯源：宋代佛教

佛教自东汉传入中国之后，由于统治阶级的大力提倡，迅速发展壮大。至宋，太祖赵匡胤对佛教特别崇拜，即位后他针对五代时周世宗严厉的灭佛政策给佛教造成的挫折，采取了一系列保护佛教的措施及优惠政策。例如，朝廷设立僧官；制定了对僧人实行考试、核发度牒的制度，以提高僧人素质；斥资勘刻佛经，弘扬佛法。这些措施都大大地促进了宋代佛教的发展。

僧人持有朝廷颁发的度牒，就是合法的出家人，可以享有免赋税、免徭役的特权。但发度牒是收费的，有的官府就靠出卖度牒来增加财政收入，以致民间买卖度牒成风，度牒可以和银票一样在社会上流通，价格越炒越高，甚至还出现伪造、假冒度牒的现象。

古典小说《水浒传》第四回中写道，赵员外为救身负命案的鲁提辖，就把他早前曾许愿为五台山文殊院剃度一名僧人而预先向官府买下的一张"五花度牒"送给了他。之后，鲁提辖在文殊院剃度出家，法名"智深"。杀人犯鲁智深就靠这张度牒改变了身份，逃避了官府的通缉。《水浒传》的这一情节，真实地记录了北宋时期度牒可以买卖和转让的情形。

度牒这么值钱，朝廷及地方政府当然都乐于通过发度牒来增加财政收入，甚至有时还会因为财政短缺而"额外度僧"（额外增加僧人出家数量的指标）。例如，苏东坡任杭州知府时曾上书皇上，请求通过增发度牒，以其收入作为西湖的维护修缮费用，朝廷准奏，批给他100张空白的度牒，也就是给杭州增加100名出家人的指标，让他通过颁发度牒进行筹资。

《水浒传》描写的"五花度牒"，是指有五名官员签字的度牒。度牒的发证机关是礼部，五名在度牒上签字的官员分别是礼部尚书、左侍郎、右侍郎及祠祭司郎中等。这种由"部长"、两位"副部长"及司长一同签署的法律文书证件，竟然沦为"商品"，可以交易，导致出家人数量疯长，僧侣队伍不断膨胀，完全违背了给僧人发度牒以控制出家人数、提高僧人素质的初衷，这是当年制定政策的北宋统治者所始料不及的。

因此，北宋（960—1126年）佛教的僧侣队伍空前庞大，到宋徽宗时期，在寺院的僧人、行者和在籍而未受度牒者，含在寺院种地的人员总数竟达一百万人之多，创历史最高纪录。

佛教繁荣的现象，在被称为"此地古称佛国，满街都是圣人"的福建泉州尤为突出。原来，福建在历朝都大力支持佛教发展，五代的社会动荡及周世宗灭佛运动都未受影响。入宋以后，佛教发展更加泛滥。宋太宗在听说泉州僧尼已度万数，而未度者还有四千时，惊呼"令一夫耕十人食，天下安得不重困"！

佛教在北宋时期大张旗鼓的发展，暴露出严重的弊病。全国上百万人集中在寺院，显然容易造成管理的真空、漏洞，对正常的社会秩序和思想秩序造成了影响，构成了对政权和社会的威胁。而且，庞大的佛教僧侣队伍逃避了朝廷的赋税和差役，使国家减少了一大笔相当可观的财政收入。寺院大量建设，僧侣迅速增加，寺院占有良田，出家人享有特权，不事生产，不交赋税。庞大僧侣队伍形成的政治势力，冲击了正常的国家经济秩序。这些情况，不能不引起朝廷的警觉和重视。

宋室南迁以后，朝廷对佛教终于有了较严格的管理和限制措施。

衍变：佛教之世俗化

宋室南迁以后，宋高宗（1127—1162年在位）对佛教实行严格管理和限制发展的措施，并通过减发度牒控制出家人数以期达到僧侣队伍自然减员的目的。

对大量出卖度牒来组织收入的泛滥现象，宋高宗明确持批判态度。他说，"粥卖度牒，一牒所得，不过一二百千钱，而一人为僧带来的一人不耕之祸远非止于此"。又说："朕谓：自今田莱多荒，不耕而食者犹有二十万人，若更给卖度牒是驱农为僧。且一夫受田百亩，一夫为即百亩之田不耕矣！"（徐松辑：《宋会要辑稿》）

因此，宋高宗一朝严格控制出家人数，考试从严，提高出家的门槛。宋高宗还于绍兴十五年（1145年）下令，向天下60岁以下僧尼征收"免丁钱"，就是对那些有劳动能力而没有负担徭役征调、没有交纳赋税的僧人收费，这样就使那些为逃避税赋、徭役而出家的人在经济上没有多少好处，杜绝投机者的非信仰出家。

宋高宗这些措施有效地制止了佛教的泛滥发展，同时也提高了僧侣素质，有利于佛教的健康发展。宋高宗之后，历任皇帝都能继续执行较严格控制出家人数的佛教政策，有效地控制了出家人数。这使得一向无序发展的闽南佛教非常不适应。于是，没有取得度牒、无法进入寺院的僧人，有的就上山找岩洞，住岩修行，遍布山间的"岩"就如雨后春笋般应运而生。

笔者就古代南安二十七都（即廿七都）所属的"七岩"进行始建时间调查，其结果如下。

石佛岩。康熙版、民国版《南安县志》均载："宋淳熙间清溪人凿石为弥陀像，明邑令吴渊等重建。"淳熙是南宋孝宗的年号，淳熙间即 1174—1189 年之间。

古迹岩（古竹岩）。始建时间史书无记载。2002 年重建时，于原址废墟上发掘出石佛一尊，佛身背面所刻建造时间为"咸淳乙丑"。咸淳是南宋度宗的年号，咸淳乙丑即 1265 年。

狮子岩。始建年月无文字记载。该岩奉涌泉祖师为主祀佛，涌泉祖师是佛教俗神，据民国版《南安县志》载，涌泉祖师俗姓薛，名契璋，南安十五都人，"幼年皈依佛教，服役于僧，屡为郡县求雨，乾德二年圆寂。郡守报奏朝廷，绍兴九年敕赐'嘉惠大德禅师'"。信众俗呼"涌泉祖师"，为其建新丰院奉祀。可见，先有新丰院涌泉祖师，然后才有狮子岩。狮子岩是南宋时期从新丰院分灵而来的，狮子岩现存的"仁庵道人塔墓"系南宋遗存。

英山岩（馨山岩）。供奉涌泉祖师，分灵于南安新丰院，也是建于南宋。

云从古室。在圮废的禄寿院原址上重新肇建的云从古室，是南宋端平年间（1234—1236 年）英都乡民肇建的书院，后来因元代有云从先生在此执教而得名。云从古室奉祀清水祖师为主祀佛，兼祀魁星公、注生娘娘等民俗神，是一座集佛、儒、道及民间信仰的岩。

宝湖岩。宝湖岩建于明朝，是古代南安县廿七都最"年轻"的一座岩。

以上调查了古代南安廿七都著名的"七岩"中之六岩，都建于南宋或南宋之后（"七岩"中唯有滴水岩一处现圮废无考）。

由此可证，闽南佛教的岩是南宋对佛教加强管理之后的产物。

宋朝对道教也是保护的，特别是南方，正一派道教大行其道，道士们靠符箓斋醮、降神驱鬼等法事为民众有偿服务，得到广大民众的欢迎，民众奉祀的民间信仰神祇，也依附正一派道士开展宗教活动，出现了道教和民间信仰合流的现象。

住岩的僧人为了谋生存，也仿效正一派道教为民众做世俗法事活动。一方面是受正一派道教的影响，另一方面是为了迎合民众在宗教信仰问题上日趋实用主义的需要。住岩僧人的法事活动收入中，最主要的项目是上门为农民建道场"做功德"以超度亡灵。僧人在施主家中搭建"大雄宝殿"，安坛礼佛，宣经诵忏，形成了一套独特而完整的"做功德"礼仪程序。这套礼仪除了诵经读忏为逝者超度外，还吸收和融入了一些民俗化的环节，比如为逝者烧冥钱"填还库银"，还有在"大雄宝殿"摆放当地民间信仰神的神位等，这些本来和佛教礼仪毫不相关甚至是有悖于佛教的内容，都结合得顺理成章，被民众认可和接受。每年一度的"浴佛节"，也被改为挨家挨户进入农家厅堂诵经化缘以组织收入。有的岩还在每年正月举行"割香"，而这本是农民向天祈求风调雨顺、国泰民安的迎春祈福礼仪，纯属民俗活动。岩的种种宗教活动，似佛非佛，似道非道，是佛教世俗化的一种表现，形成了闽南佛教的独特风景。

岩奉祀的大多是佛教的俗神。如各种著名的大德高僧圆寂后被封为"祖师"之类，这些"祖师"生前就是老百姓熟悉的游方僧人，所以岩相比于正规的寺、院，更加接地气，更容易被农村劳动大众所接受，这也许是南宋以后闽南农村佛教信仰渐趋世俗化的原因吧！

改革开放以后，各种宗教场所渐次复兴，闽南各地的岩大都被当成"当境神庙"而重建、扩建。如今的岩，以崭新的姿态屹立于山水林泉之间，金碧辉煌，佛道兼祀，民俗信仰活动在这里充分演绎，多元文化在这里水乳交融，佛教的世俗化也走进了一个新的阶段。

2022 年 5 月 9 日

（本文是中国民俗学会 2022 年年会入选的学术论文，作者在 2022 年 11 月 13 日的年会分区专题学术交流会上宣读。）

清水祖师出家祖庭研究的文化意义

西峰延寿院住持合正法师来访，谈及该院组织编撰的关于清水祖师出家祖庭的研究文集，已杀青，书名定为《昭应牧西峰》，即将交付出版社出版印刷。据介绍，收录入此书的文章作者，不但有多年研究清水祖师文化的资深学者，还有宗教界、社会科学界的专家、学者以及热心于研究清水祖师文化的各界人士，成果颇丰。

我对宗教是外行，谈不上对清水祖师文化有什么研究。但这条消息确实令我感到欣喜。作为福建四大民俗信仰神之一的清水祖师，近年来香火日盛，膜拜者如云。关于清水祖师的研究文章，近年来看到了不少，只是对清水祖师出家地一直没有研究成果，依然是一个未解之谜，难免令人遗憾。现在有了这么一个专集出版，是个可喜的开端，它必将促进清水祖师文化的研究工作更加深入，开创新的局面。

我觉得，清水祖师出家祖庭的研究成果，至少有三层意义。

第一，完善了清水祖师的传记。

清水祖师不是虚无缥缈的菩萨神仙，他本是一个有血有肉的人。他从一个普通农家放牛娃到成为闽南家喻户晓的佛教俗神，受千万人顶礼膜拜，一生历程艰难曲折，跌宕起伏，充满传奇。之前关于清水祖师一生的传记式文章，对清水祖师出家之地大都语焉不详，或者互相矛盾，诸说不一。把这个问题搞清楚了，可以使清水祖师这位有血有肉的佛教民间信仰神的一生历程得到完整表述，是一种功德。

第二，填补了清水祖师信仰研究的一项空白。

在福建的天妃妈祖、广泽尊王、清水祖师、保生大帝四大民俗神之中，唯有清水祖师是涉及佛教的。但清水祖师的信仰崇拜，在大多数民众心目中都是属于民俗信仰神这一类的。农户厅堂右边的神龛上，清水祖师的神位，是和杨府真人、福德正神等各路神祇合为一龛的。以往常常可以看到有人徒步牵着活羊到安溪蓬莱清水祖师殿祭供还愿，然后回家把那头羊宰杀了，再在厅头神案上熟祭，这种仪式显然有悖于佛教的宗旨，但信众都乐此不疲。记得 20 世纪 80 年代泉州宗教界曾在清水祖师是佛是道的问题上进行过热烈的争鸣、讨论。我个人认为，清水祖师确实是出家拜佛为僧的，他是佛门圣僧，但他又不仅仅属于佛教。例如，佛教的观音菩萨，在道教则被奉为观音大士。清水祖师这位一生服务民众的苦行僧，博得历代信众的深深爱戴，衍生了非佛非道的特殊的清水祖师崇拜信俗，已经成为我国宗教世俗化的一大奇观。对清水祖师出家祖庭的研究，将有助于清水祖师信仰崇拜研究的进一步深入探讨。

第三，丰富了清水祖师出家地的文化内涵。

对清水祖师出家祖庭的深度研究，是对英都这个历史古镇丰厚地方文化的新的发掘。英都山川俊秀，自古佛家、道家的高僧大德都对其青睐有加，道家的宝华仙殿及佛教的"七岩八院"之盛极一时，都证明英都这一文明古镇曾经的宗教繁荣。有关少年陈昭应在西峰禅院出家的遗迹及传说，是英都这个文明古镇千年文化积淀的一部分，值得认真搜集并加以深入研究。

总之，清水祖师出家祖庭有了研究成果，这是个可喜的文化现象，也应该看成是这个研究的良好开端。期待有更深入的研究、更丰硕的成果。

2021 年 1 月 22 日

漫谈民俗的文化属性

尊敬的各位领导、各位嘉宾，亲爱的翔云镇圳林村的父老乡亲们：

大家好！

谢谢主办方的盛情邀请，使我能够荣幸地参加南安首个乡村文化振兴论坛。

我是一个民俗研究的爱好者，长期在本地工作，生于斯、长于斯，对许多民俗耳濡目染，有着深厚的感情。记得在七八年前，黄通兴老同志主办《泉南》月刊，其中有个栏目叫"乡镇巡礼"，他点名要我为这个栏目写一篇关于翔云乡土历史的文章，我便写了《飞翔的彩云》，介绍了翔云的历史、文化和现状。其间我查阅了不少典籍，深入地了解了翔云历史。我发现，无论是翔云镇，还是圳林村，都是个很有故事的地方，很值得我们去深入调查、挖掘，发扬光大。

这次圳林乡村文化振兴论坛，给我的题目是"民俗的文化属性"。我觉得，这是个很大的研究课题，很值得探讨。

在我看来，民俗的文化属性，是一种模式化的生活文化，但它不是典籍，而是一种靠民间口传身授传递下来的模式化的生活文化。民俗对人们的世界观、人生观起着直接的影响作用。

随着时代的变革、经济的发展、人们文化水平的提高，民俗也不是一成不变的，它一直在前进，在不断嬗变着。正因为民俗活动的非典籍性，当社会发展泥沙俱下之时，鱼龙混杂的民俗文化对社会带来的消极影响也不能忽视。

以殡葬民俗为例，宋代盛行火葬，而元代以后土葬又流行回来，这都是有历史背景的。宋代中国人口超过一亿，贫富差距大，许多老百姓穷得没有地方埋葬去世的亲人。贫困民众，特别是小市民，人死了一把火烧化了事，火葬便由此而生。再说出殡仪式，古代等级森严，棺椁制度化严谨，士大夫、公卿贵族的棺木都是用马车来拉的，什么等级的贵族用几匹马来拉，都有严格规定。普通百姓用的马车只有一匹，无马就用耕牛代替，或者干脆使用人力。后来就演变成都用人力扛抬，现在又变回用灵车载送了，只是不再用马拉车，而是汽车。现在土葬又改成火葬了，不过现在的火葬场叫殡仪馆，尸体的焚化处理也不像古代"化人场"那样野蛮焚尸，体现了逝者的尊严，让逝者体面地走完人生最后一程。殡葬文化随着时代的发展而改变，这是必然的，不可阻挡。我们担忧的是如今的殡葬形式搞得过分"隆重"，花样百出的奠祭形式使得原本庄严肃穆的葬礼，变成了一场闹剧，这点亟须我们匡正。我们欣喜地看到，南安市近年来开展的移风易俗大宣传，已经取得了积极效果。

又如婚姻方面，古时婚礼有"六仪"，现在已经没有这种说法了。大家在外面打拼，有些婚姻是早已说好了，年底回乡，匆匆忙忙搞个相亲仪式，"议婚"的程序有的只一天就搞定。至于何时"探家风"，何时办证，这些也都是走过程而已。这种转变是因现在年轻人常年外出务工、经商，生活节奏加快而形成的，是积极的。

在以前的婚俗中，英都男人娶媳妇，新娘抬到门口的时候，新郎官要"踢轿门"，用一种特殊的语言向观众们宣称"我是大丈夫，老婆应该听我的"。彼时男尊女卑盛行，女性没有社会地位，在家庭也如此。而今女性地位提升，早已不可同日而语。如今，新郎去新娘家迎亲时，新娘坐在床头，脚洗得干干净净，等着新郎为她穿鞋，谓之"迎新人，穿新鞋，从此走新路"。"吻足礼"也应运而生，且屡见不鲜。新郎单腿跪下深情表白："嫁给我吧！"伴娘在一旁起哄："亲一下！亲一下！新娘的脚丫子这么白、这么水，亲一下！""吻足礼"原是西方礼节，是一种极高的礼节，不知不觉间便传入了中国。新郎从"踢轿门"宣示大男子威风到单膝跪下为新娘子吻足、穿鞋，这是天翻地覆的转变。我说这就是民俗文化的非典籍性。民俗的变化只要不违背公序良俗，大都乐观其成，为大众所乐意接受并流行。但是诸如结婚索要天价彩礼，强调别墅、名车等，借婚庆大操大办，就是"旧俗""陋习"了。

我们搞移风易俗宣传，表彰先进，举办乡村文化论坛，都是在倡导移风易俗，抵制陈规陋习。圳林村在这一方面做得很好，值得仿效。

顺便在此恭祝大家新春快乐，阖家幸福！

谢谢！

（本文是作者 2020 年 1 月 18 日在翔云镇"圳林乡村文化振兴论坛"上的发言摘要。）

南安英都拔拔灯的调查、发掘和申遗之路

福建省南安市英都镇昭惠庙，因位于古称"董山"的自然村，故俗呼"董山宫"。董山宫在每年"天诞日"举行的拔拔灯民俗活动，是独具特色的游灯形式，遐迩闻名。然而，围绕着昭惠庙供奉的神灵以及为何在天诞日举行如此独特的游灯仪式，因为没有文献记载，种种猜想便随着传说的流播而更显神秘。

"拔拔灯，拔拔灯，拔去董山宫……"耳熟能详的童谣，伴随着儿童仿效大人拔拔灯模样的游戏，常常引起我对董山宫"拔拔灯"这一特殊游灯形式的探究和遐思。

我的疑问太多了。比如，游灯为什么不在元宵节这一天，而是在正月初九"天公生日"来进行？游灯就游灯了，干吗一定要用大绳拴起一大串灯笼，慢慢走不是更热闹吗？游灯为首者干吗要呼唤着俯身跑步前行？董山宫的三尊木雕神像，被称为"三位尊王"，其中一尊称为"仁福尊王"的，农民说他是天公的女婿，下凡来保佑董山一方生民。他们把这"三位尊王"亲昵地称呼为"三仙老的"，意思是"三位老者"。清代举人洪鹏上题撰的昭惠庙楹联，有"王皆圣巽命用庥"一句，深奥的用典和晦涩的词句难倒了许多学校语文教师，只有学过古文的爸爸告诉我说："意思是说，昭惠庙供奉的王都是皇帝敕封的！"然而，这位"尊王"是哪个朝代的皇帝敕封的呢？他为什么在这山乡的一隅消受人间香火？等等一大堆疑问，如解不开的疑团一样缠绕在我的脑海间。

也许是我命里注定与昭惠庙结缘，我自1958年人民公社成立后进入社办企业系统工作，一直没有离开英都。而且，我因为曾经参与公社文化馆的工作，在董山宫附近的洪氏八世宗祠住宿了八年之久。命运注定我必须忠诚地守望着生我养我的家乡，默默地履行着上苍赋予我的使命：追寻和探究谜一样的董山宫"三仙老的"及拔拔灯活动的来龙去脉。

曾经有一位昭惠庙管理人员告诉我，"三仙老的"其中的仁福尊王是隋朝开闽的功臣，这尊木雕神像就是隋代先民雕刻奉祀的。隋朝时期是581—618年，距今有1300年左右，没有特殊的保护措施，木雕制品能够保持1300年，简直

是奇迹。对此我一直持怀疑态度。但那位老者信誓旦旦地保证，绝对是隋朝遗物，并说神像后面有文字可证明。为了验证，我和他约定，择日打开神像背部的木楔，以文字为准。于是，选择好了日子，我又约请两位南安市文物管理委员会专业文保工作者杨小川、李辉良来到现场。那位长者焚香祷告，然后小心翼翼地为仁福尊王神像解开蟒袍，开启其背部的一长方形木盖，果然有毛笔字书写的"明万历某某年重妆粉面"字样，并署有工匠题名。至此，所谓"仁福王是隋朝押解充军入闽的押闽王"一说，终因有这段原始文字资料而被否定。南安市文管会的专家据此认定，此木雕神像为明代万历年间文物。而我则认为万历年间的"重妆粉面"，是一种维修手段，可见此神像的雕刻时间应早于万历。这是我与南安文管会专家之间存在的一点分歧，但无论如何，通过此次"开佛"验证，证明了昭惠庙的仁福王不是什么"隋朝的押闽王"。

1991 年 2 月 16 日，联合国教科文组织"古代海上丝绸之路"国际考察队一行 50 多人，莅临南安县丰州镇九日山实地考察。九日山上 78 方摩崖石刻，用文字记载了宋、元、明、清历代泉州郡守率领僚属在九日山昭惠庙举行祈风仪式的史实，丰富的史料让联合国的教科文组织官员陶醉了，他们在九日山麓刻石留念。《泉州晚报》报道了这一盛事。这一消息震撼了我的心灵，多年郁积在胸的许多疑问从这一消息中得到启发，使我看到了拨开迷雾的曙光。既然丰州九日山昭惠庙有过这样辉煌的历史，英都董山昭惠庙距离丰州九日山这么近，两地"昭惠庙"庙名之雷同绝对不是巧合，其中必定存在着因缘关系。我到南安借到了一部康熙版《南安县志》，从中找到了关于九日山昭惠庙的详细记载，但并无法找到其与英都昭惠庙有关联的蛛丝马迹。

我抱着一丝希望，决定亲自到九日山拜谒昭惠庙。丰州有我奶奶辈的亲戚，也是我 1958 年参加工作时老领导陈奕芬的家乡。在这些亲戚和朋友的指引下，我到了九日山下，看见了重建的延福寺庄严巍峨，却不见大名鼎鼎的昭惠庙。访问当地村民，一位长者指着几座花岗岩建筑的两三层楼房告诉我："当年的昭惠庙就在这里！"听完此话，我心里五味杂陈，良久无语，怏怏而回。

《南安县志》和《泉州府志》都明确记载了九日山昭惠庙奉祀诸神的来历，其中有泉州郡守随从武官陈益在随同郡守祈风时"立化成神"后敕封"仁福王"的传奇式记载。

"肉身王姓陈名益。熙宁间有西夏之警，诏求勇敢士，郡守辟益为巡辖官。元丰间睹庙之灵，誓舍身为佐，遂植杖立化，僧尼为益躯，别祠奉之。淳祐中累封仁福王。（康熙版《南安县志》第二卷'九日山'）"

从这一记载来看，"仁福王"是有名有姓的真实人物，他死后被封为神，受人供奉，其被在英溪行船的陈姓族人分灵至英都立庙奉祀是很有可能的。这一记载启发我立足本地进行田野调查，从本地深挖董山昭惠庙的由来。

果然，查得董山昭惠庙古代的位置并非现址。有年长我一岁的洪林桂先生告诉我，他自幼就听说，现在的董山宫（昭惠庙）是轩边寨下移徙过来的。他特地带我到现场察看。轩边寨是一座小山岗，东、西、南三边均为平地，北面则濒临英溪的董林码头。这座小山状如"烘炉"，传说是整个大董山自然村的标志，俗称"烘炉穴"。山的南麓有一地名叫"陈厝巷"，"陈厝"是古代陈姓居民住居的地方，陈厝巷就是陈姓居住村落的小路。经进一步调查，原来这里说的"陈厝"，是当年在英都行船为生的陈姓船夫的住宅，有好几栋。陈姓船夫的船，锚地就是这座"轩边寨"北面的英溪董林码头。又有人回忆，曾听前辈说过，陈姓船夫曾筑有一座"宫仔"（小小的庙），奉祀一位他们陈姓本家的神灵。"宫仔"本来建在董林码头，后来移到轩边寨下陈厝巷，当作他们的"当境"神庙奉祀。再后来陈姓居民迁徙别处，估计在明代洪氏才把这座"宫仔"移来现址。

经一番调查，由古老传说形成的历史脉络逐渐浮出水面。

我再翻阅《南安县志》和《泉州府志》，九日山昭惠庙当年主祀的"通远王"（乐山神）李元溥，还有从神"仁福王"陈益、"忠惠王"黄志，都是有名有姓的神。但当年陈姓船夫盖的"宫仔"规模不大，只奉祀一尊本宗同姓的仁福王（陈益）。民间曾传说这座"宫仔"是陈姓船夫奉祀"他们陈姓自家的神"的，就是指此。

英溪的中下游，历史上共有4个码头，以董林码头和十篙码头为最大，奇怪的是，这两个码头都是陈姓船夫在经营，可见陈姓船夫是当年专门在英溪水上谋生的老大。他们在英溪内河驾驶轻便的驳船（农民俗称"驳仔"），以载货为生，往返于英溪至九日山下的金溪港之间。船从英都起航，顺水行舟，俗称"放船"。金溪港返航英都，还要载些内地农民需要的生产、生活资料，逆水行舟，沿西溪逆流而上，在河面开阔的河段，尚可缓慢行进，进入支流英溪，只有拉纤才能驱动驳船，称"拔船"。拔船是个苦力活，有时必须三四艘驳船的纤夫联合起来，把驳船一艘一艘地拉上险滩，其艰难程度非亲历的人是不能体会的。我曾在"溪仔""营头"等自然村访问过5位民国年间在英溪行船的纤夫，这些"英溪的最后纤夫"告诉我，拔船时，那竹篾编成的一寸左右粗的船缆绳，深深地陷进纤夫肩上的肉，磨出血是经常的事。他们还为我示范性地表现俯身前行的动作。艰辛的血泪劳动，哪里像流行歌曲中唱的"妹妹坐船头""纤绳荡悠悠"那么浪漫轻松！

唐宋明清时，大海的潮水可达金溪港。当年的陈姓船夫，就是以这种艰苦卓绝的劳动，把英都的茶叶、丝绸，还有米粮、薪炭等农产品，从南安西部的英都，通过英溪运到九日山下的金溪港。正是这条黄金水道，把许多南安西部的农产品运到金溪港（也叫"金鸡港"）登上番舶，梯航万国。

时光流到了明朝景泰年间，英溪上的陈姓船夫，不知什么原因离开英都了，轩边寨南麓的陈姓住居处空留下"陈厝"地名。同时，还留下了他们创造的民俗仪式，即每年正月十五之夜的拔拔灯活动。

原来，陈姓船夫为祈求风调雨顺，在每年的元宵夜将拉纤的纤绳拉直，在码头张挂起小小的灯笼，以此来庆祝元宵佳节。有时兴起，拉起拴满灯笼的纤绳沿溪岸码头巡游，作拉纤状俯身前行，创造性地将生产劳动和元宵闹灯结合起来，再现了人与自然抗争的生动场景。可见，"拔拔灯"民俗活动是当年在英溪航运的陈姓船夫的原创。

那时候有翁山洪氏在英都繁衍，四代单传，至第五世始分兄弟二支，俗称东、西轩。西轩居易公生4个儿子，其中第二子名"荣璋"。荣璋公所传裔孙，世称"西轩二房"。荣璋公生子二，长子名"壬逊"，次子名"庚逊"。荣璋公勤奋耕耘，遗下田产二处，在池头一处（属今良山村），土地面积较少，但水利资源较好，俗谚"柴山水源好，四季免烦恼"，是旱涝保收的良田。另有在董山（属今民山村）田产一处，水利资源差，俗谚"董山鬼，三日无雨就伻水"，但土地面积较多，土质又好。兄弟协商分家时，兄长壬逊自愿认领土地面积较少的池头一份，而弟弟庚逊则正好喜欢土地面积多的董山一份。在他看来，家庭要兴旺，第一要有人丁，第二要有田地。

庚逊是一个勤奋的农民，他在董山定居，首先做的一件事就是把陈厝巷陈姓船夫遗留下来的昭惠庙，迁徙至号称"董山垟"的大片农田之旁，扩大规模重建，昭惠庙从此有了"董山宫"之别称。庚逊认为，陈姓船夫崇祀仁福王，是祈求天公风调雨顺以利行船谋生，这与农夫祈求天公风调雨顺是为了五谷丰登同出一理，应该继承。既然传承了陈氏奉祀的神灵香火，拔拔灯的仪式也理应恢复。当时洪姓人丁尚少，洪庚逊倡议恢复拔拔灯，也招呼了当时居住在董山的其他姓氏的人参加活动。不同的是，洪氏恢复的拔拔灯活动，时间从元宵节改为正月初九"天诞日"，仁福王也从管航运的水神变成了兼顾农业的当境神。

庚逊公只活到了38岁，他的妻子陈氏则寿至81岁。庚逊公逝世后，陈氏不负夫望，带领2个儿子勤奋耕耘，家业大振。2个儿子，长名"潮"，次名"瀛"，兄弟成家后各自立业，各有建树。陈氏遗言二子：日后子孙兴旺，拔拔灯活动时仁福王神驾出巡，昆仲二房每房各出 2 人扛神轿，这就是董山洪氏（洪氏西轩二房）传至八世以后拨拨灯活动的灯首一直按二房平分的原因。至今每年正月初九之夜，拨拨灯队伍中的仁福王神轿上还保留古例，轿顶四角各挂红灯一盏，合为二对，即二房子孙各一对。

昭惠庙奉祀的神祇，也增祀了大王公（忠惠王）和本官公，合称"三位尊王"，之后，又增祀了被讹称为"菜脯公"的太保公郑和。

至明朝弘治中叶，居住在董山的西轩二房这一派，人丁成众，拨拨灯活动也逐渐规范化，仪式程序基本定型。洪瀛（号芦山公）经商富裕，族谱记他"晚年蓄二妓以自娱"，是个喜欢娱乐的人，他亲自教习"花鼓唱"，把民间音乐及舞蹈引入拨拨灯活动，使拨拨灯队伍到一定时间停下来更换蜡烛时，兼有表演文艺节目的环节，取悦观众，具有民众喜闻乐见的观赏性。程式化的仪仗队伍和环节程序渐趋定型。

庙是移了，昭惠庙作为英溪航运水神的地位并未改变，明清以降英溪运输繁忙，往来于英都至泉州的 30 多艘驳船依然奉祀着昭惠庙的香火。

传至第九世，伯生、伯鸾两兄弟于明朝万历年间重建昭惠庙。至清朝乾隆己酉年（1789 年），董山出了个举人洪鹏上，他根据昭惠庙仁福王的历史，撰写了一副庙联，"庙向南离明有赫，王皆圣巽命用麻"，用楹联记载了"仁福王"是皇帝敕封的史实。

通过多年不懈的调查，我拜访的对象有 20 多人，他们之中有虔诚的仁福王信士、信女，有学校退休教师，有 90 多岁的民间艺人，有尚健在的英溪河运最后的纤夫。我把他们从祖先传承下来的种种信息，综合梳理，互相印证，使碎片化的信息形成明显的脉络，理顺了董山昭惠庙及其拨拨灯活动的前世今生。

1991 年，听说南安正在编修新的县志，而且已经进入复审定稿阶段，我赶快把多年来调查的英都镇董山昭惠庙简史加以整理，亲自面呈南安县地方志编纂委员会。编委会很重视，将我提供的资料整理成 120 字的条目，编入 1993 年出版的《南安县志》第三十四卷第三章第一节"寺观庙宇"。从此，始建于南宋的董山昭惠古庙载入了地方志书。

1992 年 7 月 23 日，经《翁山谱志》总纂洪瑞生先生引荐，我拜访了在泉州的陈泗东先生，向他报告关于董山昭惠庙是从丰州九日山分灵至英都的调查研究成果。陈泗东是泉州市著名地方文史专家。他听到我的报告，喜出望外，激动地说，九日山昭惠庙早已废圮，晋江安海的昭惠庙也被毁坏，且喜英都昭惠庙香火兴盛，非常振奋人心。他又说："我一直痛心，难道香火显赫一时的昭惠庙通远王、仁福王，就这样销声匿迹了吗？"之后，他写了《九日山的通远王和仁福王今何在》一文，发表在 1992 年 8 月 24 日的《泉州晚报》上。当时陈泗东先生正致力于呼吁重视研究古代泉州的昭惠庙海神崇拜，至于什么"拔拔灯"的活动，他并未表示重视。

1998 年 4 月，南安市人民政府根据英都昭惠庙的申报，批准昭惠庙为市级文物保护单位。

董山昭惠庙成为市级文物保护单位，对我来说是一种荣誉和责任，昭惠庙以此为契机，成立了以洪林桂为主任，洪瑞木、洪双全为副主任的管理委员会。管委会举行的首次会议，议题就是如何保护和传承拔拔灯活动，因为这是七世祖公祖妈留给儿孙的精神财富，董山人的人文品牌。

2001 年 1 月，我在《英都乡讯》小报上发表了《独具文化内涵的灯俗：昭惠庙拔拔灯》，首次较详细地介绍了董山昭惠庙拔拔灯活动的源流和基本内容。这份以英都在外乡亲为主要对象的彩印小报，每期发行量（赠阅）3000 份，有较广泛的社会影响。2002 年 4 月，我又在《英都乡讯》上发表一篇特写，题为《拔拔灯队伍中的老外》，报道来自加拿大安大略省的泰德·杰罗和卡洛尔·杰罗夫妇亦步亦趋跟着拔灯队伍快乐行进的情景，并配发了照片。这篇短文勾起了多少在外的英都游子的乡恋，也引起外地人了解英都拔拔灯民俗的向往之心。

1997 年，联合国教科文组织通过了《人类口头和非物质遗产代表作》的决议。2003 年 10 月，联合国教科文组织通过了《保护非物质文化遗产公约》。2004 年 8 月，全国人大常委会批准我国加入《保护非物质文化遗产公约》，并将正在研究中的《中华人民共和国民族民间传统文化保护法（草案）》更名为《中华人民共和国非物质文化遗产保护法（草案）》。

2005 年 7 月 12 日，由泉州市文化局社文科科长谢万智带队，南安市文体局、南安市广电局、南安市文化馆等单位到英都昭惠庙召开了调查申报非物质文化遗产座谈会。昭惠庙管理人员，英东、民山二村的村领导及老年人代表共 20 多人参加会议。会议传达了福建省关于组织申报非物质文化遗产的文件精神，与会成员热烈讨论，就"拔拔灯"民俗申报省级非遗一事各抒己见，迈出了昭惠庙拔拔灯申报非遗之路的第一步。

座谈会决定了由我调查起草非遗申报书。经过 3 个多月的继续深入调查，反复修改申报文本 6 次，草稿多达 9 万多字，我终于完成了泉州市、福建省的二级申报工作。

在我的申报文本中，对董山昭惠庙拔拔灯程序环节的表述，以我几十年的调查成果为主，增加了申报工作座谈会上与会者补充的资料，综合成拔拔灯活动的 10 个环节。这个文本，是对拔拔灯历史及程序仪式的抢救发掘、全面恢复的一次规范性总结，是一份珍贵的成果。

如果没有谢万智慧眼识珠，提名英都拔拔灯项目申报非遗，可以肯定，英都拔拔灯就没有今天的荣誉。我曾听说，泉州市文化局把这个项目申报到福建省文化厅，当时省厅的申遗工作人员对这个项目并不看好，恰好文化部的非遗专家下来调研，看了申报书，充分肯定了这个项目的代表性，并指出这个项目可以申报国家级。这一消息我是听说的，但我完全相信这是真的。当时一提起非遗，许多人总是热衷于茶叶、脱胎漆器、瓷器的制作技艺等和经济效益有关的项目，对于游灯时还要用一根绳子把灯笼拴起来"拔"着走的民俗项目并不看好。

申报省级非遗获得成功，大大鼓舞了我向国家级冲刺的信心。于是，我建议在 2007 年农历正月初九之夜，组织一场接近于仿古的拔拔灯活动，并拍摄了录像，精心准备申报国家级的各项工作。5 月 13 日，我听说国家级非物质文化遗产保护工作专家委员会副主任乌丙安先生到晋江市进行工作调研，我立即驱车前往晋江，邀请他到英都考察。乌丙安老师很高兴地接受邀请，他冒着炎热天气赶到昭惠庙，听了我的汇报，看了我提供的文字和图片资料，现场察看了拔拔灯用的各种器具和演示，高兴地说，这个项目在全国五花八门的正月闹灯形式中别具一格，具有代表性，应该以"民俗"类申报，并就申报文本（含电子文本）的制作进行了指导。

2008 年 6 月 14 日，国务院发布国发〔2008〕19 号文件，公布了第二批国家级非物质文化遗产名录，共计 510 项，其中，"南安英都拔拔灯"上榜，成为全国 9 大灯会之一。那天是星期六，我从网上查得消息后，立即打电话向镇党委书记陈文举同志报告，陈文举非常兴奋，立即向南安市市长报告。

南安英都拔拔灯，陈姓船夫首创，董山洪氏继承，经过数代人不懈接力，不断完善，并使之仪式化。通过申报非遗的行动，调查、发掘、抢救和恢复了这一文化遗产，使这项历 700 多年，经几十代人传承下来的国宝级的非物质文化遗产重放异彩。

2008 年 11 月 18 日，英都镇召开由各村党支部书记、村委会主任和镇党政机关全体干部大会，镇党委书记陈文举在总结报告中回顾了英都拔拔灯的申报之路，并特别指出："申报人廖榕光年已七旬，不为名不为利，没有一分钱的报酬，默默奉献，为南安争取到一项国家级非遗项目，精神感人，应予表彰。"

英都拔拔灯申遗成功以后，各路媒体纷至沓来，经过他们的传播，蜚声海内外，盛誉远扬。十几年来，我共接待配合中央、省、市及香港地区的各种媒体采访 80 多次，有一年正月初九之夜竟接受了电视台和报纸 6 家媒体记者的采访。我先后配合央视农业频道录制专题片《拔出来的男丁》，央视纪录频道录制非遗档案资料专题片《中国影像方志·南安篇》，香港凤凰卫视录制专题片《正月里》，泉州电视台录制专题片《活力泉州行——走进英都》等，还有数不清的各地报纸、电视台的新闻记者采访。

董山昭惠庙的拔拔灯活动，经历了从陈姓纤夫到董山农民的数百年传承，一代代先民接力传递，形成了一种模式化的生活文化。但它没有典籍，完全靠民间口传身授，传承人众多，存在着许多不确定性，尤其是遭受几次"破除迷信"、"破四旧立四新"和十年"文化大革命"的冲击，濒临灭失。通过申报非遗，抢救和恢复了这一濒危的民俗。

但是，随着经济大潮的冲击和农村文化生态的改变，如何保护和传承这一传统文化，是一个重要且迫切的课题。当下的青年，无法体会当年英溪纤夫逆流拉纤的血泪劳动，无法体会当年董山先民在烈日下挥汗如雨、节水抗旱的艰辛场面。董山拔拔灯，是古代劳动人民将生产劳动和文化娱乐结合起来的创造性产物，蕴含着深厚的文化内涵。古代劳动人民和大自然顽强抗争的斗争精神与祈求大自然风调雨顺、和谐共生的虔诚祈愿，这种对立又统一的复杂思想因素，都在参与拔拔灯的过程中淋漓尽致地宣泄出来。明白了这一点，你就不难体会为什么拔拔灯要俯身呼喊前冲而不遗余力。董山昭惠庙拔拔灯的观赏性，不是泉州元宵踩街的"歌吹漫步"，不是西方文化的"嘉年华"！保护和传承，迫在眉睫的课题，已经摆在了新一代董山人的面前。

2005 年 7 月 12 日，本书作者在昭惠庙申报非物质文化座谈会上的讲话

（本文是作者在"传承与保护——南安英都拔拔灯项目学术研讨会"上的主题发言。）

02

家山往事

浪起西溪

发源于安溪芦田莲花山的蓝溪，流入南安境内，先后与发源于云顶山的英溪、发源于芹山的东田溪汇合，成为古南安江（晋江）的西溪。滔滔碧浪，千年流淌。穿越时光，流过汉唐，见证了西溪流域一方生民生聚繁衍的辛酸、拼搏与辉煌。

时光流到20世纪70年代，承袭了几千年的面朝黄土背朝天的农耕方式，守着人均二三分耕地的农民，显然已经无法依靠种田来保证四季温饱。于是，有的人放下锄头，挑起打铁担或"钉铜"担，漂泊异乡，朝餐晨曦朝露，夜宿破庙危房，走上了漂泊无定的谋生之路。当时谁也没料到，这帮只想打铁钉铜谋生的小炉匠，后来会干起修理水龙头的营生。他们的家里从来没用过水龙头，他们不知道水龙头里面是什么结构，只为了那几毛钱的修理费，大胆拆开一看，竟是那么简单。一时修理水龙头成为一门新兴的行业。尝到了甜头的泥腿子，胆子越来越大，仑苍大宇村4位农民居然与永安市物资局签了一份合同，制造水龙头2000个。当时什么设备都没有，"没有金刚钻，敢揽瓷器活"，可谓"胆大包天"。饿慌了的农民，求生存的欲望促使他们勇闯难关。折腾了好几个月才制造出来的铜铝合金水龙头2000个，改写了一方水土的历史。仑苍镇的水暖发展史记载着这4位农民的名字：蔡怀德、阮德洲、蓝经鹏、阮东海。

4位农民的成功，鼓舞了南安西部农民创业的信心。制造水龙头的家庭小作坊如雨后春笋，迅速在当时的仑苍、英都、美林、城关公社崛起。据分析，当时这4个公社的家庭作坊超过千家，规模很小，每家的员工不超过10人。英都芸林村的洪顺成是最早办厂的农民之一，他说，"听说上级有规定，雇用工人超过7人就是剥削，我不敢跨过这条线"。

1980年3月，中央正式决定在广东、福建沿海建设经济特区，还决定给福建沿海侨乡一系列特殊政策，让福建沿海人民依托经济特区先富起来。中央这一振奋人心的决定，对南安西溪流域水龙头制造业来说是极大的利好消息。

要发展，又怕被戴上"剥削"的帽子。于是，各生产大队的水暖器材厂应运而生，允许各家庭作坊前来"挂靠"。这有点类似于国外流行的"虚拟企业"经营模式。仑苍、英都两地的企业管理站分别注册"仑"字和"英"字两个商标供挂靠者使用，公社成立水暖器材质检站，开始对从业人员进行技术培训，按标准生产，水暖产业逐步走上正轨。一本由福建日报出版社编辑出版的《福建乡镇能人谱》，发黄的书页记载了仑苍、英都、美林等乡镇 20 世纪 80 年代农村能人创业的情况。据 1990 年版的《南安县志》记载，1988 年，英都镇水暖器材厂有 106 家，工人有 1300 多人，供销人员有 4500 余人，年产值为 3700 多万元。仑苍镇有"瑞士式"家庭工厂 268 家、工人 2000 多人、供销人员 4550 人，年产值为 5000 多万元。

1992 年 3 月，党中央向全国传达了邓小平同志视察经济特区的讲话精神，邓小平说："改革开放胆子要大一些，敢于试验"，"看准了的，就大胆地试，大胆地闯"！掷地有声的话语，给南安西部水暖人壮了胆，鼓了劲。

"忽如一夜春风来，千树万树梨花开。"奔腾的西溪水，激起千重浪。西溪两畔，村村办厂，户户从商。仑苍、英都、翔云、东田、眉山、美林、溪美、柳城，崛起的水暖器材制造业，带动了供应商、经销商、物流业以及第三产业，为 30 多万人提供了就业机会。南安水暖业的旗帜，高高地飘扬神州，驰誉海外。

2002 年，党的十六大明确规定民营经济应得到法律保护，南安的水暖业以更快的速度向前发展。

于是，企业上规模、产业上档次，本来是制造"供水器材""供暖器材"的南安水暖产业花开两朵：卫浴洁具制造业和工业阀门制造业两朵奇葩，各展风华。

申鹭达卫浴，在 1995 年制造出我国第一个陶瓷片密封水龙头；中宇卫浴，把水龙头卖到欧洲；后来赶上的九牧，更是率先获得国家质检总局的质量免检证书，还把水龙头"唱"上央视的大型文娱节目《同一首歌》；春赞水暖升级为辉煌卫浴，跻身南安水暖四强。2005 年，国家把水龙头列入免检产品名录，全国有 7 个水龙头商标入选，而其中南安有 4 个。

1994 年，一位在外跑供销的英都青年农民洪有福，回归家乡创办了特种阀门厂，专心研制自动阀门——自由浮球式蒸汽疏水阀。当他把自己研制的高效节能的疏水阀拿到化工部、国家阀门行业协会要求鉴定时，领导和专家几乎同时发出惊叹："这是农民办的工厂制造出来的产品？其节能效率几乎达到国际先进水平啊！"

除了洪有福，还有许多专业从事制造化工阀门、热电阀门以及大口径供水供气阀门的企业，这些企业的业务员出入各种大型项目建设的招标会，用过硬的产品与国有阀门企业一起竞逐。

南安市委、市政府看好水暖业这一特殊产业的发展前景，多次出台了政策，把民营企业扶上马，并开辟大道，把他们送上征程。仑苍中国水暖城先后开工一、二、三期工程，高新技术园、美宇工业园、英都恒阪阀门基地相继投入使用，更高规格配置的扶茂岭工业区建成投产，这些都彰显了南安市领导发展水暖业的雄心魄力和南安水暖人的奋斗信心。

南安水暖业一直紧跟时代步伐，体现了文明进步的科技之光。九牧的智能马桶，敢与国际名牌一争高下。申鹭达的数控恒温技术，让智能浴室更加人性化。每年在上海举行的国际卫浴展会，据称是世界卫浴潮流的风向标，在这个展会上，南安卫浴企业的展厅，频频有蓝眼睛、黄头发的老外光顾，他们带着疑惑的心情而来，满载着丰硕的成果而归。

到 2018 年，南安水暖卫浴阀门的年工业产值已超过 500 亿元，一个更宏伟的目标——年千亿产值正在鼓舞着企业家奋勇向前。

南安水暖业的传奇，昭示了一个真理：改革开放是中国发展唯一正确道路。依托水暖业工贸兴镇，西溪百里水暖阀门产业长廊兴旺，村容村貌崭新，人的精神面貌更新。身份还是农民，锄头依然没有丢弃，手机却人人随身，电脑、彩电、汽车进入寻常百姓家庭。一位从马来西亚回祖籍地探亲的老华侨，对民山村的党支部书记说：唐山超过番邦了。

汨汨西溪水，不舍昼夜流向远方。西溪周遭的精彩故事，将更加生动地演绎。

2018 年 11 月 30 日

志书上关于瘟疫的南安记忆

中华民族历史上曾经发生过多次瘟疫。据中国中医研究院 2003 年编纂的《中国疫病史鉴》记载，从西汉到清末，中国至少发生过 321 次大型瘟疫，这是该书编纂者从我国中医典籍及各种历史记载中统计出来的。

现存的《泉州府志》《南安县志》等地方志，对历史上发生过的瘟疫记载并不完全，这可能由于当时修志的人手及信息资源有限。但我们仍然可以从这些志书的记载中看到南安历次瘟疫之肆虐及人们与之生死搏斗的惨烈状况。

戴希朱总纂的民国版《南安县志》共收录、记载了南安县自明至清并延伸到民国初年的四次大瘟疫，文字不多，引录如下：

（明嘉靖）四十一年，疠气大作，市门俱闭，至无疫出。

（明万历）四十五年，大疫。

（清）道光初年，瘟疫，民死无数。

（清）光绪二十三年，大疫。初，鼠疫自十六年由粤省沿海一带传染到厦门、泉州，蔓延南安，无处无之。原其疫气所发，鼠先受毒，鼠死而人染其毒气，遂发热发瘤，口渴眼睁，手足抽搐，一二日或四五日即死。自光绪中至民国六年，无年无之。计阖邑死数十万人。

以上四则史料，记载了从明嘉靖四十一年（1562）至民国六年（1917）计 355 年之间南安县发生的 4 次大瘟疫，尤以最后一条即清光绪二十三年（1897）发生的瘟疫记载得较为详尽，明确记载该次大疫为"鼠疫"，光绪十六年（1890）由广东沿海传入厦门、泉州，而后蔓延到南安。发病症状是老鼠先受毒而死，继传染到人，从发病到死亡最快一二天、最迟四五天，非常凶猛，并具体描述发病症状为"发热发瘤，口渴眼睁，手足抽搐"。这次疫情从 1897 年至《南安县志》成书时的 1917 年，20 年间从未间断，年年发作，全县死亡人数数十万人。疫情空前严重，人口死亡惨重。

以上引录的 4 次疫情，除了最后 1 条为鼠疫外，其他 3 条均未明确记载是何疫症。

明万历四十年（1612）出版的《万历重修泉州府志》对明嘉靖四十一年（1562）发生的瘟疫有较详细的记述，可作为对《南安县志》的补充，也抄录如下：

> （明嘉靖）四十一年郡城瘟疫，人死十之七，市肆寺观尸相枕藉，有阖户无一人存者。薰蒿凄怆，不可忍闻。市门俱闭，至无敢出。

这是多么令人恐怖的场景：市场街道、寺院庙观，因瘟疫而死的尸体互相叠靠，尸体散发的气味臭不可闻，家家户户闭门不敢外出，十人中有七人因瘟疫而死，更有全家都死亡无人幸存的。

在医学科技尚未发达的古代至近代，坊间对瘟疫的称呼主要是"老鼠仔症"和"吐漏症"，即鼠疫和霍乱，还有其他不明名称的疫情。

1962年，我在生产队曾经听老农洪恭柴（1905—?）讲过他儿时听说的瘟疫情况，不管是"老鼠仔症"还是"吐漏症"，来势非常迅猛。他说，有的人上午还好好的，在帮忙料理邻家死者丧事，抬棺出葬，下午突然就死了，被别人抬出去埋葬了。洪恭柴讲的这个情况，应该是指从清末一直延续到民国初年的那场鼠疫。

2019年发生的新冠肺炎疫情，其严重性是空前的。面对突如其来的不明原因的凶猛疫情，由于有中国共产党的坚强领导、有优越的政治制度、有强大的人民共和国经济基础，抗疫行动有条不紊，把损失和死亡的代价降到了最低。我们虽然不幸遭遇了这场前所未有的瘟疫，但我们又庆幸赶上了这伟大的时代，否则发生像史书上记述的那些瘟疫惨状不是不可能的，前几年发生在非洲的埃博拉疫情就是明证。现在重温志书上瘟疫的记载，可以让我们更加坚定走中国特色社会主义道路，更加感受到作为中华民族一员的光荣和自豪。

民国版《南安县志》的编纂者戴希朱先生，在记载历次瘟疫的事例之后，还不忘告诫人们：

> 天能生人，便能死人。人心日险，天律日严，律在必行。天虽爱人，亦有不能悯人之死者。……愿天下人平时循天理，多善行，重卫生，以自保其身可也！若能多施药，明医理，以救一世之人，则更善矣！

戴希朱语重心长地指出，应该敬畏自然。大自然养人类，但也会制裁人类。人类越肆无忌惮地违背大自然，大自然对人类的制裁就越加严厉，决不会怜悯你。他认为人类必须爱护环境、注重卫生、讲究科学，才能保护自身。如果能多做施药救人的善事，以救治世上之人，那就更善了。这些百年前的话在今天看来，依然是真知灼见，至理名言。

2020年2月25日夜草

古代英都寿星男士比女士多

近日，从民国版《南安县志》中发现有"耆寿"一卷，记载清朝南安各地享寿 90 岁以上的寿星名单及岁数，相当详尽，特写此文与大家分享。

这是一部民国二十一年（1932）泉州泉山书社活字版印刷的《南安县志》，该志"卷之三十七·人物志"中有"耆寿"一章，按清代行政区域的"铺、都"分别记载了 90 岁以上寿星的姓名、身份和享寿岁数。

现将该志记载有关英都的寿星资料抄录如下：

二十七都

黄吉淑，庵山人，寿九十七，乾隆朝皇恩三锡；

洪以邑，郡庠生，英山人。妻汪氏，寿一百有二；

洪富有，滋尾墓人，寿百有七；

吴淑珍号玩亭，仑美人，寿百有四岁，嘉庆朝皇恩三锡；

洪严山，寿九十二；

洪先欺，寿九十三；

洪亲高，寿九十七；

洪孝亭，寿九十三；

洪文富，钦赐举人，寿九十四；

洪绍泮，寿九十三。

以上六人均英内儒士。

二十八都（注：只选录今属英都镇的山后、角潭）

黄衷顶，山后人，寿百零八岁，捐道衔；

许忠和，角潭人，寿九十五；

黄闇然，享寿百有六岁，道光恩授直隶州州同。

从这些文献记载中我发现，英都的长寿人数及高寿岁数都位居南安前列。可以说，英都古代是长寿之乡。

以上记载的寿星题名，都是盛清乾隆朝以后的人，长寿可能和清朝康乾盛世社会稳定、经济繁荣、人民群众生活安定等因素有关。

长寿的原因是很复杂的，涉及家族基因、生存环境、从事职业、饮食营养、生活习惯等多个方面，一直是人们努力探索的课题。

有一个很值得注意的现象是，以上所列寿星13人，只有洪以鄙的妻汪氏是女性，其余12人都是男性，这与当下女性比男性长寿的现象是截然不同的。我还注意到，《南安县志》记载的廿七都90岁以上未满百岁的老人共6人，还特别注明都是"英内儒士"，这一点值得我们探究。儒士专心做学问，心无旁骛，心态好，这可能也是长寿的原因之一。也就是说，长寿可能和做人的修养有关。名录中的洪文富是翁山洪氏西轩二房裔孙，书香世家。他的哥哥洪鹏上举人出身，任漳浦县教谕。洪文富本人中秀才后，乡试屡试屡败，但他并不气馁，一直考到七十岁，被朝廷恩赏"钦赐举人"。他在董山洋顶（今属英东村）创办树阳学馆，终身教书育人，寿至94岁。又，洪绍泮在乾隆年间是泉州名医，一生行医济世，德艺双馨，南安知县赠匾"先正风规"，称赞他的德行具有先人风范。以上两例可见长寿者都是专攻学术、心境平和的人，个人修养很优秀。

由此可见，男性是可以长寿的。男性同胞们，大家都来努力加油，争取健康长寿，再显先贤的大丈夫气概吧！

2019 年 4 月 19 日

英都的牌坊

  牌坊是中华特色建筑文化，是封建时代统治者为表彰功勋、科第、德政、忠义、节孝、寿考等建造的。为了垂之永久，多为石结构，故又称"石牌坊"。

  由于历史原因，我们这里已经看不到古代的牌坊了，青年人对"牌坊"这个词十分陌生。有人到安徽省歙县旅游，看到了保护完好的古代石牌坊建筑群，才知道牌坊是怎么一回事。歙县现在保留有各类古牌坊82座，是我国著名的"牌坊之乡"。

  英都历史上曾经有过不少牌坊。霞溪村现在的"格林坊""坊脚"两个地名，就是这里曾经有过牌坊的明证。可惜的是，这两处牌坊群都毁于1958年的破除迷信运动中。

  牌坊因其具有表彰性质和教化功能，都建于村头、路口等车马通行的必经之处，跨路跨街而建。古代英都陆路出乡的最主要一条通道是通往英溪口的大路，由格林（碧林）出乡，经仑苍的楼美寨码头乘船，可直下县治丰州或府城泉州，这是一条官路，行人不断，所以牌坊建在官路经过的春亭和格林两个自然村。因为有了牌坊，这两个自然村的村名也就被改成"坊脚"和"格林坊"了。

  按表彰的类型来划分，牌坊大概可分为下列几类。

  功德坊。用于表彰官员功勋显赫，如山东省有座"四世宫保坊"（因一人建功，加封太子太保，追赠父亲、祖父、曾祖父三代，同为太子太保，故被称为"四世宫保"）。

  科第坊。如状元坊、会元坊、进士坊等。最有名的是广西桂林的"三元及第"坊，是为陈继昌中解元、会元、状元而建造的。陈继昌是我国古代科举史上最后一位连中三元的进士。

  贞节坊。这类牌坊是为表彰烈女守节尽孝、抚孤成长的事迹而建的。

  此外，还有孝子坊、寿庆坊、慈善坊等。

  总之，牌坊体现了我国封建时代倡导的忠君爱国、建功立业、好学奋进、慈善仁爱、持贞守节等思想观念，是一种特殊的文化载体。

牌坊的形制有立柱出头的"冲天式"和立柱不出头的"不冲天式"两种。规格最常见的是"单间二柱"和"三间四柱"，"五间六柱"的大型牌坊则比较罕见。高度则有"二楼""三楼"等类别。

牌坊多为石结构，但也有因就地取材条件限制而采用木结构或砖木、砖石混合结构的。各种风格的牌坊建筑，形成了中华独特的建筑技艺。

牌坊可以按建造经费的来源分为4种等级，这4种等级都在牌坊顶楼的"圣旨牌"中显示出来。

一、御制。皇帝亲自下旨，国库出资建造，这是等级最高的。

二、恩荣。皇帝下旨，地方财政拨款建造。

三、圣旨。皇帝下旨，申请旌表的人自己出资建造。

四、敕命（或"玉音"）。皇帝口谕准建，申请旌表的人自己出资建造。

还有一种坊是用来标示建筑群或街区名称的坊，这种坊通称"门坊"。门坊是地方官府或民众所立，与"圣旨"无关。大多建在祠堂、庙宇、衙署门口或街区路口。2008年4月建于英都金交椅陵园神道入口的"金交椅古地"牌坊，就属于门坊一类，是典型的冲天式石牌坊，"三间四柱"，造型古朴，雕工精美，是民山村洪冰练捐建的。

查考了各种相关的历史文献，我发现在英都本土曾经有古代建造的牌坊6座，都是石结构，建于明清两代。牌坊位于格林坊的有3座，位于坊脚的3座。这2处牌坊建筑群都在今霞溪村辖区内。

位于格林坊的3座牌坊如下：

圣旨旌表洪有临妻史氏节孝坊，建于明朝；

圣旨旌表洪奕涩妻朱氏节孝坊，建于清朝乾隆年间；

圣旨旌表洪绍义妻黄氏节孝坊，建于清朝。

位于坊脚的3座牌坊如下：

圣旨旌表洪奕旷妻黄氏节孝坊，建于清乾隆三年（1738）；

圣旨旌表洪士纲妻叶氏节孝坊，建于清乾隆六年（1741）；

圣旨旌表洪鸣珂妻郭氏节孝坊，建于清乾隆十一年（1746）。

以上6座牌坊均毁于1958年。

还有旌表英都人建在外地的牌坊4座，分别为：

一、恩荣旌表明万历壬辰科"会元"、皇帝钦点二甲第一名进士洪启睿的"金殿传胪"坊。明万历年间建，位于泉州通津门外，毁于何时不明。

二、圣旨旌表洪有秩妻戴氏贞节坊。明崇祯年间建，建于惠安县黄塘镇坊脚戴氏墓道，毁于 1958 年。

三、御制旌表洪启熙妻傅氏节孝坊。清顺治九年（1652）建于晋江县赤涂乡（今泉州市鲤城区赤涂自然村），在 1958 年大跃进"开荒造田"被毁。

四、圣旨旌表明嘉靖己未年南安黄襄、洪有第、欧阳模三人同登己未科进士的"三进士"坊。明嘉靖年间建，位于丰州南安县衙门前，毁于 1958 年。

近年来，一些有识之士呼吁在英都重建历史牌坊，既可彰显英都洪氏先贤之功业、德行，激励后人励志奋进，又可为建设美丽乡村增添文化景观，我认为这是很好的建议，可以经审慎论证后，择地重建。

2021 年 1 月 18 日

英都的牌楼

　　牌楼和牌坊都是独具文化特色的中华传统建筑物。牌楼和牌坊，虽然类似，实有区别。

　　据文献记载，牌坊起于周朝，是一种用于旌表节孝的建筑物。

　　后来在宫苑、寺观、园林、陵墓、官署、街道的路口均建有牌坊式的建筑物，然而这种牌坊并不具有表彰性质，这就是牌楼。

　　牌坊与牌楼在建筑形制上的区别在于：牌坊一般没有屋顶（闽南语称"厝盖"），没有楼层的构造，建筑的材料是比较单一的，为了保持永久，大部分用石料构成，所以常称为"石牌坊"，个别地方也有纯用木材建成的；牌楼则有屋顶（厝盖），屋面有瓦片、飞檐、屋脊，有楼层，这种牌楼有木结构的，也有由砖、木、瓦等多种材料构成的，木料部分是经过雕刻及油漆彩绘的斗、拱及花板。

　　但在实际中，牌坊和牌楼已经互混了。为了豪华壮观，显示主人身份的不凡，本来用于旌表的牌坊，建成了牌楼体制，有仿瓦当的石雕屋面，有仿木的石雕斗、拱，有楼层，俨然成了牌楼。也有本应该建成牌楼的，但建成了牌坊的样式，这种建筑物不具备旌表性质，不属于牌坊，习惯称为"门坊"。

　　由于牌坊和牌楼概念的互混，现在习惯上从功能来区分：属于旌表性质的，叫牌坊；属于寺观、园林、陵墓、街区、官署等标志性质的，则称为牌楼。

　　我国有着丰富多彩的牌楼建筑艺术，历史上曾经留下了许多豪华精美的大型牌楼，彰显了独具中华特色的建筑文化。据统计，北京市现存的明、清时期的牌楼还有 60 多座，建筑形制有三门四柱、五门六柱等。"国子监"牌楼、"成贤街"牌楼、"万流朝宗"牌楼等都是负有盛名的经典建筑。

　　英都古代没有牌楼。倒是 20 世纪 90 年代以后，由于经济发展，文化复兴，在一些寺庙宗祠的路头门口新建了一些牌楼，成为英都建筑文化景观中的亮点。其中，最有名的是 1996 年建于洪氏家庙建筑群入口处的"翁山"牌楼，这是一座砖、石、瓦混合结构的牌楼，三门二楼，屋面用绿色琉璃瓦，四垂脊，石雕仿木斗拱。整个牌楼造型线条流畅，形象壮观。之后，又有建于石泉院的"石泉古地"牌楼（石、砖、瓦混合结构，三门三楼），继而又新建了"宝湖古地""承畴纪念园""董山西二宗祠"等石结构的牌楼。

事实上，英都早在1959年就建过一座牌楼，只是在1970年被拆掉了。

1960年1月，教育部在福州市举行"全国工农业余教育经验交流会"，这场为期5天的会议，其中有一个环节，就是安排1天时间到南安县的英都公社检查农民业余教育情况。这是英都历史上破天荒的一次盛会，为了迎接这一盛会，英都公社从1959年9月起就突击做好各项准备工作，除了建造会议场馆（英都影剧院扫尾工程）和环保卫生设施外，还有一个新建项目，就是在塘边街入口处建一座迎宾牌楼。这一任务由公社的木器厂和公社的建筑工程队联合承担。由于时间紧迫和经费限制，这个牌楼没有按照中国传统的牌楼样式建造，而是一次创新。英都木器厂的洪恭芳（英都荣星人）、周媄（安溪墩坂人）二位"大木"师傅和建筑工程队的青年泥水师傅梁金邦（翔云梅庄人）领衔设计并建造，他们发挥敢想敢干的精神，土法上马，日夜加班，设计并亲手建造了一座中外合璧的砖木结构2墩8柱单门大牌楼。两旁各有一座四方形大墩，上各竖4支方形柱，4支方柱上面建一圆形穹顶，穹顶上方置一圆球。中间为松木制成的火焰形状额枋。整座牌楼雄伟、简洁、大方，且带有南亚及欧洲的建筑元素，体现了解放初期许多新型建筑的风格。

这个大型跨街牌楼建于塘边街的入口处，即今民山村杉厝下自然村。1960年1月12日上午，教育部副部长董纯才、福建省委常委林修德、福建省教育厅厅长王于畊率领当时全国28个省、市、自治区的教育厅领导，还有陪同检查的中共晋江地委书记张桂如、南安县委书记宁安玉等领导，以及新华社、中新社、人民日报社、中国青年报社、中央人民广播电台等媒体记者，乘车徐徐开过这个迎宾牌楼，进入塘边街。民山、英东两个生产大队的民校文艺表演队在迎宾牌楼前载歌载舞，迎接嘉宾，一时传为盛事佳话。领导嘉宾们先在英都影剧院开会，听取英都公社党委书记陈奕芬的业余教育工作汇报，又到大新、石山、翔山（今属翔云镇）3个大队（现在的行政村）现场检查农民识字夜校的教学情况，直到当夜10时许才离开英都。

这座迎宾牌楼在20世纪80年代末因松木横梁腐朽而不得不拆除，实际存在将近20年之久，现在的年轻人都不知道杉厝下曾经有过这么一座牌楼，倒是年长的人们常常还会提起"牌楼顶""牌楼脚"这些话语。因为牌楼建起以后，英都人习惯以这座牌楼作为镇区和农村的分界坐标。近来偶尔听到在塘边街入口处复建牌楼的倡议，这也是一件好事。不过，新建的牌楼有可能是仿古式的了。

酸笋引起的行政区域调整：南坪换九仰

南坪和九养，是南安西部古代两个自然村落的地名。

南坪，在今英都镇的坪山村。虽然行政村名叫"坪山"，但大家现在习惯上还是称"南坪"。

九养，又叫斗养，但正确的叫法是"九仰"，在今翔云镇的翔山村。这个地方为什么叫九仰？因为这个乡村，四面有9座山头环绕，中间有1个小小的山峰。中间这个山峰叫中峰，四面9座山峰，山势如朝天仰望，故称"九仰山"。乾隆版《泉州府志》记载："九仰山在二十七都，山势仰天者九。"后来，"九仰山"也就成了这个村落的地名，俗呼"九养""斗养"是音讹造成的。中峰有一座历史悠久的佛教禅院，叫中峰院，建于北宋宣和年间，至今已有千年香火。九仰村元朝时属于南安的二十八都（即廿八都），清代划归二十七都管辖，因而中峰院成为英都的"八院"之一。

南坪村本属于南安二十七都，在清代因行政区域调整，和二十八都的九仰对调，九仰划归二十七都，南坪划归二十八都。民间将之称为"南坪换九仰"。

南坪为什么换九仰？在民间有个很有趣的传说。

九仰有个小自然村叫上寮，上寮山高水好，终年云雾缭绕，有一项土特产叫酸笋。这是一种特殊品种的竹子，纤维细嫩，竹笋可生吃，通过发酵腌制就成了酸笋，独具风味。当时二十七都的英墟，是南安西部农产品物资的集散地，英都周边山区农产品都是通过英墟进行交易的，上寮酸笋也通过英墟销往各地。

地方官署将九仰划归二十七都，是从有利于提高农特产品酸笋的知名度来考虑的，外地人要买酸笋，直接到二十七都的英墟就可买到，省掉了去那么大的二十八都到处寻找上寮酸笋的麻烦。所以就将南坪划归二十八都，九仰划归二十七都，这就是"南坪换九仰"的初衷。这也体现了当时南安的地方官员重视农业特产的开发和销售，具有商品经济的初步意识。行政区域调整是立有界碑的，二十七都地界的界碑就在上寮，十几年前还在呢！笔者邻居的一位亲戚名叫卓鸿资，是上寮人，他曾经要带笔者去看界碑，可惜因为时间关系没有成行，甚是遗憾，不知那界碑现在还安好吗？笔者调查过翔山村现存的多份清代民间契约，也都是写"南安廿七都"。

民间有个传说，南坪换九仰和清代开国功臣洪承畴的母亲傅氏有关。说傅氏爱吃上寮酸笋，所以就叫地方官员将南坪和九仰对换。笔者认为这种说法不可靠。洪母傅氏要吃酸笋，是完全可以办到的事，她家住泉州，差人来南安二十七都英墟买酸笋很容易，没必要动用行政命令去变更行政区域。但洪母傅氏爱吃上寮的酸笋，很有可能会经常对人夸奖说，我们二十七都的酸笋真好吃。

话说回来，许多特产为了提高知名度，总喜欢和历史名人挂钩，沾沾名人的光。酸笋既然是南安西部的特产，挂靠上历史名人洪承畴，就会让人觉得身价不凡。这类例子很多，比如和文人苏东坡有关的"东坡肉"、和唐朝杨贵妃有关的"贵妃鸡"、和唐朝大诗人李白有关的"太白鸭"、和古代四大美女之一的西施有关的"西施舌"等。

还有一种说法是二十八都的人爱吃南坪的荔枝，二十七都的人爱吃上寮的酸笋，两个地方的人商量，就对换了行政区划。这种说法更加不靠谱，只能付之一笑。

行政区域变更是历史上常发生的事。今南安市仑苍镇的仑苍、湖西、蔡西、大泳等行政村，古代都属于二十七都，二十七都东边直接管辖到杨梅岭（羊皮岭），和溪美的莲塘村交界。现在说仑苍这些地方古代属于二十七都，很多人都不知道了。而原来属于二十八都的坪山、杏塘、山后、坂头、仕林等村，早已和二十七都合为英都镇了。

英都鸭的美食谱系

我国有着悠久的养鸭历史。秦汉时期，鸡、鸭、鹅是农户饲养的三大家禽。西汉时期还出现了一本关于养鸭技术的专门著作——《相鸭经》。3000 多年的养鸭历史，培育了无数的鸭子优良品种。

鸭和鸡是英都地区传统的两大家禽。

英都自古是泉郡富饶的鱼米之乡，农田肥沃，水资源丰富，具有鸭子栖息的优良环境。传说英都洪氏开姓始祖，就是靠种田、养鸭发家的。

一般农户家庭饲养鸡鸭，主要是为了卖钱补贴家用，家庭有几只母鸡生了蛋，就可以卖钱，支持家庭的油盐酱醋开销，甚至子女的读书费用。而养鸭可以比养鸡更规模化，于是自古就有养"鸭阵"的专业户，每阵鸭子少则几十只，多的可达上百只。"鸭阵"白天放养，夜间补贴饲料。饲养"鸭阵"的目的是生蛋卖钱。以前放养"鸭阵"是在溪河或收割以后的稻田，现在则在水库里放养，被称为"生态鸭"。

英都的鸭，主要有番鸭（正番）、菜鸭、半番（俗称"土番"）3 种。番鸭是我国南方特有的肉用鸭，营养丰富，民间认为其是滋补良禽。菜鸭是福建独特的优良品种"金定鸭"，以产蛋多且个大味美著称。菜鸭蛋中所含的矿物质总量高于鸡蛋，可以预防贫血，促进骨骼发育。菜鸭和番鸭杂交的品种就是半番，是古代劳动人民用杂交手段获得的优良肉用鸭。土番鸭肉质细嫩，味道鲜美。

长期以来，英都形成了一套具有鲜明地方特色的鸭的美食谱系，具体如下。

番鸭汤。具有药膳性质的"滋补番鸭汤"，以肥美番鸭加牛中鞭，配以当归、川芎、熟地、黄芪等药材文火炖成。番鸭汤是一道传统的滋补药膳，产妇坐月子必食。好客的英都人常常用番鸭汤招待贵宾，是一道地方特色鲜明的农家菜。

咸水鸭。餐桌上的美味佳肴"咸水鸭"，以土番全鸭加特殊的汤料炖成，捞起后趁热涂以辅料，晾干后切块即可上桌，独具风味，味道鲜味，常温条件下可保质 2 天。

　　菜鸭汤。选择 2~3 斤的成鸭，配以茵陈、扁豆等中药材炖汤，是一道盛夏酷暑时节祛湿的药膳。如果配以鲜酸笋炖汤，则成为"菜鸭酸笋汤"，独具风味，可健脾开胃，增进食欲，是英都地区的特色农家菜，声名远扬。酸笋是南安西部山区的特色农产品，英都、翔云两乡镇均产，以翔云镇的上寮酸笋为最佳。

抗战时期英都举行过两届运动会

记得在 20 世纪 80 年代，我听一位老农民说过，抗战时期英都曾经举行体育运动会，是和当时因为抗战内迁到英都的泉州晦鸣中学合办的。他说他知道有这么一回事，但是他本人没有参加。这位老农民还说，他听说运动会的项目有篮球、跳远、铁球（铅球）等。但没有提供更详细的情节，且又没有什么证据，并未引起我的足够重视。随着岁月的推移，英都在抗战时办过体育运动会的知情者几乎都逝去了。直至今年两件文物的发现，才有力地证实了英都在抗战时期办过两届运动会。

这一话题的重提，源于 2018 年 5 月 25 日我在微信公众号"英都乡讯"发布《往事钩沉·话说当年南英中学》一文，当晚即收到了摄影家洪宗洲发来的消息，称发现一件见证泉州晦鸣中学抗战时内迁英都的实物，该实物还可以证明英都乡在抗战时举行过一次体育运动会，并附有该实物的照片。他说，这照片是福建省收藏家协会副会长万冬青提供的。

该照片照的是一件精致的德化白瓷墨盒，盒盖上写着：

优胜纪念／泉州晦鸣中学第七南安英都乡第一届联合运动会／百折不回／洪权能敬赠／1940

字为隶书体，遒劲有力。配有山水国画，画面显示，江边岸上有苍松古树，曲干虬枝，江中有两叶扁舟扬帆竞渡，破浪前行。

这确是一件能够证明 1940 年即抗战期间英都农民与内迁英都的泉州晦鸣中学合办过体育动会的实物，堪称"文物"，信息量很丰富。

一、泉州晦鸣中学内迁英都后，正常开展教学活动，学校能在抗日烽火的艰难岁月中坚持教学，还照样开运动会，师生的顽强精神值得钦佩。

二、泉州晦鸣中学内迁，也促进了英都山区文化、教育事业的发展，在 1940 年英都乡能够举行首届运动会，是与晦鸣中学联办的，可见晦鸣中学起了带动作用。

三、体育运动会得到英都乡开明士绅的支持赞助。纪念品的赞助者洪权能是农民，民山村塘边街人，他不但种粮食，还在英山开辟茶园数十亩，种植乌龙茶，堪称是英都第一个规模化开发茶业的茶农，至今英山还留有"茶寮"建筑，并成为英山自然村的一个标志性地名。据说洪权能当年开发这片茶园并无盈利，主要是他做长远规划，投入多，尚未回收。但他的开拓精神值得赞许。一个农民在20世纪40年代能够赞助体育运动会，其精神和眼光都是难能可贵的。纪念品上的勉词"百折不回"，也体现了他的创业精神。洪权能在1950年的土地改革运动中，因他的茶园雇有长工而被划为"地主"，他的田地以及开垦山地建造的茶园、"茶寮"都被没收了。

这一件文物的发现，使我非常兴奋，立即把这一发现写成报道，继续在微信公众号"英都乡讯"上发表。没想到消息报道之后，立即收到网友洪锡章在该报道文章后面的留言，称他家收藏有一件英都乡第二届运动会的纪念品，是一对白瓷花瓶，并用微信发来实物照片。照片虽然不甚清晰，但可看清"第二届"字样。之后，在外经商的洪锡章回到英都，与我通了电话，再次提起"英都乡第二届运动会"的话题。

2018年6月30日，我在英都镇大新村的竹仔林自然村拜访了洪锡章先生。洪锡章是洪维贵的孙子。洪维贵是民国时期英都乡最后一任乡长，是泉州晦鸣中学因抗战内迁英都及后来英都创办私立南英中学的实际参与者。

洪锡章告诉我，他收藏的这一对瓷瓶，是爷爷留下来的。他感慨地说，爷爷留下来的东西不止这一对瓷瓶，经过几十年的风风雨雨，大都散佚无踪，所幸这对瓷瓶一直保留下来，实属不易。

这是一对放在案桌上供插花用的白瓷花瓶，对称二只，高一尺许，属德化白瓷。瓶的一面为国画蜻蜓荷花图，另一面有毛笔书写的行楷题字，自右至左竖写：

南安县英都乡第二届泉州晦鸣中学第八届联合运动会优胜纪念/大好身手/会长王岫松赠

铭文没有署时间，我推断当在1944年前后。楷书字疑为王岫松手书。王岫松是泉州晦鸣中学内迁英都时的校长，在英都任职七年多。

我告诉洪锡章，这是一件能够证明英都乡在抗战时期举办过两届农民运动会的文物，很有历史意义，值得珍藏。

我认为，在那全民共赴国难的抗日烽火中，英都乡农民在晦鸣中学的配合下，举行了两届运动会，从一个侧面体现了在那万众一心、共御外侮的最危险时候，中华民族自强不息、顽强抗争的精神风貌，闪烁着爱国主义的英都当代文明之光。

还应指出的是，与第一届运动会的优胜奖品相比，署名有了变化。第一届联办单位冠名是晦鸣中学排前，英都乡排后；第二届则英都乡排前，晦鸣中学排后。这个变化绝不是王岫松先生的谦虚，而应该认为是，第二届英都乡运动会参与的人多了，规模大了，排名就发生了变化。据调查，两届运动会都不设冠、亚军，一律发优胜奖，这也体现了在外敌当前的特殊时刻举行的运动会，其意义重在增强体质，重在增进团结，而不是为了争名次、夺锦标。

英都中心小学的《放学歌》

日前，老友洪敦目来访，一壶清茶为佐，天南地北海侃，谈的都是些忆旧的话题，儿时的趣事逸闻无所不至。当晚神聊，最精彩之处就是回忆并记录下65年之前英都中心小学的《放学歌》。

敦目和我同是英都中心小学校友，他小我几岁，没有和我同窗，但共同回忆起母校往事时皆如数家珍。最温馨的记忆就是当年英都中心小学每天放学时必须"排路队"，排队时还要唱《放学歌》。

我是1950年从南安溪美的西溪小学（今南安市第一实验小学的前身）转学到英都中心小学的，当时这所小学被称为"南安县英都完全小学"，简称"英都完小"。英都完小有个优良传统，每天上、下午的放学时，学生都要在校门口的篮球场上集会，按学生回家经过的主要路线排路队，值日导师指导学生整好队伍，各路学生面向老师排成纵队，队长列于纵队之前。值日导师向学生总结上午（或下午）上课的各级秩序、纪律情况，既有表扬、批评，也提出关于安全的注意事项。然后师生合唱《放学歌》，师生互相敬礼。唱毕，路队依次走出校园。同学们在队长带领下列队行走，至家门口或通往家门口的分支小路才离队，中途不许私自离队活动或滞留。队长由年纪较大且遵守纪律的学生担任，任期为一学期，由老师任命。

《放学歌》有上午放学和下午放学两个版本，每首都只有8句，通俗易懂，曲调朗朗上口，"上午"版节奏明快，"下午"版则抒情温馨。

上午《放学歌》的歌词是：

> 早上功课完毕，
> 听到、看到、做到真有趣。
> 读书是件好东西，
> 我们天天上学去。
> 老师老师谢谢你，

你的教导我谨记！

你的辛苦为了我，

我们牢记在心里。

下午《放学歌》的歌词是：

夕阳渐渐西下，

黑夜将要降临。

今天的功课，

我们都已完毕。

明天的功课，

明天再学习。

老师，敬礼！（全体同学向值日导师鞠躬）

同学，再会！（每2个纵队为一组，转身面对面互相鞠躬）

那个时候小学生上学、放学是不用家长接送的。用排路队的形式组织学生有纪律、有秩序地离校回家，既有利于学生安全，也是培养学生遵守纪律、创建好校风的有效措施。《放学歌》的歌词贯穿着努力学习、尊重知识、感谢师恩、团结友爱的正能量，现在看来仍然很有积极作用。

我们现在已经不可能知道这两首《放学歌》的作词者和作曲者了，也不知道这种用排路队形式组织学生安全、有序离校的做法是否为英都小学独创。但据我们回忆，这一形式从1950年的英都完小一直持续到1957年的英都中心小学。当时的洪培贤、陈鹏翔、陈瑞池等历任校长，为创建团结、好学、尊师、爱生好校风所做的努力及取得的成绩，是有目共睹的，赢得了社会各界人士的广泛认可和称赞。今天，回忆英都中心小学60多年前放学"排路队"高唱《放学歌》的情形，不但是我们身历其事的耄耋老翁的温馨记忆，相信对年轻一辈也会有所启迪。

2019年9月1日

消逝的行业：钉铜

凡是写到南安西部水暖业发展史的文章，总会提到仑苍、英都两镇的水暖制造业源于钉铜手艺人。那么，这"钉铜"手艺是怎么一回事呢？

在纯手工制造的年代，五金制造业有"打铁""打金""打铜""打银""打锡"等工艺，这些都是制造工艺。从事这些工艺的工匠，就是"打铁匠""打铜匠""打银匠"，闽南语则称为"打铁师傅"等。"钉铜"是从"打铜"工艺衍生出来的一种手艺，两者的根本区别在于，打铜是制造业，打造铜盆、铜盂等各种铜制生活器皿，另有打造铜镜一行，由于工艺技术含量较高，趋于专业化，称为"制镜师傅"，也属于"打铜"行业。钉铜是修理业，专事修理铜制器具。还有一个区别是，打铜是开作坊、具有固定场所的，而钉铜则游乡走街，上门为百姓服务，是流动性的。

闽南钉铜行业始于"磨镜"。在玻璃还未面世之前，我国古代是用铜镜作为照鉴器具的。铜镜制作工艺复杂，技术含量高，价格不菲，富户人家才买得起，而且由于铜质易氧化，容易失去光泽，需要定期维护，这就有了专事"磨镜"的从业人员，流动的"磨镜担"由此产生。磨镜人不会制造铜镜，只精于磨镜工艺，流动作业，上门服务。据传，古代的福建兴化府（今莆田市）就有一个乡村专事磨镜职业。

在梨园戏传统剧目《陈三五娘》中，有一个书生陈三以所乘白马向磨镜师傅李公换取"磨镜担"（磨镜工具）的情节。李公告诉陈三，磨镜师傅沿街串巷招揽生意，只需要摇动手中的铜板，屋内的人听到铜板声，就知道是磨镜师傅来了。摇动铜板也是有谱的，李公告诉陈三，先摇两声，稍间歇，再摇八声，这叫"前两声，后八声，二八娇娘请出厅"。二八是十六，十六岁的妙龄少女，正值好年华，整装美容是离不开镜子的。

自从玻璃镜子面世以后，铜镜迅速被淘汰，磨镜手艺也随之消失，昔日的磨镜师傅，慢慢转行为维修铜制日用器具的多元手艺人员，"磨镜担"变成了"钉铜担"。

现年 70 岁的洪清波，出生于南安市英都镇英东村冲岳自然村的农民家庭。他 15 岁开始钉铜生涯，直到 30 岁才改行创办水暖器材厂。

洪清波介绍说，流动的打铁担有 3 人组合，而钉铜担则只有 1 人，属于个体流动，当然也有 2 人、3 人组合的，但比较少。钉铜是个苦差事，人少，担头不轻。"钉铜担"的基本配置是，一头有一只立式箱子，箱子有好几层抽屉，装满各种配件，在作业时箱头可安装小小的虎钳，用于固定工件、进行加工；另一头为竹篮，装有各种较大件的工具、熔铜的炉子，还有铺盖、蚊帐、衣服、三餐用的锅碗等个人生活用品。

洪清波说，20 世纪 70 年代的钉铜业务主要有修箱扣锁扣、门窗拉手、打火机、手电筒、开锁、配钥匙、补搪瓷面盆、搪瓷牙缸（闽南语称"齿广"）等，包罗万象，不一而足。后来铝制品逐渐普及，又修理铝锅、铝盆。随着工业化水平的提高，生产工具、生活用具不断更新，钉铜的业务范围也与时俱进。

最使洪清波激动的事是，20 世纪 70 年代在漳州地区，有个人民公社的生产队长提着背负式喷雾器前来要求他修理。从未见过这种"先进武器"的洪清波答应留下看看。当晚，他打开喷雾器，发现内置打气筒系统有一个"珠子"出了故障，经反复试验，还真的修好了。次日，那个生产队长见喷雾器修好了，喜出望外，立即向大队长汇报，大队长开动有线广播向全大队社员"报告好消息"，说在某某地方有泉州师傅来"支农"，会修理喷雾器，一时生意盈门。洪清波说："钉铜人到处流浪，睡破庙，'贼吃狗困'，很多时候是受歧视的，只有这一次'支农'获得一片赞誉，风光了好几天。"

钉铜人招揽生意的方式不须用口吆喝，靠的是铜板声。铜板这一特殊工具可以证明钉铜是当年磨镜师傅转化过来的。"钉铜担"的铜板，由 7 片小铜片组成，每块铜片宽 3~4 厘米，长约 9 厘米，这 7 片小铜板轻巧质薄，依一定间隔垂直穿成一串，轻轻摇动，声音清脆。有经验的师傅轻轻摇动铜板，抑扬顿挫，煞是好听。但摇动的节奏和梨园戏《陈三五娘》中李公说的"前两声后八声"不同，而是前三声后四声，叫作"顶三下四"。这"顶三下四"的规矩是谁制定的，谁也说不清。笔者多方寻访钉铜行业的行规，分析认为，这是代表天有三光日月星，地有四维东西南北。钉铜人四处漂泊，举目无亲，凭良心做活，靠手艺度生，信奉的规矩就是良心做人，对得住天地。还有一条行规，钉铜人代代传承——生活再困难，宁可饿死，终生不得做贼。因为钉铜匠专事帮人开锁、配钥匙，什么锁都开过，要做贼就违背了良心。"顶三下四"表示头顶有天，脚下有地，人在做，天在看，诚实谋生，敬畏良心。钉铜人夜宿之处，不管有蚊子没蚊子，都要拿出特制的四枚"帐钉"，钉在东西南北四个墙角，这也是不可放弃的规矩，代代相传。

钉铜人为谋生漂泊异乡，有时在大庭广众之下也需要内部交流，为了"保密"，就产生了行业术语，主要表现在对人、物和数词的称谓上。例如，称男性为"丘色"，女性为"槽簻"，丈夫为"透天"，无恶不作的国民党兵痞为"污丘"，小偷为"八郎"；称食用油为"透田"，石头为"沉水"，大米为"八木"，番薯为"沉甸"；称数词"三"为"仓"，"四"为"苏"，"八"为"眉"，"一百元"为"一股棍"等。这些行业内部术语是流动谋生的钉铜人为自我保护而创造的行业内部会话文化，看似粗俗，其实是在平淡中寓有深意的。

一个偶然的机缘，为钉铜人提供了一条转型的新路。20 世纪 70 年代末，有位钉铜师傅在厦门郊区做手艺，一户人家问能否修理水龙头，这位来自南安仑苍山区的农民出身的钉铜人，自己家里都没有自来水，当然不懂得水龙头是什么结构，但拆开一看原来是密封垫片磨损而漏水，换了个橡胶片还真修好了。为此他拿到了相当于一个水龙头新品原价 40% 的修理费。这给他一个启迪：可以专门干修理水龙头的营生！于是他回乡创业，用小炉铸造水龙头配件，例如，顶盖、丝杆、塞只等，都是当时老式水龙头的易损零件。一人开创，众人纷纷效仿。后来赶上了改革开放的好时代，南安西部的水暖器材制造业由此发祥。1983 年 12 月 9 日，厦门经济特区的党报《厦门日报》以一篇报道记载了这个真实的故事。

由于工业发展突飞猛进，科技改变了生活，改革开放 40 多年来，"钉铜"已经成了消逝的行业，成了一代人的记忆。但聪明的南安西部"钉铜人"，从修理水龙头到制造水龙头，创造了南安西部水暖产业的奇迹。他们在新时代的历史性贡献，载入了南安工业发展的史册。

2019 年 5 月 5 日夜草

漫话走担打铁

我国是世界上最早懂得炼铁、炼钢和用锻造工艺制造铁器的国家。根据考古发现，早在春秋战国时期，我国就发明了铸铁冶炼技术，很快又发明了利用柔化退火制造锻铸铁和锻钢的技术。至汉代，锻铁和锻钢的技术已经普遍应用。由此可见，"打铁"是一门有着悠久历史的制造工艺。在漫长的农耕时代，经营打铁的店铺星罗棋布，遍及全国城镇、农村，为人民群众提供生产、生活必需的各种器具。打铁，是和人民群众生产、生活息息相关的行业。

在闽南农村，有一种以流动形式为农民服务的打铁匠 3 人组合，他们肩挑打铁工具，常年走街串巷，为农民打造和修理铁制的农具与生活器具。这种形式，有别于固定的打铁店铺"开店"，称为"走担"，即挑着铁担游走乡村的意思。从事这种"走担打铁"行业的，大多是来自地少人多的山区的农民，单纯依靠农业收入无法维持生活，不得不选择这么一种游乡串巷、居无定所、寒暑不移的艰辛谋生方式。

现在已经无从稽考这种以"走担"形式流动打铁的谋生手段始于何时了。笔者曾在南安市仑苍镇的园美村做过调查，被访问对象有自称连续三代人从事走担打铁的，时间可追溯到清末民初。

全国打铁行业奉祀的祖师是李老君，认他是打铁的开山始祖，可以证明我国铸铁锻铁始于春秋时期。闽南走担打铁的从业人员，则奉唐朝的开国功臣尉迟恭为行业神。大概他们认为，这位打过铁的黑面将军，死后被封为门神到处为祠宇宫庙看门，有这样的门神做行业神保护，出门就有一种安全的感觉。

据调查，开店打铁大都是家庭式的，从业人员由家庭成员组成。这种家庭作坊，家庭成员人人都可以成为工人，甚至有的家庭兄弟都是头手师傅，可以轮流司炉掌钳当头手。走担打铁则不同，有一套完整的组织形式和严密的职务分工。

走担打铁是一种师徒 3 人的完美组合，缺一不可。这个组合由师傅牵头组成，师傅就是铁担的担主，他的手下有 2 名副手，一个为"大锤"，另一个为

"师仔"。这个组合赖以谋生的工具，称为"铁担"。铁担包括可移动的风柜（风箱）、支撑风柜的"箱仔"、铁炉、大锤、小锤、铁钳、錾子、钳桶，还有棉被铺盖、锅碗瓢盆、生活用品等。"铁担"的所有这些家当，全部是被称为"师傅"的担主投资置办的。

"师傅"和"大锤"、"师仔"的关系是雇佣与被雇佣的关系。"大锤"和"师仔"加入这种劳动关系时，除了携带自己的衣服及毛巾、牙刷外，不需要带任何工具，也不须要交任何费用。

这个劳动组合的劳动报酬有个传统的分配方式，铁担在经营期间，扣除生产成本和生活费用（包括三餐伙食及成员生小病的医疗费用，如感冒、中暑等），盈利部分按担主（师傅）5成、"大锤"3成、"师仔"2成分配。也有刚入行的"新师仔"，第一年的利润分成略低于2成。

这个工资结构比例，是和职责分工、技术水平和劳动强度挂钩的。对铁担组合的成员职责的分工，详细到技术职务以及生活细则。

作业的分工为，师傅司火掌钳，锻件在炉中火候达到了，即用铁钳把锻件钳出在铁砧上，用小锤点击示意"大锤"对锻件进行锤打。"大锤"则在师傅小锤的示意下用轻重不同的力度对锻件锻打。"师仔"负责挖一个小"炭窟"，用赤脚在窟中搅和泥浆和木炭，叫作"踏炭"。"踏炭"是个苦活，寒冷的冬天也得赤脚在冰冷的泥浆中踩炭，不能取巧。木炭和泥浆经过均匀混合后用爪篱捞出，干湿必须适当。至20世纪60年代，用煤炭代替木炭做打铁燃料，才没有"踏炭"这一道工序了。

不但在生产劳动的岗位上有严格分工，在日常行为及生活细则上还都有一套完整的规定。铁担移动于乡村间，师傅的担头一头是风柜和"箱仔"，另一头是三脚铁砧。"大锤"的担头是铁炉、钳桶及各种铁钳、铁锤。"师仔"的担头则是棉被铺盖、米油食品和燃料（木炭或煤炭）。有一句行业熟语，叫作"打铁不论父和子，每人都有一担仔"。这是铁律，即使是师傅自己的亲儿子当"师仔"，也要严格按此分工执行，不讲情面。

师傅的担头最重要，一头是铁砧，铁砧由3脚木柱、6块铁件构成，代表三十六天罡；另一头是风柜和箱仔，由72块木料制成，代表七十二地煞。三十六天罡和七十二地煞源自古人对星宿的崇拜，它原指北斗七星附近的108颗从星，后来被道教认为是108位天神的化身。师傅的铁担由"三十六天罡和七十二地煞"组成，寓意有天神保护，出行平安。

走担打铁的劳动关系组合，没有合同文书，是一种口头承诺的契约关系，一般在每年农历的"尾牙"期间决定，期限为一年。"大锤"是师傅的技术助手，必须身体强壮，技术娴熟。好的"大锤"，是师傅的得力徒弟，有学艺意向，师傅也认为有培养前途的，可以确定为传承技艺的师徒关系，期限3年。3年期满，师傅认为他已经掌握全套技术，就给其打造铁炉，赠送铁钳、铁锤等全套工具，宣告期满出师。"师仔"实际上是最初级的徒工，其中不乏十四五岁的童工，一般期限也是一年，一年以后另议。好的"师仔"，随着年龄的增长可以转岗升为"大锤"。

铁担在一个村庄的作业时间长短，视业务情况而定，三五天或十天半个月不等，转移地方称为"徙担"。"徙担"都在清晨进行，提早起床，各自收拾自己的担头，向预先定好的目的地出发。到达一个新的村庄后，选择村庄的中心点，借用空地"停担"，立即开始各自的工作，师傅支起炉灶生火，"师仔"拾柴做早饭，"大锤"趁着大清早农民还未上山下田之际，走街串巷吆喝着"搭锄头哦"等口号招揽生意。收揽了废旧的锄头、菜刀等铁件返回铁担住地，师徒三人才一起吃早饭，然后开始作业。在师傅、"大锤"作业期间，"师仔"则上街买米、买菜，采购木炭或煤炭，还要为师傅洗衣服。一切都按部就班，各司其职，既紧张又艰苦。

傍晚时分，一天劳作完成。"大锤"必须把做完的工件送到农户手中，经主人验收后收取修理费（俗称"工钱"）。"师仔"则忙着做饭。待"大锤"送货收款回来后，3人才一起吃晚饭。

入夜，借用无人居住的祠堂、祖厝、宫庙住宿。"大锤"和"师仔"铺好草席铺盖，师徒3人席地而卧，寒冷的冬季则向当地农民借一捆稻草铺地作为床垫，铁担转移他乡时送还主人。

打铁人夜晚睡眠也是有一套规矩的，这套规矩等同于法律，是不准改变的。比如，地铺方位走向，草席必须向着大门垂直摆放。铁担备有蚊帐，东西南北四方各置帐钉一枚，有些地方没有蚊子，不需要张挂蚊帐，这4枚帐钉也要象征性地钉在墙上，表示地有四维，睡得安稳。师傅和"大锤"头朝内、脚向外而睡，"师仔"则夹在2人之中，头朝门外，脚向内而睡。支撑风柜的"箱仔"，里面是装有钱的，必须放置于师傅的枕边。这些讲究，都源于出门人在外对人身、财产安全的考虑。

每晚入睡之前，还有一个程序，叫"算账"。"大锤"向师傅上交当天的收入，"师仔"向师傅报销当天买菜、买米、买炭等开支，收支相抵后盈余的钱叫"进账"，记载在小小的本子上，每日结存的现金由师傅保管。算账的过程是公开的，每日"进账"多少三个人都清楚明白，心里有底。民国时期通货膨胀，什么"关金""法币"等钞票都不值钱，打铁人称一万元或十万元为"一股棍"，新中国成立后则称人民币一百元为"一股棍"。支撑风柜的那个梯形"箱仔"，抽屉是用来装钱的，还设置有一个暗屉，叫作"暗章"。为安全起见，每积累到"一股棍"，则设法把零票换成大面额钞票，收入"暗章"，叫作"落章"。不断有钱"落章"就是业务好，是大家都很高兴的事。这个"暗章"装置是隐藏的，不是打铁行内的人不知道。

走担打铁的业务是制造和维修双兼的，特别是维修业务最受农民欢迎。师傅为用钝了的各种铁耙、锄头等农具，或者菜刀、锅铲等厨房用品，添铁加钢，重新淬火，修旧如新，经济实惠。

然而，走担打铁人这种借破宫庙、旧祖厝栖身，等同于风餐露宿的流动生涯，虽然在恶劣的生存环境中为农民的生产、生活提供了便利，却遭到某些人的歧视。在这些人眼中，走担打铁人类于似叫花子、乞丐。走担打铁人在艰辛的流动生涯中，学会了忍让和自卫，他们创造了一种行业黑话，可以在生人在场的环境下，互相传递信息，进行保密对话。这套行业黑话称为"打铁癖"，只在走担打铁的圈子里流行。

不知从什么时候开始，有一种专事打造或修理铁耙的铁担，从广东省的大埔县进入闽南。受大埔同行的启发，闽南的走担打铁行业也分化成"专工搭耙"和"搭锄头"两种专业。铁耙属于大件铁农具，锄头属于小件铁农具，专业分工，有利于提高工效和产品质量。

铁担在流动过程中，如果遇到同行，则先到的一方应主动邀请另一方联合作业，称为"合担"。"合担"期间，二担铁担收揽的业务都是联营的，每晚"算账"时统一报账，在联营期间的进账属二担共有。随着流动路程的变更，到合适的地方分开，各自选择去向。终止二担联营叫作"拆担"，即拆散分开的意思，"拆担"前将联营期间共同的"进账"对开分配，各得50%。走担打铁这种"合担"形式，是偶然在同一地方相遇时避免业务纷争的解决方案，是走担打铁人信守的规矩。

走担打铁人一旦入行就终生吃苦，尽管生活艰苦，收入微薄，但一代代打铁人始终忠诚地坚守自己的职业操守，诚实做手艺，不挣昧心钱。"文化大革命"期间，英都镇霞溪村的一组走担打铁人在漳州市郊区农村谋生，当地两大派别发生武斗，其中一派武斗队要这位师傅打造20支长枪头。这位师傅说，走担打铁是为农民造农具，不造刀枪，婉言拒绝。当夜12点多，铁担3人收拾工具逃出该村，连夜翻山越岭步行回南安。

有一个规矩可以证明走担打铁人世代信守"只为农民生产生活服务，不打造杀人的器械"：不论是新打造菜刀还是修理菜刀，送成品上门时必须先向主人要一块生萝卜或生地瓜插在刀刃上，然后把刀递给主人。这个规矩寓意：我为你打造的这把菜刀，仅仅是厨房的工具，是为你的生活服务的，不要作他用。

　　实行改革开放的 20 世纪 80 年代，闽南人勇为改革开放之先，新办企业如雨后春笋，走担打铁的从业人员纷纷改行，从事各种新的行业。至 20 世纪 90 年代，走担打铁完成了它的历史使命，成为消逝的行业。如今，这已成为爷爷辈的老人给孙子讲述的故事了。

流动打铁的装备：铁炉和铁砧

2022 年 10 月 26 日

沙溪六菜和曾口坂天宝菜

萝卜，是中国人餐桌上最常见的蔬菜之一。因取其膨大的块根部分食用，故闽南人又俗称为"菜头"。萝卜还可制成各种风味的腌菜，是闽南人最普遍的一种佐餐菜肴。因此，萝卜是农民种植的必不可少的农作物之一。

萝卜因生长的季节不同，分为早、晚两类。夏天收获的萝卜，闽南人俗称"六菜"，意为六月成熟收获的，属于"早菜"。冬季或越冬成熟收获的萝卜，农民称为"慢菜"。介于"早菜"和"慢菜"之间的在秋天收获的萝卜，有一个很有趣的俗称，叫"半头青"。闽南语"半头青"和北方话"愣头青"近义，意为没头没脑的傻乎乎的莽汉。

闽南农村历史上有2个著名的萝卜种子传统产区。种"早菜"，菜籽必选产自南安市翔云镇沙溪村（旧称"南安廿八都沙溪"）的"沙溪六菜籽"。种"慢菜"，菜籽必选自安溪县蓬莱镇登山村的"曾口坂天宝菜籽"（登山村古地名叫"曾口坂"）。因其块根成椭圆的酒瓶形状，故天宝菜又俗称"酒干菜"。介于"早菜"和"慢菜"之间的"半头青"（秋菜），则选用早菜籽种植。秋萝卜纤维较粗，适宜腌制各种萝卜干，就是闽南人俗称的"菜脯"。秋菜生长期较长，当萝卜块根长得够大了，就露出土面往上长，受阳光照射，萝卜表皮变成浅绿色，拔起来的鲜萝卜就会出现半截青色半截白色，"半头青"的别名由此而来。著名的晋江"灵水菜脯"，就是用"半头青"萝卜腌制的。

沙溪六菜籽和曾口坂天宝菜籽因其适应种植地区的气候不同，各领风骚。沙溪六菜籽畅销"晋南惠同安"，即晋江、南安、惠安、同安、安溪5县。曾口坂天宝菜籽则畅销"安南永德大"，即安溪、南安、永春、德化、大田5县。沙溪六菜籽是由各地经营农资的店铺代销的，而曾口坂天宝菜籽是制种农户自立商号直接供应市场的。20世纪70年代，我在生产队劳动，看到一位卖曾口坂天宝菜籽的农民挑着制作很精细的簸笼下乡叫卖，菜用旧制市两计量，用小巧的"厘戥"称重，称好之后用类似于宣纸的龙岩土纸包装，包装纸上印有红色商号，叫"祖传正宗'某某'号曾口坂天宝菜籽"，记得还印有姓傅的老板名字。这种包装印有商号还印有责任人的菜籽，承诺如假包赔。

　　光阴流转，改革开放以后，泉厦漳沿海农村率先走进了工贸兴镇的历史时期，大部分农民走上了务工、经商的谋生之路，家乡已鲜有种植萝卜者。现在餐桌上的萝卜，大都是从超市买来的，当然，也就看不见当年上门销售萝卜种子的菜籽农了。偶尔看到有人在庭前宅后的小菜园种点萝卜，其菜籽都是从农资商店购买的，大都属于"早菜"之类。至于类似曾口坂天宝菜籽的"慢菜"，则无处寻觅。

　　前年冬天，我为探索晋江西溪主要支流英溪之源头，曾组织一个摄录小团队，由翔云镇农民卓祥春先生当向导，直上安（溪）南（安）同（安）三县交界的云顶山探源。当天的午餐安排在翔云镇的沙溪村村主任家中。席间，我忽然想起沙溪是著名的"六菜籽"产地，问及现状，村主任长叹一声道："早就没人种了，村里人都出门打工了，哪里还有什么'六菜籽'。都成历史了！"

　　成为历史的沙溪六菜籽是很有故事的。

　　归程路上，我又和向导卓祥春聊起沙溪六菜籽，卓祥春讲了一个故事。清朝年间，沙溪六菜籽就已经蜚声泉州地区。有一名农资经销商为垄断沙溪六菜籽的销售权，曾带了十几两白银到沙溪采购。沙溪地处深山密林之中，羊肠小道坡陡路险，古树参天，危石当道，常有土匪出没。那商贩将白银分别藏在二个布袋中，用小麦掩盖。沉甸甸的担子引起土匪的注意，一路跟踪。商贩发现有人跟踪，主动停下来与土匪搭讪，出示袋中小麦，土匪听说他是挑着小麦去沙溪探亲，仍然十分怀疑，紧跟不舍，至一处山谷，幸遇一砍柴樵夫，樵夫知道这是一个曾经来采购菜籽的商贩，提着大砍刀全程保驾，才得平安无事。这些情节，足够拍一部惊险的动作片了。

　　除了卓祥春讲的这个故事外，我早些时候还听说过一个轻松诙谐的故事。晋江安海的灵水村有一菜农直接到沙溪，问谁家有"半头青"菜籽卖。问来问去没有一家说有，大失所望。后来问到一位农民，他知道灵水菜脯用的是沙溪六菜籽种出的"半头青"萝卜，连声说"我有我有"，灵水菜农说我要买好几斤呢，那位农民说，你尽管放心，肯定满足你，我家的如果不够，我儿子家还有。这位菜籽农怕生意被别人家抢走，连声说道，全沙溪只有我们父子俩有"半头青"，你不用再问别人了。后来，这个事终于让大家知道了，"全村只有我们父子俩是'半头青'"就成了取笑的话题。谁都知道，闽南语"半头青"的意思是没头没脑的傻瓜笨蛋。

　　以上两个故事也可以证明，沙溪六菜籽曾经是菜农心中形象很好的优良品种，曾经有过辉煌。

　　沙溪六菜籽的命运如此，那么曾口坂天宝菜籽现状如何呢？经网上查得，安溪县蓬莱镇登山村，也就是正宗曾口坂天宝菜籽的产地，几年前创办了种子科技有限公司，从事萝卜的制种业务。但我不知道，他们公司的产品，是否还保留着当年风靡"安南永德大"农村的慢菜系优良品种——"天宝菜"。

　　曾口坂天宝菜是独特的晚冬萝卜，是我国萝卜种系中的一个珍贵品种，其特点是萝卜肉嫩、纤维细、水分足，是夏、秋萝卜无法比肩的。

　　我家在南安西部农村，腌制菜脯用的是早菜（六菜）。种的慢菜则是专供炒菜炖汤之用。农民为了充分利用土地，发明了套种技术。慢菜是套种在越冬小麦田中的，它在麦田里分享了小麦苗的肥料，又受到茂盛的小麦苗遮掩，较少受阳光照射。越冬之后春雨降临，萝卜块根迅速膨大，具有纤维细、水分足的优点，味道特别鲜味。曾口坂天宝菜籽是种这种慢菜的最佳菜籽品种。农民还赋予它形状像酒瓶的"酒干菜"昵称。

　　听说现在我国除了水稻种子外，其他农作物种子依赖进口的现象很严重，这种现象引起了许多有识之士的担忧。农业种子当然是需要国际交流的，但对我国传统的种子的保护是否到位，确实需要引起相关部门的重视。我国是历史悠久的农业大国，种子是古代先民留下来的农业文明之精华。我不是农业科技工作者，对深奥的种子科学一无所知。我只是觉得，像沙溪六菜、曾口坂天宝菜这些传统的优良萝卜品种，是先民的智慧结晶，承袭着中华文明古国农作物的传统基因，其在历史上能够成为闽南农村的传统良种，是农民在劳动实践中通过优胜劣汰优选出来的，值得我们加以研究、保护和利用。它的基因，应该收入我国农业科研的种子基因库，保护优质种源，造福子孙。我的这一想法，当然属于仲由弹瑟，但愿不至于被讥为杞人忧天。

2021 年 9 月 9 日

翔山风物四题

清明节期间，效古人游春"踏青"，应卓祥春先生之约，与廖景成先生一起，到翔云镇翔山村一游。卓先生热情地带我们参观复建后的中峰禅院，还安排我们和当地村干部及生态旅游企业的公司老总会面。临别时，卓先生说，廖老此行不能白来，必须为我们翔山村写点东西。于是，我把近几年来调查了解的翔山村古今风物稍加整理，成此四题。

九仰—翔山：地名的嬗变

现在的翔山村，辖有福居（朴车）、社后（畲后）、后沟园、田当、彭床、墓仔坂、安尾寨、鲤鱼坵、公墓、当溪（中溪）、下当口、内壁、陈埕、院边、和安（禾空）、内坂、后格、大石、半岭、半山、大坵头、石璧尾、古路尾、格仔、林脚、松柏仑、溪南、门口垾、上寮、外厝、卓仑、大墩共 32 个自然村。在中华人民共和国成立时，此地置翔山乡（小乡制，乡相当于现在的行政村），因其山多而得名。后来，此地建翔山高级农业生产合作社。

翔山是中华人民共和国成立以后的新地名，这里本来的地名是九仰。

关于九仰这个地名的由来，明弘治庚戌岁（1490）出版的《八闽通志》中有这样的记载：

> 九仰山在二十七都。众山九面环仰，故名。

乾隆版《泉州府志》中也有同样的记载：

> 九仰山在二十七都，山势仰天者九。

在古代，翔山村这个地方，因为有"众山九面环仰"的特殊地理形势，一直以"九仰"为村名，但在口头上因为音讹，有时会被写成"斗养"。

廿七—廿八：区划之调整

自古至今，翔山行政区划曾经数次调整、变更。在宋朝，九仰属南安县归善乡之经善里。元朝废乡里制而设都，九仰属南安二十八都，后改隶二十七都。入明以后，仍恢复乡里制，但元朝设的"都"仍然是习惯称呼，九仰一直属于二十七都。中华民国时期，九仰隶属于象运乡之翔云保。中华人民共和国成立以后，九仰为翔山乡，隶属于南安县第二区，区治在东田。后拆出为第三区（后改名英都区），区治在英都。发展农业高级合作化时，为翔山高级农业生产合作社，隶属于英都区的翔云乡。人民公社时期为翔山生产大队，隶属于红旗人民公社（后更名为"英都人民公社"）。1961—1964年，复置英都区，下设小公社，翔山生产大队隶属翔云人民公社。1965年撤区，将各小公社合并为英都公社，翔山生产大队也隶属英都公社。1970年，翔云从英都公社拆出，建翔云人民公社，翔山生产大队隶属于翔云人民公社。1984年，翔山生产大队改为翔山村，设村民委员会，隶属于翔云乡（后改为翔云镇）。

由此可见，翔山这个地方，自古至今曾经有3次隶属于英都的行政区域。其中，从廿八都变为廿七都（英都）一事，很有趣且耐人寻味。

民间有个脍炙人口的传说，明朝时，洪承畴的母亲傅氏爱吃上寮的酸笋，于是令地方官员以廿七都的南坪置换廿八都的九仰。但洪承畴明万历四十四年（1616）中进士，至崇祯七年（1634）才升任兵部尚书、三边总制，成为朝廷要员。而明朝弘治庚戌岁（1490）出版的《八闽通志》中，就已经把九仰列入南安廿七都辖区了。可见，在洪承畴还未出生的一百多年前，九仰就已经属于廿七都了。

我认为，因为酸笋这一名优特产而引发的"南坪换九仰"行政区划调整之事是很可能的，从这事可以看到古代上至官员下至劳动人民都很重视农特产品营销。上寮位于九仰的山旮旯，位置太偏僻了，虽然有好的产品却"养在深闺人未识"，最好的营销平台就是位于廿七都（英都）的"英墟"。明清以降，英墟集市一直是南安西部最大的物资集散地，九仰划归廿七都管辖，有利于提高上寮酸笋的知名度。至于说因洪承畴母亲爱吃上寮酸笋而引起行政区域调整，不过是附会，"名人效应"而已，古今皆然。类似的故事，廿八都还有另一版本，说廿八都的吕林（今英都镇仕林村）在清乾隆年间出了个举人柯菁莪，他爱吃南坪的荔枝，就建议官府将廿七都的南坪调整到廿八都，条件是以九仰置换。

龙潭—"鸽仔石"：上寮奇观

上寮这个地方是个非常偏僻的山旮旯，名不见经传，却因为有了酸笋而出名。上寮的酸笋当然不单是靠名人效应出名的，而是有其特色。第一，这里位于深山峡谷，日照时间少，常年有云雾，且水分充足，竹笋细嫩；第二，这里有一种特殊的品种叫"竹仔"，茎小，纤维细，以其竹笋腌制成的酸笋特别好吃，这种"竹仔"笋的风味非别地以毛竹笋制成的"毛竹酸笋"可比。

上寮不光有酸笋，还有两处奇观。

龙潭。龙潭位于上寮，是英溪上游支流的一个深潭，四周群峰环绕，壁立千仞，一条瀑布从山上俯冲而下，形成深不见底的深潭，蔚为奇观。在此向上仰望，可见云雾缭绕的云峰山，一块状如石碑的巨石隐约在望。传说乾隆皇帝很喜欢和在翰林院供职的博学宏才洪世泽聊天，了解洪世泽家乡廿七都的景物奇观。有一次，他们就聊到这个龙潭。洪世泽说，有乡谚曰，"山顶一块碑，山下一窟池。天成石碑两丈外，池深无见底。碑和池，距五里"。洪世泽绘声绘色的讲说，使得乾隆皇帝心动了，说，朕只听说江南好风景，却不知泉州府有这么个好去处！

鸽仔石。距龙潭不远的溪涧边有一块四方形的巨石，石上正中还有一小块状如鸽子的小石隆起，曾有精通堪舆术的"地理先生"说，这是个大官印，上面这只鸽子是印纽。又说，这个官印，谁有福气得到了，就当大官。但那块鸽子形状的石头面朝吴姓人家，吴姓的家宅据称是"蛇穴"，他们认为那只鸽子冲着大门而来是"鸽仔啄死蛇"，败吴家风水，就偷偷把鸽子形的石头敲掉。那位"地理先生"再次来时，看到印纽被毁，顿足长叹：此地大官出不成了！到了明朝，洪承畴年轻时爱到云峰、九仰一带游玩，看到这块状如官印的巨型石头，连声称奇，抚摸石头说道，如此大印，非一品官莫属。我他日若得跻身仕林，当向皇上讨此大印。果然，后来洪承畴官至清廷的武英殿大学士，正一品。

菩提祖师—三代祖师：中峰院沧桑

中峰院是南安县廿七都的古代名刹之一。廿七都在隋唐之后佛教大兴，有"七岩八院"之说，中峰院就是"八院"之一。中峰院因位居九座山势仰天的群峰之中，依凤髻山而建，故名。

中峰院传说建于隋唐五代年间，住院和尚有99人之多。现存各种形状的大型石盂3具，其中一具长形者，雕刻有"宣和三年辛丑岁"字样。群众把这个石盂称为"马槽",传说当年中峰院有好几匹马,僧众日常食物用品,都靠马匹从英墟驮运进山。

现存还有当年中峰院散落在田中的建筑构件:旗杆石、鼓形门当。我认为,这些应是祠堂建筑之构件,疑为中峰院檀樾祠之遗物。这可以佐证当年中峰院规模之大,有檀樾之经济支持,才能保障如此大型禅院的宗教活动。

中峰院规模之大还有另一实物证据。该院于北宋宣和年间铸有铁质大钟一口,现在钟上铭文虽然大部分已经模糊,但其中"宣和三年辛丑岁"字样依然清晰可辨。

关于这么一座大型规模的佛教禅院为什么在清朝初年遭官兵焚毁,众说纷纭,谜一样的故事有各种版本。其中较为广泛传播的是,清初,朝廷听说泉州府同安县朱峰院有僧人集结谋反,于是立即派官兵前去剿灭。讵料传圣旨之人把皇帝谕旨同安朱峰院说成南安中峰院,于是大兵压境,可怜雕梁画栋一夜化为焦土,僧人死伤无数,仅少数人得以逃生。这当然只是传说而已,史书无载,现在已无从稽考。但清初南方各地反清复明事件时有发生,尤其内山有不服清廷统治者,屡与海上郑氏集团遥相呼应,其在寺院内部集结武装力量、伺机而动是很有可能的,结果也是注定失败的,但其壮烈的牺牲精神可歌可泣,也留下了许多神秘的故事与传说。

中峰院主祀佛本是菩提祖师,禅院遭焚毁后菩提祖师被人移祀翔云龙须岩,镇院之宝铸铁大钟也移去龙须岩了,现为南安市级保护文物。

谁也说不清是哪一年,中峰院信众重兴小型寺宇,奉祀分灵自德化县龙湖寺的三代祖师,又增祀"法主公"、"神农教主"(五谷仙)诸神,成为一方当境神庙。斗转星移,几经兴废。20世纪80年代复建。2017年6月,热心人士集资拆卸重建。现在落成的中峰院,为二进三重檐(四垂)大殿一座。刻有"宣和三年辛丑岁"字样的石雕马槽也移至大殿门前广场,作为镇院文物。

面对重建后金碧辉煌的中峰院祖师殿,我不禁感慨万千。一座中峰禅院,见证了时代变迁。岁月在这里演绎的沧桑巨变,都付予无限遐思了。

2021年4月13日夜

我的乞婆契母

因为母亲早逝，我是奶奶一手带大的。可我的童年阶段堪称"多事之秋"，常常头疼脑热，频频中暑感冒，而且皮肤也不好，不是头上长个疖子，就是胳膊上长个脓疮。亲戚和邻居都说这个孩子"歹腰饲"（不好带的意思）。为了我的健康成长，奶奶真是呕心沥血，日夜操心。

也不知道她是问了神还是占了卜，说我命中注定要"写过房"，要契拜神佛为"契子"，最好还要吃"百家饭"，这样就能逢凶化吉。身份"作践"了，就会没病灾，"好腰饲"（好带）。

"写过房"是通过书面契约形式过继给别的房桃为"嗣子"。我本来就兼承廖、洪两家香火，早已"写过房"了。

契拜神佛做干儿子的事也好办，奶奶是个虔诚的佛教信女，她叫我爸爸写个红纸当"字契"在神坛前烧了，认了观音菩萨为干妈。奶奶说，观音菩萨大慈大悲，最疼爱小孩。从此，我凡是和奶奶出门，只要有路过奉祀观音菩萨的寺庙，她都要进去上香，拉着我对着神像双手合十鞠躬。

可这吃"百家饭"的事却不好弄。吃"百家饭"就是去当乞丐，奶奶怎么舍得让我去当乞丐啊，哪怕是象征性地去当一天乞丐她也舍不得。

奶奶又把这苦恼的事和邻居说了，有个邻居告诉她，你让榕榕（我的名字"榕光"的昵称）认个乞丐做干娘，让他吃些乞丐讨来的饭菜，不就是吃"百家饭"了吗？奶奶一听茅塞顿开，觉得非常妥当，于是她就留心街上行乞的乞丐婆子，物色了好久，终于在1947年我8岁时为我找到一个经常在溪美街讨饭的乞婆。

那一天，奶奶把那个乞婆带到家门口，并告诉我说，从今天起，她就是你的"契母"。契母50岁左右，面容非常清瘦，但给人很和善的感觉，衣着干净，缀了不少补丁的蓝色土布衫洗得几乎变成白色。她举止矜持，完全没有街头行乞之人卑躬屈膝的神态。她没有进我们的家门，只在门外站着。奶奶告诉她，这就是我的孙子榕榕，今年8岁。今天，他认你做干娘了。又对我说，快叫契母。我对这位突如其来的契母并不怯生，只是"契母"二字叫不出口，低头默默地站着。契母赶忙说，别叫别叫，不要难为他，这孩子金枝玉叶，不要叫我契母，心里认了就是。她用手在我头顶轻轻地抚摸，轻声说："榕榕乖乖，天公保佑你'头壳硬'（健康没病），贪吃肴大（吃得多，长得快）。"

我的契母从来不讲她的身世，奶奶也不问她，只知道她是南安卅都娘妈桥（榕桥）人，至于家庭、身世一概不知。她平时并没有天天出来行乞，也许她还有别的事情要做，但是每逢传统节日是一定出来乞讨的。用于乞讨的竹篮子及碗筷都很干净，乞讨时轻声细语，你愿意给就给，不给她也不强求。据说我奶奶观察了好长一段时间才确定认她做我的"契母"。

自从认了这位乞婆契母，我真的尝到了"百家饭"。契母在每年正月的"天公生"、三月的"上帝公生"，还有清明节、五月节（端午节）、七月半节、冬节等传统节日在溪美镇沿街向店铺乞讨，遇到大户人家或大方的店主，会给一些较好的食物，且都是干净的，并非残羹剩饭，她就会用另外一只干净的碗给我留着，然后来到我家门口，叫我奶奶带我出去取。她每次来都一定要看我，问我有没有"乖乖"。我长大了才知道，她所问的"乖"就是不生病的意思。她为了见我，每次都要待到接近中午时分，估计我放学了才到我家。虽说是来家看我的，实际上从未跨进我家的门槛一步。她自认身份卑微，不敢进我的家，只在门外把她乞讨来的好吃东西给我吃，一边看我吃一边和奶奶说话，之后才慢慢离去。

1949年8月，南安县的民国政府最后一任县长宣布投诚，溪美和平解放。9月，南下的解放军接管了南安县政府，在县政府档案科供职的爸爸向解放军移交了档案，于1950年春举家徙居英都。我奶奶在料理搬家事宜时，还牵挂着一件事，就是要把搬家的事告诉我的契母，说声告别。等了五六天，未能见到我的契母，只好牵着我快快地告别溪美。

岁月蹉跎，一晃过去70多个春秋。这70多年，我历经了曲折的人生历程，如烟往事忘却了许多，唯独这位慈祥的乞婆契母使我终生难忘。我不但为离开溪美时未能向她告别而终生抱憾，甚至为未能为她送终而负疚在心。

我认乞婆为契母的实际存续时间只有4年，时间不长，却是我终生难忘的一段人生历程。我相信，我能够消灾祛病、逢凶化吉、长大成人，确实得益于她曾经让我吃过"百家饭"。这段吃"百家饭"的经历，使我逐渐懂得了人生的艰辛，人格的尊严，人性的纯真与善良。这是一笔非常可贵的精神财富。不管别人怎么看，我始终认为，我的契母不是一个乞丐婆，她是一位坚强、慈善的女性。我认乞婆为干妈，感受了一种别人无法体会的微妙的慈祥母爱。这种爱，甚至影响了我的思想情操。

2021年5月16日夜草

5月19日修改

03

探骊寻珠

火神山、雷神山医院命名的文化寓意

为应对突然暴发的新型冠状病毒肺炎疫情，武汉市的火神山和雷神山两所应急医院以神奇的速度建成并投入使用。"火神山""雷神山"这两个霸气的命名特别引人注目。人们注意到，火神山医院位于武汉的蔡甸区，雷神山医院位于武汉的江夏区，这两个地方都没有听说过有这么两座山。

笔者认为，为应对疫情而建立的这两所应急医院以"雷"和"火"命名，显然是有深刻寓意的，它蕴含着中国古代的五行学说和易经八卦的易学文化。

五行理论是道家最早提出来的一套说明世界万物形成及其相互关系的学说，将宇宙万物划分为五种性质的事物，这五种事物既相生又相克，是我国古代哲学的一种系统观。这套理论被中医广泛应用。

易学文化也是古代哲学思想的重要部分，核心是八卦理论。八卦的八种符号是按照大自然的阴阳变化而平行组合的。八卦理论在古代不仅用于占卜、风水学，而且涉及中医、武术等。

本次疫情是一种由新型冠状病毒感染导致的肺炎。肺属"五行"的"金"。肺病是邪金，火能克金，宜用火战胜它，所以请出"火神"来。

火神是中国民俗信仰的神祇之一，象征着光明与崇高。中国古代传说中最著名的火神是祝融氏，他为众火神之首。湖北省古代属于楚地，春秋时期，楚国人就认为自己是火神祝融的后代。在这次防控新冠肺炎疫情的战斗中，湖北人身处最前线，最早与疠疫展开殊死的搏斗，展示了祝融后代一往无前的顽强精神。所以，第一所应急医院命名为"火神山"，寓意以正义之火攻克邪金。

我国的雷神崇拜有着悠久的历史。在中华道教的神仙体系中，雷部的最高神祇是"九天应元雷声普化天尊"，他"主天之灾福，持物之权衡，掌物掌人，司生司杀"（《历代神仙通鉴》），是司掌审判、惩罚的神祇。又在阴阳八卦中，雷为震卦，震卦的五行是木，木能生火，可以助力火神。

火神山医院先建，以火神克邪金。紧接着创建雷神山医院，雷火能惩邪恶，止疠疫。雷的八卦是木，木能生火、助火神。这就是两所医院以火神在先、雷神继之的道理。

中华民族 2020 年抗击新型冠状病毒肺炎疫情的斗争，是一场规模空前的阻击战，在这场堪称波澜壮阔的人类自卫战争中，考验了中华民族的坚强自信和中国特色社会主义制度的优越。

中华民族历史上曾经灾难深重，但从未向任何敌人屈服过。面对疠疫灾难，我们在党中央的统一指挥下，万众一心，有序地开展了防控新冠肺炎疫情的阻击战。此时此刻，信心和决心尤为重要！两所应急医院的创建，举世瞩目。笔者认为，决策者在为两所医院命名时，以深厚的中华优秀传统文化为依据，彰显了中华优秀传统文化的特殊意义，对打赢这场疫情防控的阻击战起了树立信心、鼓舞民心的作用。这是应用中华优秀传统文化的精彩实例！

2020 年 2 月 9 日夜草

发现翁山洪氏东八房宗亲迁台家谱珍本

翁山洪氏宋末元初发祥于福建省南安节英都镇，历四代单传，至五世才有东、西轩两派，至第六代则支分 12 房（东轩派下 8 房，西轩派下 4 房），其中，东轩七房只传一子，后因无嗣而绝。其余 11 房绵绵瓜瓞，如今海内外裔孙据称已达二三十万之众，泉郡望族名不虚传。令人称奇的是，目前，英都镇 10 个建制村共有 7 万洪氏裔孙聚族而居，俗称"横直三铺路，十村一片红（洪）"。此为中华百家姓中之罕见一族，蔚为奇观。

然而，这连片的 10 个建制村中，目前所居翁山洪氏共有东、西轩 10 个房份，唯独缺欠东轩八房一支，不知去往何方。1990 年，洪瑞生先生修纂《翁山谱志》，1996 年，翁山洪氏家庙管委会续修《翁山谱志》（下册），东轩八房去向一直是关注的焦点，然经多方寻访，都无所收获，故两次修纂的族谱中东八房的世系图都暂付阙如。

上述两次《翁山谱志》的编纂工作我都曾参加，对东八房后裔分居去向不明、族谱无法记载深感遗憾，曾多次向海外侨胞、台湾同胞征询线索，并曾于 1998 年、2013 年两次到台湾省的台北、高雄等地寻访东八房宗亲，都没有成效。于是，近几年我把目标转移到寻访各地流传的翁山族谱，以期找到蛛丝马迹，盼望有所突破。

也是祖宗有灵，精诚所至，金石为开，现在终于见到希望的曙光。今年 3 月，我通过中介得到的线索，几经周折在网络上购得一本名为《武荣翁山洪氏族谱》的手写本影印件。令人喜出望外的是，这竟是一本东轩八房中一个支派迁居台湾省生聚发展的实录，实属珍本。

该本手写家谱，以一手很工整的颜体毛笔字贯穿全书，原件应属孤本。影印本内文第二页上方夹有横式小纸条一张，上有两行英文，其文为：Whole Volume, Low Contrast Document。我是个英文盲，便让孙女洪毅堃和我的助手吴玉燕翻译，得出两行英文的意思分别为："整卷""低对比度文件"。据此，我判定这份家谱是经过外籍书商或史学工作者、收藏家、图书馆、研究机构收藏并影印的。（"整卷"说明这本家谱只有一册。"低对比度文件"是专业术语，可能因为原件纸质发黄，这在影像学来说当然对比度是不会很高的。）

这一本偶然淘到的"出口转内销"的珍贵谱牒文献，足足让我兴奋了好几天。

全卷影印件编为86页，页码当是由影印者编号的。内容依次有洪氏辈分昭穆，明弘治版《武荣翁山洪氏族谱》之洪敏撰《谱序》和西轩六世洪旸道撰《谱序》各一篇，"洪氏科第名录"以及一世祖顺斋公先世的"陈氏家乘"，最后部分是正文"洪氏世序"。

据"洪氏世序"载明，东轩六世洪叔纶，号朴斋，是五世东轩谨独公的第八子（东轩八房公），分居桥山（今大新村竹仔林）。生三子，名字分别为忠、信、笃。二子信早夭，以忠为长房，笃为二房。笃生三子，第二子名存雅，字从善。这套家谱记载的迁台一派，就是存雅公派下的裔孙，也就是说，这本家谱是洪存雅派下迁台裔孙修纂的。该族谱注明，十三世起"单修在台亲派"。

存雅公是第八世，他的二儿子洪仕伦，55岁时在往吕宋（今菲律宾的吕宋岛）的途中沉船罹难。之后，洪仕伦长子洪有胜分居兴化（兴化府，今莆田市），失联。次子洪有明生三子，第二子名洪裂官，裂官孙洪士集（十三世）东渡台湾省嘉义县，定居大榟榔堡新埠庄后庄。他就是这本家谱的"开台始祖"。洪士集共生4个儿子，至他的孙辈（十五世），共有十五房传代，再传至十七世，共有37房，已然成为当地的一大家族了。

这本家谱以该宗支开台始祖、翁山十三世洪士集为主轴，上溯翁山洪氏一世祖，下至他的裔孙二十世，一脉相承，分支派系、传承脉络清楚，未有间断，时间跨度历700年，是一部非常难得的家谱。其中对从十三世洪士集入台以后之艰难生聚的发展历程记载相当详尽，编纂者对洪士集一脉迁台以后的发展历程之兴衰荣辱、种种曲折遭遇秉笔直书，堪称春秋笔法，既有对开拓者艰难历程的赞扬，也有对不肖败家者的鞭挞，没有一般家谱中一味歌功颂德的弊病，可信度很高，是一部饱含辛酸血泪的家族迁徙发展史。

据这本家谱记载，洪士集，字伯成，号敦斋，生康熙乙丑年（1685），卒乾隆丙子年（1756），享年72岁。他在20岁时与兄弟分家，"家贫所分无几，惟厝几间妻本而已"，"思欲娶室，恐日后衣食有累"，在24岁时（1708）"飘然有远适之志，舍翁山而渡东宁（台湾省的别称），卜居嘉义县大榟榔堡新埠庄后庄"。因为与"巨族"苏姓相邻，受尽百般欺凌。而士集忍辱负重，埋头发展生产，家业暂起后增置田园，广积粮仓，为子孙开创了宏大的基业。洪士集逝世后，遗孀林氏不但克勤治家，继承和发展他开创的事业，还做了许多善事："见间里乡党有贫穷者",救济抚恤;族中叔侄兄弟因困难娶不起媳妇的,她出"聘金以助";穷困者逝世无力收埋,她舍施棺木;她还出资造桥,造福乡人;各处修建庙宇都"倾囊以助"。洪士集逝世后,林氏不但增建两座大厦,还筑书斋一座,自办私塾,请名师教导子孙。可以说,东八房这一派在嘉义县得以发展,林氏功不可没。

这本家谱还记载了十九世洪孝献"贫寒苦难中益加勤奋""白手成家",及其"具有恻隐之心"、优恤穷困、事母至孝等事迹,俨然有先祖遗风,并记载了他的家训名言:"天下无难事,只怕有心人","大丈夫不可一日无事"。

这本家谱,使我们了解了东轩八房宗亲迁台一脉创业之艰辛,守成之不易。更重要的意义是,有了这本家谱,确证东八房有一脉宗亲住在台湾省嘉义县大椰榔堡新埤庄后庄。循此线索,我们只要进一步了解历史上的大椰榔现在属于嘉义县的哪个行政区域,就可以与盼望已久的东八房宗亲联系,海峡两岸翁山洪氏宗亲共叙宗谊的时间也就不远了。

这本家谱还记载了移民台湾省的闽南人漳泉两派互相械斗及林爽文起义对泉州籍移民的伤害,还有泉州籍移民支持、配合官方镇压林爽文起义的过程,史料翔实,对研究台湾地方史具有很重要的参照价值。

这本家谱的另一重要价值是,记载了洪仕伦在明万历甲午年(1594)"往吕宋沉船"遇难,这是迄今为止发现的对英都华侨出洋谋生最早时间的记录,比之前清乾隆版《武荣翁山洪氏族谱》中记载的西轩长房洪启阔于明万历庚子年(1600)往马来亚谋生早了6年。这对研究英都华侨史也是很有价值的。

记载洪士集迁居台湾省的手抄家谱

发现洪承畴亲笔题写的"养心"匾

2020 年 8 月 30 日晚上，在南京经商的荣星村洪振勋先生给我发来一条微信，称他在网上发现一方洪承畴题写的匾额。他介绍说，最近他在微博上发现一条资讯，提到洪承畴亲笔题写的匾额。根据博主的博文分析，他认为该匾额实物应该在南昌，被一位茶馆的主人收藏。博文是 2012 年推出的。

洪振勋还附上了从网上下载的照片。照片像素不高，清晰度较差，匾中的题词为"养心"两个大字，清晰完整，上下题款的小字则较难辨认。尽管如此，洪振勋根据其中能够辨认出的"……太子太□兵部尚书洪承……"等字样，认为这应该是洪承畴的题字无疑。

我把该照片的图放大，辨认后复原如下。

洪承畴亲笔题写的"养心"匾

复原后的"养心"匾

　　这是一个重要的发现，是迄今为止发现的一方较完整的洪承畴亲笔题写的匾额。从博文来看，匾额实物被该馆主珍藏着，当作"镇馆之宝"。我们应该感谢这位馆主慧眼识珠，保存了这么一方珍贵的文物，为我们研究洪承畴提供了可供参考的实物。

　　顺治十年（1653），洪承畴受命经略湖广、广东、广西、云南、贵州等地方，总督军务，兼理粮饷。经略西南是洪承畴一生功业最辉煌的鼎盛时期。为了平定西南，完成国家统一大业，顺治皇帝对洪承畴委以经略五省重任，赐宝马宝刀，并亲自赐宴饯行。面对西南连年战乱、民不聊生的局面，洪承畴的策略是"首在收拾民心"，施行"以守为战"的一系列政策，政治上广示招徕，经济上开垦田亩、屯田强兵，让老百姓有休养生息的机会，并上书对贵州苗民暂缓剃发易服，稳定民心。他的这些政策被一些大臣认为是"过于保守"，多有诟病，但洪承畴仍然坚持其方略。此方匾题词为"养心"，我认为体现了洪承畴带兵、施政的心理。匾额中间最上方有"覃恩"二字，意思是皇帝广施恩泽。古代匾额正中的上方竖写"覃恩"，是皇帝恩宠的最高荣耀。

　　洪振勋先生是我读小学时候的老师洪宗义先生的儿子，他一直热心搜集和研究洪承畴的史料，去年曾向"英都乡讯"报告他在南京的"中国科举博物馆"的展品中发现了洪承畴在顺治十五年（1658）为新科状元孙承恩的题匾，这次又发现了洪承畴题写的"养心"匾的照片。他热心于研究家乡历史名人，精神可嘉，值得敬佩。他呼吁通过"英都乡讯"微信公众号进行宣传，发动在全国各地（特别是江西南昌）的所有关心洪承畴研究、关心家乡历史文化事业的乡亲们都来寻访这方匾额，一睹洪承畴亲笔题写匾额的真容风采，辨识这方匾额的全部文字，了解这方匾额后面的历史故事。至于该匾已成茶馆的镇馆之宝，我们应该向馆主致以诚挚的敬意。

2020 年 8 月 30 日夜草

南京发现洪承畴题"朝元"匾
兼谈科举考试中的朝考

今天（3月2日）上午，我接到一通陌生电话，经询问，知对方名叫洪振勋。他自报家门，是本镇荣星村资元人，已故小学教师洪宗义的儿子。洪宗义先生是我在小学念书时的老师，说来倍感亲切。洪振勋先生告诉我，他在南京的中国科举博物馆展品中，发现了一方洪承畴的题匾，并拍下了照片。他说，这是一件和洪承畴有关的文物，应该发给你研究。我一听，喜出望外，大病初愈、正在疗养中的赢弱之躯竟然精神顿起，疲惫全消，双方互加了微信好友，洪振勋把他用手机拍的彩照发了过来。

照片显示，这是一方清代顺治年间的匾额，未经修补，完全保留原貌，系当年洪承畴为顺治十五年（1658）戊戌科状元孙承恩题赠的匾额，褚红底色，金字。文曰：

钦命武英殿大学士太子太保兵部尚书兼都察院右都御史经略七省轻车都尉洪承畴为/朝元/中式戊戌科状元孙承恩立/皇清顺治十五年孟三月谷旦

顺治十五年（1658）正是洪承畴受命经略七省、督师平定西南之时，这一年清廷改内院为馆阁，洪承畴封武英殿大学士之职，就是首辅，等于是以前的宰相。这是洪承畴一生功业和荣耀的最辉煌时期。新科状元请他来题匾，分量非同一般，更加彰显荣耀。

经查，孙承恩，江苏常熟人，为顺治十五年（1658）戊戌科状元。该科全国共取进士343名，孙承恩能从343名进士中脱颖而出，被钦点为状元，已属不易。但这方匾额还题了"朝元"二字，这是怎么一回事呢？

朝元就是朝考第一名。原来，我国科举制度经过一千多年的承袭，不断发展、完善，至清代，朝廷给新科进士安排官职，并不是简单地根据殿试成绩，还要对他们再进行一场考试，在保和殿举行，皇帝特派大臣监考、阅卷，这就是"朝考"。考中第一名者就是"朝元"。吏部官员根据这些新科进士的朝考成绩，并结合每个人之前的"会试""殿试"成绩综合评判，量才略用，分别授以官职，其中最优秀者授以"庶吉士"官衔，入翰林供职。这职务有"储相"之别称，即有可能晋升内阁大学士。朝考制度至雍正朝已成定制。这匾透露出来的信息是，孙承恩既是殿试的状元，又是朝考的朝元。

孙承恩"朝元"匾的发现，确是一件珍贵的科举文物，2014年在南京创建的中国科举博物馆收藏了此件文物。

孙承恩中状元在顺治十五年（1658）农历三月，他参加朝考得中朝元，则应是农历四月的事（朝考例在四月举行）。洪承畴被朝廷封为武英殿大学士是在当年的九月。当时洪承畴尚在督师西征的军旅之中。因此我认为，此匾应为九月之后所作，落款显示该匾立于"孟三月谷旦"，显然把时间提前了，我认为，这可能是立匾者为了"好看"而故意把落款提前的。

无论如何，对洪承畴为孙承恩题匾的发现，是一件很值得高兴的事情。洪承畴题的匾，之前在家乡传说有二方，一方是他为石碑岩题的"尺五云封"，但现在翔云镇云山村石碑岩挂的"尺五云封"匾只是件复制品。一年前在英都云从古室发现的洪承畴题匾"天马腾骧"也只是残片而已。因此，洪承畴为孙承恩题赠的"朝元"匾的发现，有一定历史价值。至于该匾的书法，是否为洪承畴本人亲笔，因无以比照，尚待考证。

2019年3月2日夜草

洪承畴题的"朝元"匾

洪承畴题写在英都的匾额

洪承畴、洪承畯兄弟都是泉州的历史名人，他们在家乡的题匾留墨一直是家乡人民关注和珍惜的。洪承畯是明清时期著名的书法家，他留在泉州的题匾、题刻基本上都保留下来了。洪承畴是政治人物，他生在明清交替的社会动荡时期，一生戎马倥偬，转战南北，无暇著述题咏，留在家乡的题字本来就极少，更因为种种原因而佚失。

据调查，洪承畴在家乡有两方题匾。

40多年前，我还在英都公社企业办工作的时候，曾调到公社党政办公室协助秘书工作。在那期间，曾听党委办公室主任（也称为"党委秘书"）的洪火炎同志说过，洪承畴在家乡题有两方匾额，都是题给寺庙的。其中一方文为"尺五云封"，题在云山大队（今翔云镇云山村）的石碑岩。洪火炎并未亲眼看到此匾，他是听卓金凤、卓加庭两位同志说的，他们分别是云山村、福林村人，距石碑岩较近。这两位同志年轻时亲眼看到过此匾，有洪承畴题款。可惜该匾毁于1958年的"破除迷信"运动中。现在石碑岩殿堂中悬挂的"尺五云封"匾额是后来仿制的。洪承畴题的另一方匾额是在英都的古刹云从古室，但题字内容洪火炎并不清楚，仅仅听过"传说云从古室大殿古代曾经有一块匾是'洪承畴叩谢'"而已。

几十年来，我一直留心调查洪承畴题在云从古室的匾额。其间，在20多年前听英东村大园前自然村洪本移先生说过，他听说洪承畴曾经为云从古室题匾，内容是"天马腾双"。他说，"天马"是云从古室坐落位置的天马山，这个可以理解。但"腾双"一词不知做何解释？我反复思考，认为"腾双"应为"腾骧"之误。可能是因为口口相传造成的音讹。洪本移完全同意我的分析。虽然如此，但当年是否存在此匾，因为没有证据支持，未敢肯定，遂成悬案。

2018年2月4日，我接到云从古室寺务委员会主任洪东水先生的电话，称其在云从古室祖师殿打扫卫生时，在祖师公佛座下方发现一件木刻。刻有"右副都御史"字样，询问这是什么官职，英都古代有谁任过此官职？并用彩信给我的手机发来照片。经辨认，这是一条长约 30 厘米的木刻长条，阳刻字，油漆鎏金，尚清晰，老宋字体，有"兵部侍郎兼都察院右副都御史巡抚"15 字。

过了春节，我即驱车前往云从古室，在洪东水先生的陪同下，见到这一木刻件的原物。经辨认，我认为这是一方木制匾额的题款的残片。古代匾额是用原木薄板刨光胶合，然后镶以实木边框制成的。匾额中的题词，大字是直接刻上去的，称为"沉字"。制作较精美的匾，则另用优质木料雕刻实心字钉上去，称为"浮字"。匾额的边款署名，字数多，字形小，通常另刻以条状木片粘上。在云从古室发现的这条木片，可以断定是一方题匾的边款署名的残片，虽然字句不完整，但有很大的信息量，起了关键作用。

据传说，洪承畴出仕以后，就把母亲傅氏迁到泉州居住。傅氏是个虔诚的宗教信女，佛教、道教都信。她尤其对家乡的古刹云从古室特别有感情，尽管居住泉州，仍然不怕舟车劳顿，年年都要从泉州到云从古室进香。洪承畴自从进入仕途以后，极少回家，洪母当然牵肠挂肚，爱子之情寄托在祈祷神明庇佑的行动中，这也是她常常到云从古室进香的原因。

崇祯二年（1629），洪承畴奉命调到陕北参与镇压农民起义，任督粮道参议。当时总督三边军务的是杨鹤，他主张对农民起义军实行招抚，但并无成效。崇祯皇帝非常不满杨鹤的作为，于崇祯三年（1630）诏封洪承畴为右副都御史巡抚延绥，命他部署兵力对农民起义军进行镇压。

据传，洪承畴在浙江接受君命后匆匆北上，并未写信禀告母亲，直到被封为右副都御史巡抚延绥之职，军务稍顺之后，才修书派人送至泉州。间隔两年之后，洪母接到儿子的书信，喜出望外，即派承畴的弟弟承畯前往陕北前线看望承畴。并嘱承畴应注意保重身体。又言职务擢升既是承畴自身奋力，也有神明祖宗庇佑，理应叩谢家乡当境神佛，提出了为云从古室祖师公挂匾的主张。承畯见过承畴之后归来禀告母亲，备述山西延绥一带农民起义的形势：连年饥荒，民不聊生，农民造反，打家劫舍，甚至人食人等。并说承畴遵从慈命为云从古室立匾。"天马腾骧"一词及署名落款都是洪承畴题撰的，而刻在匾上的"天马腾骧"四字则是洪承畯的楷书大字。

木质文物是最不容易保管的。从 1630 年至今，经历了 388 年，其间因战争动乱及风雨侵袭，云从古室屡经挫折，洪承畴为云从古室立的匾额未能完整保存下来，但刻有能够证明立匾人身份关键词的残片因好几代僧人、善信的细心保管得以保留。如今发现，确是一件值得欣慰的事。

洪承畴在家乡题写的两方匾额，都凭借高山抒怀。"尺五云封"极其精练地描述了云峰山云封雾障的深邃壮美景观，"天马腾骧"借天马山奔腾之势表达了志存高远的博大胸怀。这与其弟洪承畯在泉州清源山题的"仙灵山名""洞天真隐"，及在开元寺题的"清净法身""大乘莲心"等阐发宗教教义的笔法完全不同。

　　我根据该木匾残片的内容，考证了时代背景、题匾时间，并参照古代匾额的格式，恢复了洪承畴为云从古室立的"天马腾骧"匾的格式原样，提供给云从古室寺务委员会和洪承畴文化研究会，希望复制重光这一文物。

2018 年 3 月 31 日完稿

洪承畴收藏的一张古琴

日前，摄影家洪宗洲以微信发来一张洪承畴收藏过的古琴照片，并以该古琴背面镌刻的铭文如何解释垂询于我。

关于洪承畴收藏的这张古琴，我曾听说去年6月在国内某拍卖市场出现过，但未见详细报道，不清楚竞拍是否成功。本人不玩收藏，没有去了解更详细的情况。如今宗洲君持该琴的铭文垂询于我，既然属于洪承畴珍藏的古琴，现在是罕见的文物，我当然十分乐意参与这项工作，只是古文深奥，生怕我的注解有悖原意。据悉，之前已有泉州市摄影家协会的一位先生试做注释，应该说基本上是解读了铭文大意的。我的注释则可能较为详尽些，较为接近原文。

从现存的洪承畴奏章、揭帖及之前发现的洪有笃夫妇墓志铭来看，洪承畴的文章用词精练，质朴无华，没有华丽的辞藻。这段刻在他喜爱的古琴上的铭文，也体现了他为文的一贯风格。

琴的背面上方，题有篆书"籁母"，"籁母"是孟子若为这张琴题写的琴名。据介绍，现在把古琴分为15种款式，这张以"籁母"命名的琴属于"凤势"式。下方就是洪承畴题写的铭文。

铭文前后有钤章，全文如下：

> （钤章：不知明月为谁好）
> 琴声本微细，极静时鼓之，翻嫌其高激。子若知我最深，以此携赠。声幽韵远，自有真趣，清夜鼓之，流音随指，虽古之雷制不若也。大明崇祯八年洪承畴珍藏。
>
> （钤章：臣承畴印）

【译文】

琴的声音本来是轻微细小的，但如果在非常静的时候弹它，反而觉得它的声音过于高亢激昂了。子若先生最了解我，所以用这张琴送我。这张琴的声音安闲深沉又悦耳远扬，自然有一种真正的意趣。在清静的夜晚弹起它，琴声随着手指的弹奏而飘荡起来，即使是古代制琴名师雷威亲手制作的琴，也不如它啊！大明崇祯八年洪承畴珍藏。

【注释】

微细：轻微细小。

鼓：这里作动词用，指弹奏乐器。

翻嫌："翻"字本是动词，但古文也作副词用。这里是副词，表示转折，相当于"反而""却"的意思。

子若：孟称舜，字子若。明清之际的著名戏剧作家和戏曲理论家，一生著作颇丰，他的杂剧《娇红记》被称为"十大古典悲剧"之一。

声幽韵远：声幽，声音安闲、深沉；韵远，琴韵悦耳远扬。

自有真趣：自然有一种真正的意趣。自，自然、当然之意。"真意"，这个词出自南朝（梁）江淹的诗"悠悠蕴真趣"，指真的意趣。

清夜：清静的夜晚。汉司马相如《长门赋》："但清夜于洞房。"

流音随指：流音，一般指在空中飘荡的声音。这个词最早见于唐代韦应物的《听莺曲》："流音变作百鸟鸣。"流音随指，琴声随着手指的弹奏而飘荡起来。

虽：即使。

古之雷制：雷指唐代的制琴名家雷威，他制作的琴，世称雷公琴，后人赞其"五百年，有正音"。古之雷制，指古代雷氏制作的琴。

臣承畴印：这是一枚洪承畴在向皇帝写奏盖的印章，故在名字前有一个"臣"字。

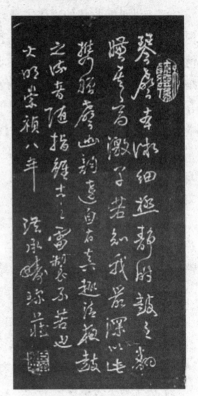

洪承畴题写的铭文

洪承畯的草书真迹

2017 年 9 月 3 日，日本东京中央拍卖行拍卖了一轴洪承畯草书立轴，通过网上的报道，使我们看到洪承畯的"龙蛇体"草书真迹，确实如史书记载，"如古藤挂壁，惊蛇入草"。该幅草书立轴尺寸为：177cm×52cm（见下页）。

> 释文：将军溢价买吴钩，要与中原静寇仇。试挂窗前惊电转，略抛床下怕泉流。青天露拔云霓泣，黑地潜掣鬼魅愁。见说夜深星斗畔，等闲期克月支头。戊戌端午录奉赠朱尊翁大节阵。紫山农洪承畯拜书。

洪承畯，英都良山村霞美人，洪承畴的弟弟，秀才出身，他无意功名，自号"霞农山人""紫农山人"，是明清时期的著名书法家，尤以草书擅长。《泉州府志·明隐逸》说他"博涉书史，工诗文，尤喜临池，行草书蜿蜒遒纵如惊蛇入草、古藤挂壁，时人目之曰'龙蛇字'"。泉州开元寺的"清净法身""大乘莲心"，清源山上的"仙灵山名""洞天真隐"等书刻都是他的手迹。

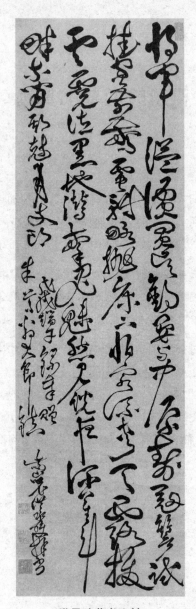

洪承畴草书立轴

洪承畯的一幅扇面书法

两年前曾有文友在一次电话交谈中提到，他在某个博物馆看到一幅洪承畯的行书真迹，是一款折叠扇面形状的书法作品。但他又说，过了好几年，竟忘了是在哪个博物馆看到的，只记得书法的内容应该是洪承畯录的一首苏东坡的诗。

因为朋友记不起是在哪个博物馆看到的，我也就无法追寻了。还好，现在有强大的网络天地，苍天不负有心人，我终于在网上找到这幅洪承畯扇面书法的照片。朝思暮想只为一见，如今果然成真。

这是福建泉州的闽台缘博物馆在2017年举行的一次"水流云行·闽台书法五百年特展"中，展出的144件明、清、民国时期闽台书法名家作品中的一件，是明清时期泉郡著名书法家洪承畯的行书扇面书法，书法的内容有两部分，一是抄录北宋诗人苏东坡的一首诗，二是苏东坡的名帖《跋柳十九仲矩》。

洪承畯扇面书法

整幅书法作品内容简体字译文如下（字迹不清无法辨认者以□代替。为便于阅读，加了标点符号）：

紫李黄瓜村路香，乌纱白葛道衣凉。闭门野寺松阴转，欹枕风轩客梦

长。因病得闲殊不恶，心安是药更无方。道人不惜阶前水，借与匏樽自在
尝。虎跑泉

仲矩自共城来，持太官米作饭食我，且言百泉奇胜，劝我卜邻，此心
飘然已在太行之麓。

洪承畯录，寄晤王世兄□元

（印章朱文：承畯 霞农）

洪承畯在这幅书法作品中录的这首诗，没有诗名及原作者，经查，这是北
宋文学家苏轼的七律《病中游祖塔院》。祖塔院又称"虎跑寺"，在杭州虎跑山
上，寺内有自山岩流出的泉水，特别甘甜，即有名的"虎跑泉"。这首诗是苏轼
任杭州通判时所作，写于宋熙宁六年（1073）。诗中"因病得闲殊不恶，安心是
药更无方"一句，是苏轼在生病调养期间游览虎跑寺的特殊感受。

这幅书法作品的第二部分是苏东坡的名帖《跋柳十九仲矩》。柳仲矩北宋时
任河南共城知县，元祐三年（1088），柳仲矩携带共城的梅溪大米赴京请当时任
翰林院学士的苏东坡品尝，并绘声绘色地描述了"百泉圣境"，苏东坡十分欣
喜，欣然题跋，称"此心飘然已在太行之麓"。这就是著名的苏东坡《跋柳十九
仲矩》，此跋后经明书画家董其昌临帖，非常有名。

书法中的王□元先生，洪承畯称其为世兄，可知是洪承畯父亲生前至交的
后裔，交情甚笃。可能久别重逢，故洪承畯录苏东坡这首含有哲理的病中感悟
诗及《跋柳十九仲矩》赠予。

书法末尾钤章朱文有"霞农"字样。洪承畯在英都居住时自号为"霞农山
人"，霞指他的家乡霞美。其兄洪承畴当官后在泉州郡城构屋，举家搬迁入城，
洪承畯即易号为"紫农山人"，紫即泉州名山紫帽山。从其钤章为"霞农"来
看，可知这幅书法作于英都。

洪承畯是明清时期泉郡著名的书法家，尤以有"惊蛇入草"之妙的"龙蛇
体"草书著名。他有两幅草书立轴书法曾经数次现身文物拍卖市场，颇有影响。
闽台缘博物馆展出的洪承畯这幅扇面书法，是一幅行书作品，令人耳目一新。
这和他在泉州开元寺的楷书题匾"清净法身"、在清源山上的行书题刻"洞天真
隐"等一起向我们展示了这位书法家的全才书艺。

对于书法我是门外汉。我撰此文，是从发掘历史文化遗产的角度，把发现
洪承畯的行书书法作品及其内容介绍给大家。至于这幅书法的艺术特色，则留
待书法行家去研究了。

2023 年惊蛰之日

必须为"素月孤洲"正名

素月孤洲在英都镇良山村的下库，位于英溪南岸，是著名的避暑景点——"翁山十二景"之一。

但素月孤洲这个地名的文字表述，在过去的几十年里，一直被写作"素月孤舟"。

最近，我为了查考关于英溪董林码头的相关史料，在民国版《南安县志》第二卷"舆地志"的"董林潭"一条中发现了"素月孤洲"的记载，全文录之如下：

董林潭

董林潭，在二十七都英溪中。横直数十围，水深数丈。石勒"洪葆原先生枕漱处"。潭上十余武，有旋流水，溪底有穴窍，水旋转滚流入穴，声如吹角。洪氏科甲盛时，传为奇瑞。溪岸上有"素月孤洲"。地多美石，有茂林修竹，清风明月佳景，隐士紫农山人常泛舟往来其间，勒"秋水长天"四字于石上。（见民国版《南安县志》上册第130页，1989年由南安县志编纂委员会整理出版。）

这一意外的发现，完全颠覆了我之前对"素月孤舟"这个地名的认知。为慎重起见，我又查阅了泉山版的《南安县志》，在该书"卷之三·舆地"中的"董林潭"一条，也发现了完全相同的记载。（见泉山版《南安县志》卷之三"舆地志之三"的第4页，泉州泉山书社印刷）

习惯称为"民国版"（全称应为"民国四年版"）的《南安县志》，是戴希朱于中华民国四年（1915）开始修纂的，成书于民国六年（1917），1989年由南安县志编纂委员会整理后铅印出版。

习惯称为"泉山版"的《南安县志》，是中华民国二十一年（1932）陈国辉聘请他的老师苏镜潭，将戴希朱的《南安县志》稍加增删，由泉山书社刊印出版的，故称"泉山版"。

两部成书于民国时期的《南安县志》，对"素月孤洲"地名的记载完全一致。由此可见，"素月孤洲"这一地名，文字的表述是"洲"，不是"舟"。"舟"与"洲"同音，意思却截然不同。"舟"是船只。"洲"则是溪流中或溪流旁边浮起的小块陆地。

必须指出的是，素月孤洲是位于董林潭的上游，而不是在董林潭的"溪岸上"。戴希朱可能未亲自到素月孤洲实地考察，故而做出了董林潭的"溪岸上有素月孤洲"的错误表述。这里还有个常识问题，洲是水中的陆地，不可能在溪岸上。正确的表述应该是：在董林潭的上游有素月孤洲（董林潭至素月孤洲只有1.5公里）。

英溪中下游有许多小洲。清博学鸿词科进士洪世泽的五言诗《英溪渚上即事》中就有"水涨芳洲绿，烟含野径低"及"洲连青草合，树向碧溪分"之句。

英溪流至下库河段，水势渐趋缓和，历经洪水冲积，溪边浮起小洲，洲上芳草萋萋，石头光滑，常有牧童或闲人在此憩息，溪山胜景和田园风光交织在一起，因而很受文人雅士钟情。

素月孤洲这个地方之所以能够成为盛夏避暑的好去处，最主要原因是其南岸特别高耸陡峭，遮住了炎热的阳光。

1942年，时任南安县商会会长的英都人洪恭树，出资把素月孤洲的南岸用溪石砌筑加固，以防溜坡塌方，并把书法家洪承畯在泉州的3方墨迹临摹刻于石板，镶嵌于人工砌筑的石壁上。还在下库大路边建了一个木结构的凉亭，亭中立石碑曰"明义士洪公承畯纪念碑"（这个木亭子不久就被愤怒的农民推倒捣毁，早已荡然无存）。之后，经过一些文人的炒作，素月孤洲这一风景区从此声名大噪。也就是在这个时候，素月孤洲被写作"素月孤舟"。

日本侵略者发动侵华战争之后，1932年在东北扶植成立了傀儡政权伪满洲国。中国人民在同仇敌忾抗击日本侵略者的同时，反满声浪再起。本来就备受贬斥的由明降清的开清重臣洪承畴，又一次成为口诛笔伐的众矢之的。洪承畴的弟弟洪承畯在入清以后两次拒绝皇帝的征召，不愿仕官，因而被文艺家用来作为洪承畴的对立面加以渲染，虚构出所谓"洪母头不戴清天，脚不踏清地，隐居于溪中一艘小舟上"，"洪承畯在此招义兵反清复明"等"传奇故事"。把素月孤洲地名写成"素月孤舟"，有助于突出洪母的"气节"。闽剧《六离门》、京剧《洪母骂畴》、高甲戏《素月孤舟》，都在客观上扩大了"素月孤舟"这一"传奇故事"的影响力。

洪恭树在1942年中国人民抗日战争进入决胜阶段时修葺了素月孤洲，并且在这里建亭子，宣扬洪承畯，客观上起到了推动贬斥洪承畴的作用，加剧了人们对日寇扶植的伪满洲国的憎恨，促进了反满情绪的复萌。纵观清朝定鼎以后的几个重要历史时期，反满情绪都再度高涨，如太平天国起义、辛亥革命。在每次的反满声浪中，洪承畴都一再成为声讨、鞭挞的对象。

洪承畴有兄弟3人，洪承畴是兄长，二弟承畹早逝，三弟承畯是个闲散文人，自号"霞农山人"，中了秀才以后不参加乡试，无意功名。洪承畴出仕以后，他随母移居泉州，侍奉母亲，筑庐于紫帽山下，又号"紫农山人"。洪承畯当年在素月孤洲的活动，无非是约几个文人在这里赋闲游赏，或者垂钓自乐，并无什么"抗清义举"。如果他是一个"抗清义士"，乾隆年间官修的《泉州府志》，是不可能在"人物传"中的"隐逸"篇为他立传的。

两部《南安县志》，都记载洪承畯在素月孤洲的石头上刻"秋水长天"4字，并无"素月孤舟"字样。可见，现在溪岸另一块大石上的"素月孤舟"四个大字，系后人所加。我曾多次听参观者提问："素月孤舟"这四个字如果是洪承畯所题，为什么和我们现在见到的洪承畯字迹完全不一样呢？事实上，这个问题不但近年常有质疑之声，已故的英都中心小学教师洪宗义先生，在20世纪90年代末就曾经亲口对我说："不要相信那些所谓'素月孤舟'的故事。40年代有一拨人拿'素月孤舟'说事，他们自诩'爱国'，扬畯抑畴，还要成立一个什么'承畯'社，新中国成立后才作鸟兽散。许多故事都是这帮人添油加醋造出来的。"

事实上，洪母傅氏一直居住在泉州，直到80岁寿终正寝，出殡时顺治皇帝钦命福建布政使胡升猷到泉州谕祭。谕祭文有史可查，绝对没有什么洪母"在素月孤舟的小船上隐居"之事。洪承畯一直是个闲散文人，若说他曾介入社会，也就是"闻民间有冤抑事，辄向有司白其状"（引自乾隆版《泉州府志》卷六十二"隐逸·洪承畯"），顶多是替民众对当局办案不公平出出气而已，并无什么抗清义举。而高甲戏《素月孤舟》的"大结局"却是洪承畯在"素月孤舟"操练义军，最后下海投奔郑成功、反清复明去了，无中生有的事被演绎得壮怀激烈，气壮山河。

江山易代，风月无恙。如今素月孤洲依然是文人墨客发思古之幽情之地。对景遐思乃人之常情，对洪承畴、洪承畯兄弟的评价见仁见智，都可以各抒己见，但洪承畯确实没有在这里搞什么操练义军的事，切莫再把这里当成所谓洪承畯抗清的"基地"。是"素月孤洲"，不是"素月孤舟"，我必须为之正名！

2020年5月8日至5月20日

发现洪有助撰写的《丹阳洪氏宗谱序》

日前，厦门市翔安区马巷的洪神扶先生，用微信发来江苏《丹阳洪氏宗谱》之第一册复印件。第一册为该宗谱的凡例及序言部分。序言部分收录了江苏丹阳洪氏宗谱历次修谱的名人所撰序言。其中，有英都人洪有助撰写于明万历四十三年（1615）的《丹阳洪氏宗谱序》一篇。

洪有助，字懋逊，号逊斋；是翁山洪氏第十世孙，属东轩五房派下；生于明嘉靖庚戌年（1550），卒于明万历丙辰年（1616），享年62岁；万历丙子科（1576）举人，壬辰科（1592）进士，历任工部郎中、广东水利盐法道按察副使、徽州知府等职。

《丹阳洪氏宗谱序》一文，见于明万历年间刊刻的《丹阳洪氏宗谱》，该谱册系线装木刻印刷本。

洪有助在这篇序言中，概述了写作这篇序言的缘起。明万历四十三年（1615），洪有助奉圣命出任徽州知府，有名叫洪文道的人持家谱请写序言。因其态度非常诚恳，洪有助认真阅读该谱，见这部家谱条理清晰，首先追溯姓氏源头，其次是先贤的"像赞"，再次宗支分派，最后还有历世先贤文献收录、名宦功业政绩等，内容丰富而有条不紊、脉络清楚，赞叹道：如果不是贵族世家的孝子贤孙，怎么能编纂出如此完善的宗谱呢！

关于洪姓的源流，当时有"夏后"和"共工"两种说法。洪有助认为，"三代以下，春秋两汉"之后，"共工"之说无所考证，而"姒封于弘"还是有史籍可以稽考的。显然，洪有助支持洪氏"源于夏后"一说。

洪有助在这篇为洪姓同宗撰写的宗谱序言中，特别提到了翁山洪氏的源流。他指出，幼年时曾听老前辈教诲："吾家胄出大鄣之南。"大鄣山在今江西婺源，古代属徽州。这句意思是，我们翁山洪氏是从徽州（古徽州别称"新安"）一带迁来的。经历三次迁徙而进入福建，才经过几代人，很快就人文鼎盛，在南安振兴、发展。由于命运的安排，他能够受命来祖先的发源地徽州任职，追念祖先功业，洪有助觉得自己是有愧的。登临览胜，"辄兴仰止"，自然而然产生了对祖先的仰慕和向往之心。洪有助400年前写下的这段言语，抒发了对翁山洪氏祖先功业发自肺腑的景仰敬佩之情，对研究英都翁山洪氏的源流是很重要的佐证。

洪有助不但是一位严格执法的清官，而且是一位治学、治史非常严谨的学者。他在这篇序言中指出，当时修纂谱牒有一种不良的风气，不去认真考证历史，而是随意"栽接"，张冠李戴，借以炫耀身份，以致造成谱牒混乱。洪有助这段针对当时社会上修纂族谱不正之风的话语，对当前各地纷纷修谱是很有指导意义的。

很久以来，我们一直以未能读到洪有助的著述为憾事。今天，我们应该特别感谢洪神扶宗亲。《丹阳洪氏宗谱序》的发现，是一件很有意义的事情，400年前先贤洪有助质朴的行文风格和严谨的治学态度，至今仍然值得我辈认真学习和仿效。

榕光于 2022 年 4 月 9 日

附:《丹阳洪氏宗谱序》原文

丹阳洪氏宗谱序

吾姓之始，其原有二：一曰夏后，一曰共工。派出既殊，郡望各异。有家乘者世守一脉，失小史者尤持两端。三代以下，春秋两汉，共洪无所考，而姒封于弘史籍有稽。洪氏之盛始于唐而显于宋，语燉煌则祖长史延寿，祖丹阳则出观察经纶，二祖皆唐时名宦，本同一脉。今之言谱牒者，栽接悬殊，夸炫高靡，多致混淆。予髫年闻庭训，谓吾家胄出大郇之南，新安之休，黄石其故土也。三徙而闽，几未十世，人文鼎盛卓冠，后先丕振南安，无忝厥祖，水木之念，曷克云忘。顷者衔命来守是藩，民物丰阜，政绩攸闲，登临览胜，不无遐想黄岳钟灵。往昔白云何在，紫阳发秀；先世黄壤尤存，寓目驰神。辄兴仰止，是命也！春甲秋乙，金玺下驰，谢符而东，轮蹄向道。海阳太学生洪文道者，持家乘一册请徵，予言冗次方拂而生，固请益力，予嘉其诚，谅谊属宗盟，故为检阅，首溯姓原，次列像赞，继缵宗绪、文献、宦业，总悉兼谈，一本万支，条析不紊，自非世臣乔木之家，孝子贤孙之裔，乌能及此若而谱也！犹巨木，然本檊盛于唐宋，枝叶茂于国朝，若夫金葩玉粒，繁伙峥嵘，斯又拟诸后裔后昆，宜统大宗，勉臻克绍。

万历四十三年乙卯仲秋之吉

钦差广东等处提刑按察司、督理通省水利盐法道副使、前中宪大夫、知徽州府事清源洪有助书于新安官舍

新发现的洪科捷七律诗一首

日前，泉州市摄影家协会主席洪宗洲先生持一本名为《古泉州十二景图咏》的书画册复印本来访，说在这里面新发现了洪科捷诗一首。此前，他已用手机发给我该诗的照片。

这是一本诗、书、画三合一的书画册，以"古泉州十二景"为题，每景都有清代泉郡名人的题咏及配图，系复印件。据洪宗洲介绍，这是河北人、著名书画家朱伯华先生在河北省图书馆藏书中发现的，特地用仿真宣纸彩色复印，制作成册，与原件一般大。

洪科捷的题诗名为《清源鼎峙》。《清源鼎峙》为"古泉州十二景"之第一景，故洪科捷的诗为开卷第一篇。这是一首七律近体诗，全文如下：

> 巍峦屹立上凌空，
> 洞壑参差记不同。
> 石乳迸开吞岭日，
> 松涛涌出卷天风。
> 西缠朋岫烟霞里，
> 南拥江城锦绣中。
> 欲觅蜕岩人已远，
> 凭谁问道入崆峒。

诗句铿锵，大气磅礴，"吞岭日""卷天风"二句，气势雄伟，与前发现的洪科捷的诗作风格如出一手，可以断定此诗确是洪科捷所作。

古泉州有"泉州十景"（又称"温陵十景"）之说，泉州市文管会馆藏文物——清初漆雕屏风《泉州十景图》，是目前发现关于泉州十景之最早史料。其十景分别为：清源鼎峙、紫帽凌霄、笋江月色、洛阳潮声、紫云双塔、关锁烟霞、三洲芳草、朋岭留云、凤麓春晓、星湖荷香。《古泉州十二景图咏》的发现，为我们对清代泉州胜景的研究提供了新的一说。（1955 年，泉州著名画家李硕卿曾根据"泉州十景"的说法，画出一套国画《泉州八景》，因其表现的是泉州中心市区景色，故又被称为"泉州小八景"。）

清源山为泉州诸景之首。景区内流泉飞瀑，奇岩异洞，峰峦叠翠，万木竞葱，宗教寺观及文人书院遗存几乎遍布每个角落，是一个有丰富故事的名胜奥区。洪科捷的诗以"吞岭日""卷天风""烟雾里""锦绣中"等词概括了清源山气势磅礴的风景，表现了诗人壮阔的胸怀。

洪科捷是古代英都文人中诗作最多的。但纵观民国版《南安县志》之"艺文志"及陈国仕编纂的《丰州集稿》二书，均未收录洪科捷此诗。《古泉州十二景图咏》的发现，使我们有幸读到两百多年前英都这位名人的又一首好诗，是一件好事。洪科捷一生仅在浦城县任教谕三年，入翰林院供职不到一年，他把毕生的精力奉献给了泉州、南安的文化教育事业，相信他一定还有很多的诗文散佚民间，遗珠沧海。我们期待能有更多洪科捷诗文的发现。

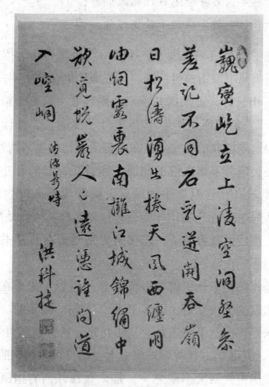

洪科捷的《清源鼎峙》

2019 年 8 月 23 日夜草

发现洪世泽撰丰州书院长联

由于朋友馈赠资料，读到黄威廉先生 2008 年写的《丰州书院》一文，偶然从中发现洪世泽题撰丰州书院的长联一副，甚为欣喜，特写下此文以分享诸君。

洪世泽题撰的丰州书院楹联全文如下：

> 溯遗泽于当年，石井金溪百代渊源如昨；
>
> 奉宏规于曩哲，鹅湖鹿洞千秋矩矱常新。①

这是洪世泽在中博学鸿词科进士、授官翰林院庶吉士、擢升翰林院检讨之后，辞官回闽，任丰州书院山长时所撰。黄威廉先生在文中明白地记述："洪世泽任（丰州书院）山长时，曾亲撰并手书一副楹联，镌刻于精制木板，悬于书院后堂之大抱柱上"。黄威廉先生生于 1930 年，少时在丰州读书，他本人亲眼看到并准确地记得这副楹联的全文及挂在书院后堂抱柱上的情景。

上联的意思是，追溯丰州书院的渊源，和晋江安海的石井书院都是继承朱熹的遗教啊！当年朱熹在这里讲学的情景，就好像昨天发生的一样。联中的"石井"，是晋江安海在宋元至明中叶的行政区域名称。朱熹是南宋时期理学家、哲学家、教育家，被后世尊为朱子。他在闽为官时曾在石井书院、丰州书院讲学，他的理学思想影响很深。

下联的意思是，我们丰州书院的办学思想是以当年朱子在鹅湖书院、鹿洞书院制定的规矩法度为宏大目标并不断传承、发扬、创新的。鹅湖书院在江西上饶的铅山县，朱熹曾在这里与陆九龄、陆九渊开展过一场哲学观点的大辩论，史称"鹅湖之会"，是我国古代哲学思想史上一场有很大影响的辩论。鹿洞书院在江西九江，为我国古代四大书院之一，是朱熹在江西省南康县为官时倡导复建的，他在这里聚书、立师、定学规、立课程，是我国教育史的重要事件。

洪世泽于清乾隆丁巳年（1737）以秀才身份被荐举参加博学鸿词科殿试，

---

① 曩，过去。曩哲，先哲，指朱熹。矩矱，规矩、法度。

授翰林院庶吉士，后又晋升为检讨。乾隆己未年（1739），其父洪科捷考中进士，也授翰林院庶吉士，父子同入翰林院修国史，是泉州历史上唯一的一对"父子翰林"，传为佳话。然而对具有雄才大略的乾隆皇帝，他们父子都有自己的看法，不愿意在朝为官。乾隆庚申年（1740），老翰林洪科捷以"双亲年逾八十，动晨昏之恋"为由奏请"告假归养"，令人不解的是，在别人看来正当"青云得路"的少翰林洪世泽也同时告归，虽后经乾隆皇帝多次下诏征召，洪世泽曾携堂弟、举人出身的洪世润一同入翰林院参与修撰国史，但最终又奏请告归。从此，洪世泽在闽讲学，终身执教授徒，成为一代名师。他先后在南安的丰州书院、厦门的玉屏书院、福州的鼓山书院讲学，门生遍八闽，桃李芬芳于天下。

洪世泽题撰并手书的丰州书院楹联，明确地表白了他的办学宗旨及传承朱子学风、振兴南安文运的决心。

洪世泽的楹联作品有一大特点，就是善于运用联中自对的修辞手法，来淋漓尽致地表达其思想。他题撰的丰州书院长联也是如此，上联用"井"和"溪"自对，下联用"湖"和"洞"自对，都是很工整的，构思巧妙。

洪世泽还曾于乾隆庚子年（1780）发起并参与重修南安文庙殿庑、棂星门及诸祠阁的工程，又于庙左新建吴亭。他为重修的南安文庙殿庑撰书一联：

> 佳山水面拱一楼潮映金鸡云生紫帽
> 大文章首开八郡贞元虎榜昭代鸿儒

这副同样使用了联中自对修辞手法的长联，从南安文庙的地理胜概写到南安文坛的优秀人才，气势磅礴，充满了南安的文化自信，具有很强的艺术感染力。这副长联与他撰写的丰州书院长联交相辉映，堪称"双璧"。

历代方志的艺文志都是只收录诗文而不收录楹联作品的。民国版的《南安县志》之"艺文志"，只收录了洪世泽的部分诗文，甚至陈国仕编纂的《丰州集稿》，收录了洪世泽考博学鸿词科时金殿面试之答卷《指佞草赋》，也没有收录其楹联作品。现在搜集到的洪世泽联作，都散见于各处建筑物，相信遗珠不少，期待有新的发现。

洪世泽的诗《圣主躬耕耤田恭纪三首》

　　曾看到有一篇文章写到，洪世泽任翰林院庶吉士时写过歌颂"圣主躬耕耤田"的诗，惜在《南安县志》《丰州集稿》等史籍均未找到，未敢肯定。最近淘到旧书《皇清文颖》一部，终于在该书中找到了洪世泽写的这首诗，欣喜之情自不待言，录之如下，和大家分享：

> 《圣主躬耕耤田恭纪三首》
>
> 九衢歌舞入韶年，
> 天子青阳巽令传。
> 共睹光华升舜日，
> 群将耕凿乐尧天。
> 神功允洽千仓庆，
> 王业仍陈七月篇。
> 讵乏良农供御廪，
> 为亲穑事即康田。
>
>
> 只肃粢盛钜典崇，
> 九重无逸儆臣工。
> 春官是月闻吹籥，
> 太史先时奏协风。
> 千亩潜迎天气降，
> 六飞遥履土膏融。
> 康衢此日讴吟遍，
> 万国欢心兆屡丰。
>
>
> 肃肃青坛驻翠旌，
> 言乘春令达勾萌。

礼加周典三推上，

乐继薗歈九奏成。

淑气依迟随玉趾，

祥风细转拂朱弦。

神仓从此多香馌，

更睹丰年起颂声。

这首诗写于乾隆三年（1738），是为歌颂乾隆皇帝在当年立春举行"耤田礼"时亲自耕田的行动所作，所以题目有"恭纪"二字，这是臣下在诗文中对皇上行为的尊称。

耤田，又叫藉田，是封建时代统治者（天子、公侯）借民力以耕种的公田。

耤田之礼起源于上古时代的氏族社会。古代氏族首领于立春之日象征性地劳动一两次，做个示范，表示重视农耕。到有了国家之后，就演变为帝王的"耤田之礼"。周朝以后，藉田礼被定为朝廷的礼乐之一，一直传承下来。每年的立春之日，皇帝率领文武百官到"耤田"举行"耤田礼"。皇帝在大臣的协助下，亲自扶犁耕田。虽然只是象征性地犁过那么两三行，但表示了皇帝重视农业生产，同时也寄托了向大自然祈求风调雨顺、五谷丰登的愿望。因此，历朝皇帝都郑重其事地代代传承。

洪世泽在诗中歌颂了"圣主"乾隆皇帝亲自参加农事劳动（为亲穑事），期待农业获得大丰收（神仓从此多香馌），并表达了对听到更多歌颂大丰收的声音（更睹丰年起颂声）的期盼。

照我看来，皇帝每年一次的亲躬农事，除了是完成一种隆重的仪式外，还是一种"作秀"的行为。耤田礼要带上文武僚属参加，让大家参加仪式，还需要文臣写诗记事，所以诗名有"恭纪"二字。实际上，这种"恭纪诗"和"应制诗"一样，都是为皇帝歌功颂德的。洪世泽在诗中必须对乾隆皇帝奉承一番，难免有阿谀之词。但在一定程度上也表达了他刚入职翰林院时对这位雄才大略的年轻皇帝的崇敬之情和期盼农业丰收、"九衢歌舞""舜日尧天"的良好愿望。

《皇清文颖》又称《钦定四库全书荟要》，是乾隆皇帝有鉴于四库全书卷帙太多、不易检索，下令参与纂修《四库全书》的王际华、于敏中在《四库全书》中"撷其菁华"编成的，也就是说，《皇清文颖》是为便于皇帝参阅《四库全书》的精华浓缩版，全书共一百二十四卷，洪世泽这首诗收录于该书中的第八十三卷。

2022 年 8 月 23 日

新发现的洪世泽七律诗一首

五年前，在筹备一次大型文艺晚会时，偶然与英都南音社的洪由来先生谈起清代英都的博学鸿词科进士洪世泽的诗。洪由来说，民国时期英都有位攻读音乐的大学生叫洪可澄，曾经为洪世泽的一首七律诗谱曲。洪由来向我出示了带有简谱的歌词，我约略浏览了一遍，印象中这首诗之前在《南安县志》《丰州诗集》《翁山洪氏族谱》等文献均无收录，觉得是个新发现，但因当时忙于筹备大型会议，无暇对此诗进一步深入调查，全诗过目就忘了大部分，唯对其中的颈联"午风度岭兼花至，暮雨侵溪带鸟飞"印象深刻，竟在数年后尚能背诵出来。2017 年，在东四房宗亲重建封君祠（奉祀洪世泽祖父的祠堂）时，我向执事者建议将此联刻于新祠抱柱上。

最近新发现洪科捷的《七律·清源鼎峙》一诗后，我和洪由来重提洪可澄谱曲的洪世泽七律诗一事。当年带乐谱的歌词已佚失，幸得他还能吟唱，于是凭回忆把诗抄录出来。诗题已佚，全诗如下：

> 绿蕟深处自成帏，
> 翠柏苍松日影微。
> 谷口四时芳草在，
> 山中六月早凉归。
> 午风度岭兼花至，
> 暮雨侵溪带鸟飞。
> 为问天台能胜此，
> 兴光便是随初为。

从诗的内容来看，明显是一首即景诗，只因忘了诗名，未知诗中所咏景物是指何方。全诗充满了诗人对大自然的深情讴歌。特别是"午风度岭兼花至，暮雨侵溪带鸟飞"一联，诗人以独到的眼光，独特的修辞方式，把花瓣随风飘过山岭，小鸟带雨飞越溪涧的情景写得活灵活现，给读者以无比曼妙的美学享受，堪称是难得的金句，具有强烈的艺术感染力。

问及这首诗的来源，洪由来介绍说，是已故的退休老师洪辛火提供的，洪辛火与洪可澄是文友，洪可澄为洪世泽这首诗谱曲，曾把带简谱的歌词抄送给洪辛火。洪辛火先生认为，洪由来不但研究南音，还对现代音乐有兴趣，就把这首诗歌分享给洪由来了。

洪可澄（1918—2000），英都镇龙江村人，毕业于暨南大学，是民国时期英都为数不多的大学生之一，曾任翁山小学校长，晋江县南侨中学、惠安县后龙中学教师。他兴趣广泛，涉猎音乐、体育、堪舆等学科。洪可澄生前在英都的挚友有两人，一个是同村的洪庵火，另一个是小学老师洪辛火。洪世泽的这首诗，洪可澄是如何发现的，究竟出自何处，由于当事人、知情人相继谢世，目前已不得而知了。且由于此诗曾辗转抄传，现在凭记忆录出，因此不排除因笔误、音讹而产生的错字、别字（特别是诗的最后两句）。

洪世泽是洪科捷的儿子，清乾隆博学鸿词科进士。他们父子同入翰林院供职，被称为"父子翰林"。洪世泽是个才华横溢的诗人，他的诗、文都恢宏大气，不同凡响。《南安县志》《丰州集稿》共收录了他的律诗10首，绝诗11首。洪可澄谱曲的这首七律未在其中。我认为，由于当时没有出版物，洪世泽的诗文大多散佚民间，已发现的诗作，只不过是冰山一角，期待能有更多的发现。

2019 年 9 月 3 日

洪世泽为码头戴氏重修族谱撰写的序言

2020 年 10 月，我从码头镇大庭村的戴伟峰先生处获悉，诗山戴氏宗族于乾隆五十八年（1793）重修族谱时，曾请英都乡贤、博学鸿词科进士、时任翰林院检讨的洪世泽撰写序言一篇。戴伟峰先生向我提供了重修的戴氏族谱的序言复印件。

该文只有 400 字左右，体现了洪世泽本人承袭了其父洪科捷写作序、记的一贯风格：精练、简约，言简意赅。序言称，诗山戴氏是南安县的望族，唐末入闽，卜居于诗山（高盖山，现属码头镇）。唐代国子监四门助教欧阳詹就是在这里"破荒发迹"的。戴氏继踵欧阳氏之后，宋明以来名人不断出现。所以洪世泽深情地赞叹高盖山地灵人杰，欧阳氏开创于前，戴氏继承发展于后。千百年来优秀的人才从来没有间断。

全文如下：

《诗山戴氏重修族谱序》

诗山戴氏，我南望族也。其先光州固始人，唐末从八姓入闽，卜居诗山下。诗山者，高盖山也。唐四门助教欧阳公破荒发迹于此，公以诗文著，故名诗山。其山饶紫气，郁积磅礴南离，间时钟于人，为奇杰之士。戴氏踵欧阳之后，而独家其前得其清淑为尤最，故越宋历明以迄于今，代有闻人而族姓尤繁昌。其先人溯源汇委辑之为谱，自始祖至二十四世，详己曩者魁伯公国学生也。其侄寅亮君、天策君皆邑庠也。其又侄标香君举于乡者也。皆一时与予为道德交最笃，予接诸君子，挹其风度，赏其学问文章，因忆其先世掇巍科，登显宦，文物蓄盛，未尝不慕戴氏后先争耀于欧阳四门者，振振而绳绳。然其谱为已旧矣！越若今戴氏之子孙，族益繁，望益著，有慨然敦宗收族之举者议重修若谱于焉，存其旧而新是，详凡三十二世，支分派别，生娶卒葬，名字谥号，或传或叙，一按先人式，凡八部。而魁伯公等诸前后以诗书功名嗣徽于谱牒者，又益若许人，盖不独云祊之昌倍蓰于其昔也。予以是叹地灵人杰，高盖之山，欧阳氏开于前，戴氏继于后，千百余年间钟英未有已也。于是为之序。

岁

乾隆五十八年岁次癸丑仲秋

钦命博学鸿词翰林院检讨加二级年姻家弟洪世泽顿首拜撰

【注释】

掇：摘取。

巍科：古代称科举考试名次在前者。

闻人：名人。

钟英：极其优异。宋·曾敏行《独醒杂志》卷五："钟英甲族。"

四门助教欧阳公：唐代四门助教欧阳詹。四门助教是国子监的一种官职。欧阳詹是闽南进士第一人，古称"破荒发迹"。

曩：以往、过去。

"签判通直"小考

2020 年初春，一方刻有"有宋签判通直侯公神道"的石碑在南安市霞美镇被发现。石碑的收藏者王赞成先生以碑文在网上求解，于是我写了这篇考证文章。

这是为宋代一位姓侯的官员墓葬所立之神道碑。神道，就是墓道。神道碑是指示通往坟墓路径的碑石，多为生前有地位的人的坟墓中所立。

"签判通直"是将两个官名的简称连起来的名称表述。先说说"签判"一职。

"签判"是宋代官名"签书判官厅公事"的简称，签书判官厅公事这一官职的前身是"判官"，本是隋朝设置的官名，于使府设"判官"一职。唐朝沿袭之。唐朝明确规定，受朝廷特派临时职务的大臣，可自选一名中级官员充任"判官"，佐理事务。唐睿宗以后，节度使、观察使、防御使、团练使等官员，皆配有一名判官辅助处理事务，可由这位使官自行挑选其信任的人来充任。由此可知，判官是正职官员的僚佐，不是主官。五代时，州府官员的编制中，也设有判官一职，职位权力渐重。

至宋代，赵匡胤吸取前朝教训，为防止出现唐末时藩镇武将专权、皇权旁落的局面，加强了中央权力对地方的领导，赋予判官监督和制约各知州的权力。朝廷对州府编制中"判官"一职的人选做了新的规定，各州判官不再由州府主吏自行挑选，而是由朝廷选派京官充任。京官"空降"到地方充任判官，均冠以"签书"衔，这个官名的全称就是"签书判官厅公事"，省称为"签书判官""签判"，拥有协助知府、知州分治本州（府、军）诸案的权力，与长吏共同签署文书。也就是说，如果有政令需要颁布，光是长吏签署是无效的，必须有签书判官也签字方为有效。可见这是个权力很重的职位，品秩为从五品或六品。元代以后，只有州府设置判官，明清只在州设置判官，无定员。但自元以后，判官不带"签书"衔，也称"通判"。

北宋著名文学家苏轼（苏东坡），在宋嘉祐二年（1057）进士及第后，经过

"三年京察"，于 1061 年授大理寺评事。大理评事并不是实际官职，只是个官阶（现在所谓"行政级别"）而已，但是他以这个"大理评事"的京官官衔，受命担任了陕西凤翔府签书判官厅公事一职（以下简称"凤翔签判"）。凤翔府所辖相当于现在宝鸡市的范围，苏东坡任这个凤翔签判，相当于现在宝鸡市的常务副市长了。可见苏东坡步入仕途的起点是很高的。苏东坡也不负斯名，到任不久即亲自率领民工治理凤翔城外荒废多年的凤起池，清挖淤泥，扩大面积，植柳栽荷，使之成为一个美丽的人工湖，取名"东湖"。这是个造福于民的水利及城市建设工程，至今仍在发挥效益。

北宋著名政治家王安石，进士及第以后，同样带着京官的官衔再被授以"淮南节度使签书判官"，从此开始了他漫长的政治生涯。

以上是关于"签判"一词的解释。下面再谈谈"通直"是怎么一回事。

"通直"，是"通直郎"的简称。通直郎是文职散官的官称，设于隋朝，是朝廷加给文武臣的一种无实际职务的官衔。宋代沿袭之，官阶为从六品官。"散官"与有实际职务的"职事官"相对，职事官有实际职务，散官只享受品级待遇，无实际职务。

我个人认为，在霞美镇发现的这方宋代神道碑，其墓主人侯先生，很可能是一位无实际职事只享受"通直郎"从六品待遇的文职散官，也有可能是因为某种原因，他被授以签书通判却并未实际到任，所以死后才得了个"通直郎"这个没有实际职事的散官官衔。

当然，这只是我个人的解读，未必完全准确，最好能从族谱或墓志铭中找到这位侯先生的生平记载来相互印证。

草于 2020 年 2 月 4 日

2021 年 9 月 15 日修改

乡约正和乡饮宾

2020年，民山村和英东村的乡亲在修葺"瑱官祖祠"时，查阅家谱，发现洪士瑱（瑱官）生前曾任"乡约正"，荣膺"乡饮大宾"称号。

洪士瑱，字伯珪，号复礼，后裔尊称为"瑱官"，翁山洪氏西轩二房第十世。他生于明朝崇祯辛巳年（1641），卒于清朝康熙丙申年（1716），享寿76岁。洪士瑱一生以耐心调解乡民纠纷著称，促进乡亲团结和睦，因而广泛受到乡民的爱戴和尊敬。康熙三十二年（1693），南安知县李延基素仰洪士瑱大公无私，在乡间中有很高的威望，举洪士瑱为乡约正。洪士瑱果然不负所望，竭力调解民事纠纷，连续13年乡中无讼事（没有各种民事纠纷和刑事案件），乡风淳朴，社会和谐。康熙四十五年（1706），李延基升任四川省绵州知州，为表彰洪士瑱的贡献，李延基在离任时赠匾洪士瑱——"一乡善士"。

康熙四十七年（1708），继任的南安知县李承祖把洪士瑱的事迹报奏朝廷，赐"乡饮大宾"，李承祖特赠洪士瑱"硕德耆英"匾额一方，赞颂他高尚的德行。

家谱中关于洪士瑱生平的这些记载，引起了人们浓厚的兴趣，大家在对先辈景仰的同时，更想了解"乡约正"和"乡饮大宾"是官名还是荣誉称号。

那么，这"乡约正"和"乡饮大宾"到底是怎么一回事？

"乡约正"是一个官名。创设于明朝，清朝沿袭之。国家为了维护社会和谐，稳定政权，在基层设"乡约正"一职，主要职责是宣传贯彻"圣谕"（中央颁布的政策），倡议和制定乡规民约，调解纠纷，减少讼事，以达到和睦宗族、淳正民风的目的。这个职位相当于现在乡、镇司法办的调解委员会主任。不同的是，这是一个没有薪俸的官职，主要由以下三方面的人才来充任：一是中了科举而未出仕的人，如秀才、监生、举人；二是做官而致仕（退休）的官员；三是无官职、无功名的乡里长老。这个职位虽然没有薪俸，但地位荣耀。已中科举而未出仕的人，通过担任乡约正，可以锻炼理政的本领和办事能力。致仕的官员因具有较高的威望，受群众拥戴，大都乐意担任。至于无官职、无功名的"白身"人士担任乡约正，则只有在乡里具有很高威望的长者才有可能会被举任，是一种荣耀。

"乡饮大宾"（又称"乡饮宾"）不是官职，是一种荣誉称号。"乡饮"酒礼历史悠久，始于周代，最初只是乡人的一种聚会方式，是乡里举行的敬老尊贤的一种仪式。至清代，变成官方举办的一种荣誉表彰仪式。每年由各州县寻访遴选年龄高的治家有方、内睦宗族、外和乡里、义举社会、威望崇高的人，推荐为"乡饮大宾"，造册报朝廷批准，是一种钦赐的荣誉。县府每年从财政支出十两官银用于举办"乡饮大宾"活动，以弘扬其风节，彰显社会和谐，其声势犹如皇宫举办"千叟宴"一般隆重。时间在每年的农历正月十五和十月初一，县府黎明时节便杀猪宰羊，在明礼堂置办酒筵。届时，乡饮大宾按通知的时辰准时到会，县令率僚属人员提前到礼堂门外迎接，对前来赴宴的大宾行三揖三让礼，入礼堂内升堂后再行拜礼，然后入座。筵席间，县令等官轮番向被邀请来的大宾敬酒，荣耀一时。这种习俗，在当时的社会中起到了表彰先进、弘扬美德的作用。

禄寿院建于何时　九仰山因何得名

忽然暮云起疑阵，翁山夜雨涨秋池。秋雨连宵，夜不能寐，披衣进书房，焚香读史。翻阅《八闽通志》，无意中竟查到两处与英都有关的史料，而且都是之前未能得到准确解答的，甚为欣喜。

一、禄寿院始建于五代后唐的清泰二年（935）

云从古室的前身禄寿院，之前认定的始建时间，都是引自乾隆版《泉州府志》和康熙版《南安县志》，称建于五代后唐，是僧人智绪所建，但未载具体时间。《八闽通志》中的"卷之七十七·寺观"载：

> 南安县
> 禄寿院在县西北二十七都。五代唐清泰中建，宋熙宁八年重修。

这则史料明确记载禄寿院建于五代后唐的清泰年间。清泰是五代后唐末帝李从珂的年号，他在位3年（934—936）。"清泰中"很明显就是清泰二年，即935年。据此，禄寿院有了准确的始建时间，可知云从古室迄今已有超过1080年的历史了。

《八闽通志》还记载，南安县登入此志"寺院凡二十三处，俱存"。这23处含二十七都的西峰延寿院和禄寿院2处。

《八闽通志》成书于明弘治二年（1489），可见，明朝时这两处禅院俱在。

二、九仰山因"众山九面环仰"而得名

九仰山现在属翔云镇所辖的翔山村，古代属于二十七都，名为"九仰乡"，因其地有九仰山而得名。而我多次寻访，当地村民均不知"九仰"是何意思。九仰，群众口语习惯称"九养"，也有称为"斗养"的。

《八闽通志》中的"卷之七·地理"载南安县九仰山：

> 九仰山在二十七都。众山九面环仰，故名。下有石泉院，邑人多于此祈保其父母，又名报恩山。

由此可知，九仰是因九面环山令人仰望而得名的。还因为有一座禅院，常有人到该院为父母祈保平安，故又别名"报恩山"。但这座禅院不是"石泉院"，应为"中峰院"，这是《八闽通志》编撰者之笔误。

九仰山既然众山九面环仰，中间较低的一座峰称"中峰"，所以有了中峰院的院名，流经此地的一条溪流，也称为"中溪"，而现在则音讹为"当溪"了。但我查的许多明清文献，书面都写作"中溪"。"当溪"只是当代的写法。

无意中重翻《八闽通志》，却解决了禄寿院始建时间和九仰山因何得名两个问题。可见，开卷有益真是至理名言。常说读书偶得，其实是必须勤读勤查才会有所得的。

2018 年 11 月 1 日深夜

《楹联全编》中的英都原创祠庙联

笔者在荣星村访得民国年间手抄的《楹联全编》一本，封面署名洪镇邦。全书用毛笔抄写，自始至终为蝇头小楷，非常工整。其内容都是民国时期民间流行的传统实用楹联，全书共抄录春联、行业联、民俗礼仪庆贺联、哀挽联、寺庙联、祠堂祖厝联、民居宅第联等700多副，内容非常丰富。

纵观其联文，多为编辑者收录的历代传统应用联。但从中发现英都"一世祖祠""五世（洪氏家庙）""安后巷"的楹联10多副，应是英都洪氏先人原创，具有研究价值，乃从中录出7副供大家共同分享。

一世祖祠（洪氏大宗祠）楹联：

> 东西衍派光前绪
> 诗礼传家裕后昆

> 矩矱溯高曾四代一堂深云礽忾僾之慕
> 燕贻在孙子两支百世共水木源本之恩

这两副楹联显系我洪氏先贤专为洪氏大宗祠所撰（洪氏大宗祠原址在塘边街后，今镇政府综合办公大楼位置，清末民初倒塌，1996年易址重建于凤宫山），联中概述翁山洪氏四代单传至五世才分支东轩、西轩两派的史实。

五世（洪氏家庙）楹联：

> 解元传胪鸿博第
> 将相公侯郡马家

> 拜春王正月
> 祝天子万年

前者传为清乾隆进士翰林洪世泽所撰。后者传为明万历会元、金殿传胪洪启睿所撰。

民间传说，明朝万历壬辰年（1592），洪启睿进京参加会试，中了"会元"

（会试第一名），之后参加殿试，圣上命洪启睿当殿做出贺春对联，能做几对就做几对，越多越好，但须得每对都带有"春"字。洪启睿当场做出对联："拜春王正月，祝天子万年。"并奏曰："启禀陛下，只此一联颂圣贺春，就可抵一万副了。"原来，孔子在他修订的编年体史书《春秋》中，把周隐公的始年称为"春王正月"。后人认为这是孔子尊王室、倡导大一统的思想体现。洪启睿巧妙地利用"春王正月"的典故，歌颂明朝一统天下，祝愿社稷江山万年。联文言简意赅，对仗工整，实属难得的好联。据传，自此五世祠东轩每年春节都贴有这副对联，可见此联传说为洪启睿所撰是可信的。辛亥革命胜利以后，推翻了帝制，为了歌颂革命成功，下联改为"祝民国万年"。新中国成立以后，就不再写这副对联了。

还有五世（洪氏家庙）"后落"中堂联一副：

> 将相无双品
> 文章第一家

洪氏家庙东轩后落祀有太傅文襄公洪承畴的神像，此联显系专为洪承畴而撰。又，安后巷对联为：

> 安邦励志树勋日
> 后世教民爱国心

此联歌颂这里奉祀的抗倭壮士英勇杀敌的爱国精神。

而另一副长联则证明这里奉祀的抗倭壮士姓周：

> 安其危以安其静，真是壮士
> 后令德而后令名，实乃有周

周壮士是明嘉靖三十九年（1560）在英都霞美趴船山抗击倭寇而壮烈牺牲的，墓葬垵后巷（也写作"安后巷"），后来以墓址为庙，俗呼为"祠公宫"。安后巷这两副联说明周壮士抗倭牺牲确有其事，是实实在在的民间信仰神灵，并非虚无缥缈的"仙"或"佛"。

这本《楹联全编》抄写于"戊子夏仲"，即 1948 年。可以说是集民国之前民间抄传的实用对联之大成，用途广泛且实用。其中收录的洪氏家庙及安后巷等联是英都先贤之原创作品，很是珍贵。今天读来，我们仍然对那些无名氏作者深怀感激之情。

2020 年 3 月 20 日

英都名胜古联撷英

《〈楹联全编〉中的英都原创祠庙联》一文发表以后，有好几个热心读者、楹联爱好者向我询问，除了洪镇邦收藏的那本《楹联全编》中收录的一世祖祠、五世祠、安后巷的几副楹联外，英都还有没有古人留下的名胜对联？这一问，促使我把二三十年来收集的英都古代名胜楹联做了一次整理，现录之如下，供楹联爱好者共享。

云从古室：

> 云深藏古室
> 水净见真人

> 慈云腾古室
> 法雨霈翁山

> 祖从清水垂今古
> 师以真人护国家

> 老翁山秀拱檐前正胜地钟灵云生古室
> 大真人镇安境内有康民阜物泽沛遐方

以上 4 副对联都是清乾隆进士翰林洪世泽所撰。第一联在 1990 年云从古室重建时作为大门联。第四联现镌于祖师殿大厅。细心的读者可以看出，现在的联文只有 13 字，是把原文修改压缩了的，这么一改，把原作中的铿锵节奏和磅礴气势都改没了，甚为可惜。我注意到，这 4 副对联中，第一副和第三副、第四副都出现"真人"一词，而第二联则有"慈云""法雨"，可见云从古室自古就是佛、道合流的宗教场所。而"祖从清水"一词则证明祖师殿供奉的主祀佛是清水祖师。

董山昭惠庙：

　　昭明光日月
　　惠爱普乾坤

　　仁恩沾四境
　　福泽及万方

　　庙向南离明有赫
　　王皆圣巽命用庥

　　人知昭事陈丰洁
　　神有惠心降吉康

　　惠有孚万里戴天皆岳祝
　　仁者寿九州何地不嵩呼

以上五联是清乾隆己酉科举人洪鹏上所撰。"王皆圣巽"一词指出昭惠庙主祀神"仁福王"是圣上封赐的。

宝湖岩：

　　宝殿拟大雄此地无非佛
　　湖源通上海其间即是仙

　　慈悲广运法无边读三昧弥尊三宝
　　色相俱空尘已净洗五香何藉五湖

据传现有宝湖岩的祖师殿是清道光年间芸林村洪龙章重建的。"湖源通上海"一句说的是洪龙章受宝湖岩菩提祖师庇佑，到上海经商、白手起家的传奇故事。这两副对联为当年退休回泉州居住的名宦苏廷玉所撰。

高间宝华殿：

　　高山宝殿真仙境
　　间里华堂不老春

宝华殿在良山村的高间山上，祀神农氏等"九位大仙"，是英都现存唯一的纯道教宫观。"真仙境"一词不仅是歌颂这里的高山峻岭、风光秀丽，还吻合道家宝殿的神仙境界。曾有传说言此联是明进士洪庭桂所撰，但未能确定。

凤山馆：

> 序际小春皆众志同赓不老
> 诞逢二九并乃民祝寿无疆

凤山馆在良山村霞美，是洪承畴故里的一座民俗神仰神庙，主祀神为"池府大人"，即闽南声名显赫的"王爷公"。凤山馆被奉为霞美自然村的当境神庙，其神职功能为捍患御灾、保境安民，每年农历十月十八日是"池府大人"的圣诞日，有搬戏犒将、供筵祝寿等民俗活动，非常热闹。此联记载了这尊民间信仰的"王爷公"神在每年的农历十月十八隆重庆神诞的事。"小春"即"十月小阳春"，"诞逢二九"是说生日正逢农历的十八日。作者佚名。

坂埔"顶点金"大厝：

> 画栋翚飞百世箕裘恢此日
> 层阶鹊起千年国族萃于斯

顶点金大厝是国家重点文物保护单位，是南安市英都镇坂埔古大厝中的代表性建筑，保护完好，厅堂共有原作对联3副，"画栋翚飞"一联是其中之一。虽是一般民居楹联，却写得气势恢宏。在歌颂这栋拔地而起的华丽建筑物时，寄托了家族继承有人、国家与民族繁荣发展的祈愿。作者佚名。

金美奋大厝在英都镇西峰村的尾份自然村，1948年安南同边区地下党组织在西峰村发展地下党员，后来金美奋大厝成为中共西峰支部（也称"溪北支部"）的活动据点，现在被命名为"南安市党史教育基地"。该大厝完整地保存了建筑时原创楹联3副，其中，厅堂联2副，大门联1副。大门联曰：

> 美矣仁里爱居爱处
> 奋乎家业惟俭惟勤

这副冠头联上联写这栋大厝所处的人文环境（仁里），下联则写到主人的愿望和信念（奋建家业须勤和俭）。作者把"美"和"奋"2个性质完全不同的词冠头成联，对仗得如此工巧，堪称撰联高手。作者佚名。

翰林衙：

> 两苑翰林家声振
> 四代儒冠门第芳

老翰林的府衙在民山村"白灰厝"后面，即清乾隆进士、翰林洪科捷的宅第。洪科捷与其子洪世泽同朝在翰林院供职，所以并称"父子翰林"，洪科捷是老翰林。老翰林衙于清末民初圮废，此副对联是英都医院老中医洪艮土先生凭回忆向我提供的。联的作者是洪世泽。

洪世泽还撰有南安县文庙对联一副：

> 佳山水面拱一楼潮映金鸡云生紫帽
>
> 大文章首开八郡贞元虎榜昭代鸿儒

此联体现了洪世泽联作气势磅礴的一贯风格，上下两联的下半部分都采用联中自对的修辞方式。"潮映金鸡""云生紫帽"色彩绚丽而波澜壮阔；"贞元虎榜""昭代鸿儒"则傲视八闽而气吞山河。尽展南安文苑雄风，堪称杰作。

洪世泽官至翰林院检讨，但他无意在朝任官，与父亲一起辞职回乡，终生教书育人。他在丰州书院任山长（校长）时，曾作一联挂于书院抱柱上：

> 溯遗泽于当年，石井金溪百代渊源如昨
>
> 奉宏规于曩哲，鹅湖鹿洞千秋矩矱常新

联中的石井是安海的古地名，金溪即丰州九日山下的金溪港。上联说当年朱子曾在安海、丰州讲学，好像都是刚刚发生过的。鹅湖书院、鹿洞书院都在江西，都是当年朱熹曾经讲学的地方。下联说遵奉以前圣人朱子制定的规矩，尽管历经千年，还是很好地保留了下来。洪世泽不愧是长联圣手，这么题材宏大的长联，不但对仗工整，而且节奏明快，读之令人精神振作，对古圣先贤顿生敬仰之情。

洪世泽的父亲、老翰林洪科捷也是撰联的妙手，下面是洪科捷与乾隆皇帝合作的一副对联：

> 香引丛花风入座
>
> 影移疏竹月当窗

洪科捷在翰林院供职时，有一次，乾隆帝秉烛夜游，路过洪科捷书斋窗前，脱口吟出"影移疏竹月当窗"，洪科捷一听，知是皇帝出下联征对上联，乃高声朗诵对之曰："香引丛花风入座。"乾隆皇帝听了抚掌大笑，连声称妙。洪科捷这才开门把皇帝迎入书斋，然后行礼茶叙。这是一对充满诗情画意的即景联，虚实对仗都很工整，难怪这皇帝老爷子连声称妙。

王鼎九的诗集《翔山樵唱》

　　我从网上发现一篇介绍民国翔云诗人王鼎九及其诗集《翔山樵唱》的文章，浏览文中所选诗作，觉得作者不但才华横溢，而且充满着动荡岁月里去国怀乡、忧国忧民的家国情怀，使我产生了强烈的进一步深入调查的动机。近日，我在翔云商会卓国栋会长、梁开民秘书长的热情支持和精心安排下，到翔云镇进行了一次仰贤寻诗之旅，由于诸多王氏宗亲热情提供线索，得以亲睹诗集原貌，才有了这篇介绍调查成果之短文。

　　王鼎九（1904—1942），名家贤，字鼎九，自号翔山樵者。翔云金柄（今南安市翔云镇金安村）人。他的祖先王玉书是清嘉庆中的贡生，属于书香名门之后。王鼎九自幼聪慧过人，少年时在家乡受过私塾的启蒙教育，成绩特别优秀，后来毕业于厦门中华高级中学。他的伯父王台奎对这个聪颖过人的侄儿寄予厚望，说："家贤侄，吾家千里驹也。"

　　王鼎九出身于翔云山区，对翔云家乡山水有特别深厚的感情，他在《翔山樵唱》的自序中说，"余家翔云山，少好樵苏，因以为号"，故自号为"翔山樵者"。他曾漂泊游历东南亚诸国及当时被日本据为殖民地的我国领土台湾省，后来应聘回乡，担任翔云国民学校校长，之后，任翔云联保主任，上任不久即逝世，当时是1942年，终年39岁。

　　《翔山樵唱》成书于1938年，是在钢板上手工刻写蜡纸后油印的印刷品，印数多少不得而知，现在只发现一本，可谓硕果仅存。书前有他在厦门中华中学读书时的老师王连元、伯父王台奎为诗集出版而撰写的序言各一篇，以及王鼎九自序一篇。正篇共选录王鼎九自撰的五言、七言近体诗288首。附录则收录了他的同学、师长、挚友步韵唱酬的诗及宗亲长辈的诗选，共186首。

　　这是一本经过作者精选的诗集，个人诗作将近300首。在近代南安，个人诗作有如此丰硕之成果者尚属罕见。据王九鼎的孙子王建乐介绍，他祖父留有三个小铁箱的文档，都是诗稿、书简及游历东南亚诸国、中国台湾的笔记，但在"文革"中全部被"处理"掉了，所幸保存了此本诗集，应属孤本。

王鼎九的诗集始终贯穿着对家山美景的真情赞颂："莺歌婉转来幽谷，螺黛欹危倚碧霄"（《春山》），"牛羊嬉草地，鹭鸭逐蓬池"（《春日龙须岩前晚步》），"归鸦点点影迟迟，风刮翔溪起皱眉"（《山上》），"点雪飞来明只鹭，迷烟凝合梦双鸥"（《秋阴》）。作者笔下的翔云山乡梦幻般的农家风景，令人心驰神往！

然而多才多情的王鼎九生不逢时，美丽河山他不能够及时行吟。民国初年，地方军阀的割据、列强的入侵、日寇的横行，无不使他痛切在心。"耽耽逐逐进吞哉，封猪长蛇荐食来。海上九州由宰割，中原五族尚徘徊。（《国耻》）"，"五卅深仇继五三，五三五九总难堪。谁云同种宜亲日，偏是优柔竟喂蚕。（《五卅纪念》）"，都是他对列强入侵中国的愤怒控诉，从及对国人之不团结奋起抗争的哀痛。面对福建军阀割据的内乱，他痛心疾首："如斯内乱总堪忧，涂炭家山满眼愁（《有感》）"，"谁将家国权轻重，收拾哀鸿遍地声（《有感之二》）"。他痛斥军阀"同室阋墙偏有力，挥戈指日竟无才（《怕死》）"，疾呼"民族战争惟对外，武臣惜死是罪魁（《怕死》）"！一颗忧国忧民的赤心跃然纸上。而《告别》一首，更是表达了他期盼中华民族国魂重归的殷切希望，读罢怎能不为之动容：

年来国是已全非，遍野哀鸿总泪挥。

安得斯民齐努力，同声共唤国魂归。

王鼎九曾为贫困所迫，辗转东南亚诸国及我国的领土台湾，每到一处都有吟哦，尤以在中国台湾期间的诗作最强烈地表达了他的爱国情怀。当时台湾被日本霸占为殖民地，才到澎湖列岛，他就面对"浓雾生台峡，寒潮挟海鸥"，发出"双腔亡国泪，满耳病夫歌"的悲叹和"何日东征是，兴师指鲁戈（《船入澎湖》）"的追问。面对日寇铁蹄蹂躏下的台湾省，他深感国耻在身，喟然长叹："烽烟缭绕遍台湾，客子登临有厚颜。"面对台湾那一小撮媚日汉奸的卖国行径，他痛骂"懊恼张松犹卖国，怪他秦桧弃重关"，仰天喊出"山河何日唱刀环"的天问！面对当时的台湾形势，他认为："国仇种种宜呵护，民气层层赖奋兴。"我们今天读来，仍深有同感。

《翔山樵唱》中的《贺梁其华新婚》一首，是这本诗集中唯一的一首词，作者未署词牌，疑为他的自度曲。这首词使我们看到了作者的文风不仅有忧国忧民的深沉悲慨，还有轻松浪漫和温馨柔情：

良宵短，漏将残，夜将阑。此际温柔乡，觉暖不知寒。

好姻缘，两情欢，帐罗里，倒凤颠鸾。侍女频呼香梦醒，日三竿。

王鼎九堪称才华横溢的青年诗人，他虽然只有高中毕业，但他深厚的国学功底尽在诗中显现出来。尽管他一再谦称自己的诗是"效巴人学唱","皆庸俗俚语之词",但我们从他的诗中看到,咏物述事用典精当且不失平白流畅,倾情赞美家山但不堆叠华丽辞藻,抒发家国情怀忧愤而没有颓废消沉之声。他驾驭语言的能力非常娴熟,令人敬佩。这绝不仅仅是因为他"少年聪慧过人",更是他勤奋攻书努力的成果。他自幼体质不好,"疾病缠绵",但嗜书如命,一看书精神就上来了("爱把群书读,精神疲倦来")。他为诗为文精工炼字,从不人云亦云,提倡"词须由己出,语必谢人云(《作文》)"。故而他的诗词清新脱俗,独树一帜。

天妒英才,王鼎九的人生是短暂的,但他为我们留下了一笔相当珍贵的文化遗产,他那去国怀乡的浓浓乡愁乡恋,忧国忧民的深深家国情怀,都充分沁透在他诗词的字行间,历经岁月磨洗,如今依然光彩夺目。

注释:

[翔山] 翔云山的总称,泛指翔云山乡,并非现在的翔山村。

[封猪长蛇] 大猪和长蛇,比喻贪暴者。

[五卅] 1925年5月30日,上海学生两千余人在租界内集会抗议日本资本家镇压工人罢工并打死工人顾正红,被英国巡捕逮捕100余人。下午万余群众聚集在英租界巡捕房门外,高呼"打倒帝国主义",英国巡捕竟开枪当场打死13人,重伤数十人。这就是震惊中外的五卅惨案。

[五三] 1928年5月,日本军国主义以保护侨民为名,派兵进驻济南、青岛等地,准备用武力阻止国民革命军北伐。国民革命军5月1日攻克济南,日军于5月3日派兵侵入中国政府所设的山东交涉署,枪杀交涉员蔡公时及交涉署全体职员,在济南城内肆意焚烧屠杀,此案中中国民众被焚杀死亡17000余人,受伤2000余人,史称"五三惨案""济南惨案"。

[五九] 1915年5月9日,时任中华民国大总统的袁世凯经与日本105天的谈判和周旋后,被迫接受日本提出的"二十一条"。条约签订后,全国教育联合会决定,以每年的5月9日为"国耻日",警励国民毋忘此日,誓雪国耻。

[阋墙] 兄弟相争,引申为内部争斗。

[挥戈指日] 挥舞兵器,赶回太阳,形容英勇战斗,力挽危局。

[鲁戈] 鲁阳挥戈,意为力挽危局,典出《淮南子》卷六。

[刀环] "刀环"是"还归"的隐语,典出《汉书·李陵传》。

【附记】在写作本文的调查过程中,我得到翔云镇各界人士的大力支持和积极配合,其中,梁开民、王振利、王海滨、王为乔及王鼎九的孙子王建乐诸先生，或参与跋涉调查，或致电提供情况，或提供珍贵史料。谨此致谢！

王鼎九的诗集《翔山樵唱》

2019 年 10 月 11 日

林东海与英都的诗缘

惊悉林东海先生化鹤归仙，我非常震惊，不胜嗟叹！虽说生老病死是人之常情，然想起林先生在世时豪放豁达的风采，我一直认为他是棵常青树，突然听说逝世，心里确实无法接受。连他那爽朗的声音，都觉得还在耳边萦回。

我和林先生的交往，纯属工作关系牵引。

1990年，我和洪水林、洪瑞火等君参与洪瑞生先生的《翁山谱志》编辑工作，洪瑞生出示一首署名林东海的七绝《忆英都旧游》，是由林东海在南安一中读书时的语文老师陈德芳老先生提供的，拟收录于《翁山谱志》中的"文化风土志·文艺篇"。我和水林、瑞火都不识林东海，但常常听到陈德芳先生的介绍及对得意门生的夸奖，早已心仪。林东海的原诗如下：

《忆英都旧游》

（丙寅冬月于北京）

三十年前，偕友人尝游英都素月孤洲，仰望英山，以其钟灵毓秀而肃然起敬。追念旧游，感而赋诗。

英山岳立最风流，

博得声名满海陬。

丹穴桐花飞彩凤，

碧溪月色照扁舟。

岂无文教传三统，

自有雄才散九州。

人杰物华能两盛，

汗青载誉足千秋。

素月孤洲，地名，在英都镇良山村下库溪边，相传是当年洪承畯隐居的地方，以风光秀美著称，向为文人墨客游赏吟啸的题材，"碧溪月色照扁舟"一句即指此。彩凤，是指凤山，又名"凤宫山"，即英都俗称的"洞后寨"。

当时，我们都被诗作豪放与浪漫的艺术感染力震撼了，觉得是看到的歌咏英都的诗作中最精彩的一首。诗写于丙寅岁，即 1986 年。距林东海"英都旧游"已经整整 30 年了。

1956 年暑假期间，一群风华正茂的文学青年蓬头跣足到英都游玩，跑遍了洪氏家庙（当时还是南安三中校舍）、云从古室、素月孤洲等地。其中就有一个南安一中的学生林东海，他是被同学邀来英都游玩的，天生诗人风骨的林东海，一下子被英都特殊的人文风采吸引了，脑海中留下了深刻印象，竟至于终生魂牵梦萦。真所谓一次邂逅，终生眷恋。

陈德芳老先生与洪瑞生过从甚密，我们才能从他手中得到这首诗。这首诗既不是我们约稿，也不是公开发表，纯属林东海对英都之游发自肺腑的由衷礼赞。睹诗而想及人，我们当时很想一睹这位诗人的风采。

1997 年金秋，听说林东海先生回南安省亲，即通过陈德芳先生邀请他到英都重游，由时任南安人大常委会主任的英都乡贤洪本地陪同，参观了已经重建的焕然一新的洪氏家庙，走访了云从古室、溪益馆等名胜，当晚由几位乡贤陪同，在洪氏家庙设宴款待，吃的都是农家菜。席间，由英都的风土人情、光辉历史谈到乡村建设、工贸兴镇等，林东海言谈之间，一再表露出对英都历史上人文盛况的景仰之情。宴毕，我笑道："林老师今天这顿饭不能白吃，应该给我们写点东西吧。"早就有人在五世祠西轩大厅长案上铺开文房四宝侍候。林东海也不推辞，沉思片刻，挥笔写下七绝一首：

《四十年后重游英都得句》
翁山秀色化英才，
绿耳腾骧得得来。
今日重游思仰止，
森森棫朴望崔嵬。

诗中的"绿耳"是古代的骏马，传说为周穆王的"八骏"之一。腾骧即飞跃、奔腾，语出张衡《西赋》"乃奋翅而腾骧"。"得得"，自然而然。"棫朴"是诗经《大雅》中的篇名。棫和朴都是丛生的树木，意谓根枝密，共相附着，后来用以比喻人才众多。

诗中充满着对英都古代人文辉煌的钦敬，也寄托着对当代英都人奋进再创辉煌的殷切期望。我在现场看完诗感慨良深，即步其韵奉和一首：

《奉和林东海老师》
翁山神秀毓英才，

> 凤鸢鹰飞跻春台。
>
> 今日狻猊重抖擞，
>
> 立功建业遍天涯。

凤、鹰即凤山、英山，借指英都儿女。狻猊，是古代对狮子的别称。和诗写得不好，只是表达了当下英都儿女正在乘改革开放的东风勇闯天涯，这只醒狮充满活力，精神抖擞，努力奋进，前景可待。

这次英都见面，我和林东海便有了交情。之后，他每回乡省亲，都告诉我，或会面，或电话，彼此互道珍重。

2002 年，他回南安过元旦，当时农历还是辛巳岁的冬季。他推掉许多邀约，抽出时间答应我再到英都一晤。1 月 6 日，我借得申鹭达公司轿车，往榕桥林宅接林东海及其夫人刘雅英，陪他参观重建的英都董山昭惠庙、修葺后的溪益学馆、新建的石泉禅院等名胜，林先生对这些文化胜迹的碑文、楹联非常重视，深表赞赏。到了溪益馆，我又说，"林先生此番来溪益馆可不能无字"，林东海呵呵大笑说："榕光你先别出难题。"我说"知汝胜任"。随后，他写下了七绝《题溪益馆》：

> 山中石屋满书香，
>
> 武略文韬此发扬。
>
> 勋业开清称第一，
>
> 至今四海说文襄。

"勋业开清称第一，至今四海说文襄。"说得太好了，非常精当，14 字胜过许多鸿篇大论，无可辩驳！这首诗我与洪宗贤先生商量，做了一座诗碑立在溪益馆前。过了两年，他重游英都，我们很高兴地在诗碑前合影。

和林东海最后一次会晤，是在 2009 年 11 月中旬，他和他的助手、人民文学出版社古籍编辑宋红一起来闽南开展"闽南语诗词吟诵"调研活动。其间，他和我联系，说要来英都采风、调研，还要录音。我说"英都人讲话有'内山腔'，不具备代表性，不登大雅之堂，岂可录入档案"，林东海说"各有特色，兼收并蓄"。于是我在洪氏家庙接待了他和宋红一行，约了洪壬水、洪由来等几位古诗词爱好者一起座谈。林先生说，南音入了世遗，闽南语诗词吟诵也应该申报世遗。我从他的谈话中了解到，他已经进行了好几个月的调研活动了，跑遍了厦、漳、泉三地。我们用英都的"土话"吟诵了几首五言、七言古诗，宋红录音、记录。

没想到这次愉快的合作，竟成了我和林东海老师的最后一次会晤。

2003 年，我的住宅翻建，他为我题写了厅堂的堂号——木龙堂。他说，黄山谷先生以榕树为木中之龙，以木龙为榕光之堂命名。当年正值北京"非典"肆虐，林东海先生在那时候为我题字，万里飞鸿寄来给我，我特别感激。他给我书写的书斋自撰联，现在也还挂在我的书斋墙上。

昨日，我突然接到人民文学出版社在其官方微博上发布的林东海先生逝世的讣告，思绪万般，即成七绝一首《遥送林仙西行》：

> 忽闻微博报哀来，
> 东海林君赴夜台。
> 北望京华思仰止，
> 等身著作永崔嵬。

林东海先生悄悄地走了，留下了他对英都的深厚感情，留下了他爽朗的音容笑貌，留下了他丰硕的研究成果。我在他的家乡南安向北遥望，默默祝他化鹤飞翔。

2020 年 4 月 23 日急就

发现林昌如佚诗：洪承畴事清咏

笔者在英都洪氏家庙管理委员会发现林昌如手书咏洪承畴七言绝句一首。据管理人员回忆，该诗作于 1997 年 12 月，是林昌如先生与一批文史界专家学者访问英都时，在洪氏家庙应洪氏宗亲人士邀请座谈时即席所赋并书写的。诗的全文如下：

> 喜听南北百家鸣，
> 亨九光辉融国情。
> 班马如知当笑慰，
> 汗青可以正其名。

> 洪承畴事清咏
> 林昌如未是草

林昌如（1935—2001），南安榕桥人。1951 年参加中国人民解放军，1955年复员后先后在泉州市委讲师团、宣传部、党校、政协等单位工作，1996 年从泉州市政协文史委员会副主任职务上退休。他一生潜心地方史及中华传统诗词的研究工作，是中华诗词学会会员，福建省诗词学会理事，倡建泉州市刺桐吟社。生前出版有《文圃撷英》，还历时 4 年选注前人诗词，编著成《泉州千家诗》，在《泉州晚报·海外版》连载 100 多期。逝世后他的挚友林中和等将其遗稿结集，出版了《林昌如诗文集》，共收入林昌如诗词 300 多首，文章 160 多篇。著名唐诗学者林东海在序言中称他"由入门而升堂，出身行伍而厕身文林，居然活跃于泉南文化领地"，"斐然有绩，文旌独树"。

"南北百家鸣"一句，是指 1991 年王宏志著的《洪承畴传》出版后，我国史学界的明清史专家学者纷纷发表学术论文，各抒己见，出现了客观公正评价洪承畴的百家争鸣的活跃局面。"亨九"是洪承畴的号，洪承畴名承畴，字彦演，号亨九。东汉史学家班彪认为《史记》所记史实止于汉武商太初年间，乃收集史料，作《后传》65 篇。班彪死后，年仅 20 多岁的儿子班固整理父亲遗稿，继承父业，完成接续《史记》的巨作《史记后传》，继而又修《汉书》，未完成而逝。最后由班固的妹妹班昭及马续补充完成。诗中的"班马"一词，即指班彪父子、父女及马续等，这里借指编纂史书的人。古代没有纸，人们在竹简上记事，先以火烤青竹，使水分像汗一样渗出，以避免虫蛀，故称"汗青"。后人以"汗青"指完成的著作，也以"汗青"借指史书。

不久前承王赎回先生惠赠《林昌如诗文集》一书，笔者遍查书中所载绝句232首，均未见《洪承畴事清咏》一诗。《林昌如诗文集》一书，是林昌如逝世后他的挚友搜集其遗稿编纂而成的。笔者认为，林先生当年在英都洪氏家庙作此诗属于现场即席口占，题写后并未留底稿，后人在编纂《林昌如诗文集》时当然不可能收录到。现在看到林昌如的佚诗《洪承畴事清咏》，可以说是遗珠重现。

林和胜与《英都乡讯》的诗缘

2020 年 1 月 9 日，林和胜同志匆匆地走了！他以对生活的无比热爱、对家山的无限深情、对工作的敬业认真，在 86 岁时画上了一个圆满的句号，从容地走完了平凡而丰富的一生。

我是在当日下午听到林老先生逝世，并将于 1 月 10 日出殡的消息。当晚，我即撰写挽联一副，并得到友人洪海龙的大力支持，连夜赶制成一轴精美的挽幛。联文为：

> 赤诚招诽谤　劫后文章多警句
> 苍天不负君　阶前兰桂有奇芳

我与林和胜同志相识于 1956 年，算来已是 63 年的挚友了，其间虽然各有际遇不同，林先生在 1957 年因"历史的误会"受到不公正待遇，而我则在"史无前例"的那场急风暴雨中受到冲击，但彼此赤诚之心及热爱工作、热爱生活的情愫始终不变，心灵相通。本来许诺 2020 年春节过后共品诗文，不料竟成永诀，悲恸之情难以言表，挽联撰成之后，又赋七绝一首：

> 惊闻挚友林和胜同志逝世
> 黯淡冬云月色昏，原来噩梦不堪闻。
> 诗翁化鹤登仙去，哀雁徘空犹哭君。

次日上午九时，当我驱车到达柳城榕桥三堡村林家住宅时，简朴的悼念仪式即将开始，主持人将我敬献的挽联挂在灵堂右侧，林先生的儿女依次和我握手，彼此无语相对，潸然泪下。

挽联中"阶前兰桂有奇芳"之句并非阿谀之词。林和胜同志家风严正，儿女们有的成了科学家，有的是公务人员、人民教师，都在自己的岗位上为社会做贡献，老先生可以瞑目矣！

林和胜 20 世纪 50 年代在南安县教育局工农教育股供职，从事农民业余教育工作。他曾多次来英都培训民校教师，指导农民识字学校（以下简称"民校"）的教学活动。80 年代退休后又积极参与《南安县教育志》的编纂工作，并多次到英都调研英都镇的成人业余教育工作。他和英都有着特殊的感情，对英都的深厚历史文化情有独钟。这些感情，都在他的诗作中有着充分的流露和表现。

1990 年，洪瑞生主持修纂《翁山谱志》，林和胜有机会先行阅看了其中许多篇章，兴奋之余，题七律一首相赠。

读《翁山谱志》有感

古今无愧号金英，代出贤才博晋京。

韬略经纶盈盛誉，衣冠品第盖崇声。

遗风竹帛碑通史，气派祠联传世名。

朝顶云天相奋翼，腾蛟起凤赛航程。

2000 年 5 月，我主编的小报《英都乡讯》创刊，林和胜先生每期必看，他充分肯定乡讯小报的办刊方向，并经常提出改进意见。2005 年 5 月，《英都乡讯》创刊 5 周年，他高兴地赋诗祝贺：

咏《英都乡讯》创刊五周年

英都沃壤萃奇葩，竞秀争芬日益嘉。

放眼壮观高一树，寻常百姓笔生花。

2003 年，南安市举办开清重臣洪承畴学术研讨会，这次研讨会客观地评价洪承畴一生的功过是非。林和胜听此消息，随即赋诗一首投给《英都乡讯》报发表：

文韬武略一精英，通史存资赋令名。

毁誉罔闻因易服，兴衰明辨孰离经。

厉兵秣马显身手，挂印封金出帝京。

赫赫元勋终负重，松山功罪考明清。

为南安市举办洪承畴学术研讨会而作

2005 年冬，我制作的诗联画"英都名胜"风光挂历问世，该挂历一洗当时挂历外域风光、明星美女、名车名模泛滥之风，将家英都美景融入挂历，令人耳目一新，勾起乡愁乡恋，深受在外的英都乡亲喜爱。人们不知道，这本挂历是在林和胜先生建议和鼓励下才问世的。当他看到挂历时，连称"精美""不同凡响"，并赋诗一首：

七绝颂《英都风光》挂历

许多挂历附风光，古郡翁山独颂扬，

胜迹悠悠连岁序，是诗是景著名乡。

林和胜对英都水暖阀门产业也十分关注，并热情讴歌。2010 年，我创建的"水暖阀门网"上线，他虽然不懂得上网，却通过《海西水暖》纸质月刊，不断关注、了解该网内容。当年 7 月，他到访我的工作室（当时名为"国香工作室"）即席赋诗一首：

赠水暖阀门网

英都水暖品牌优，国色天香馥九州。

天宝物华传四海，地灵人杰遍寰球。

与时俱进以科学，随地双赢善运筹。

廿万大军真抖擞，阀门网上见风流。

在这首诗中他高度评价了南安阀门大军的拼搏精神。其中，"廿万大军真抖擞，阀门网上见风流"一句，可称警句，谁能想象这气势磅礴的诗句出自八十老翁之手！

林和胜同志多次把他的诗作投给《英都乡讯》报，这些诗作都流露出他对改革开放的拥护，对生活的热爱。如 2002 年春节他写的《咏马年》一诗：

天马行空何所夸，值年奋力振中华。

千钧巨鼎轻轻举，万道雄关步步跨。

春雨无声细润物，惠风有韵着新花。

煎茶煮酒话生趣，山染胭脂水染霞。

"山染胭脂水染霞"，他用色彩绚丽的诗句，描绘了改革开放后人民享受美好生活的崭新面貌。

林和胜晚年诗词创作热情高涨，著作颇丰。他还担任了《武荣诗刊》的编辑，是南安诗词界一位受人尊重的老诗翁。他的逝世，不但是南安诗词界的损失，也使英都失去了一位老朋友。特作此文纪念，愿他在天堂之上继续豪放高歌。

洪祖珍的诗和联

夜来整理田野调查的笔记、资料，偶然翻到洪宗贤先生生前向我提供的其父洪祖珍作的对联。因而想起，应该写一篇短文，把现在仅存的洪祖珍先生的诗联介绍一下。

洪祖珍（1906—1974），南安市英都镇荣星村资元自然村人。他是翁山洪氏东五房的裔孙，出身于书香门第，少年曾受过私塾和现代小学教育，以农为业，耕读传家。他的儿孙中，有多人从事教育工作，并且是很优秀的教育工作者，儒素之风代代相传。著名华侨诗人洪成琳的诗词，也是经洪祖珍先生悉心收集才得以流传下来的。

洪宗贤是洪祖珍的二儿子，在一次茶叙中，宗贤老师向我提供了 20 世纪 50 年代洪祖珍旅居印度尼西亚期间，在印度尼西亚华文报纸《生活报》的一次征联活动中夺得一等奖的事。印度尼西亚《生活报》的征联出句是下联：

溪边榕倒影，鱼游树上鸟穿波。

洪祖珍对出的上联是：

天际阁凌云，月在檐前星挂壁。

出句以榕树倒影在溪中，造成鱼在树上游、鸟在波浪中穿梭的浪漫景象，给对句造成很大的难度。而洪祖珍轻松就对上了，且对得很工整：远远的天边有高阁凌云，难怪会觉得月亮就在檐前，星星挂在墙壁上呢！洪祖珍这一对联堪称妙对，在印度尼西亚华人中传为佳话。

经整理，现存洪祖珍近体诗 10 首。其中，七绝 8 首，五绝 2 首。

七绝 8 首，总题目为《哀挽先三叔父》。选摘 3 首如下：

违教于今卅载余，

缅怀遗爱恸何如！

讵知一别长终古，

莫遂家山共隐居。

宅心道义概平生，
四海郊游以信诚。
笔墨堪传垂后世，
文章清望著乡评。

凄凄风雨杜鹃哀，
遥望招魂隔夜台。
此后若教谈古调，
更无长者赏音来。

这是洪祖珍为他的叔父洪成琳逝世于金边而写的吊亡诗。诗中不但高度评价洪成琳的诗文，还表达了对三叔逝世的无尽哀思。

五言律诗2首的题目是《勉宗贤儿肄业仙游师范》。全诗如下：

吾家本儒素，遥溯继书香。
壮志凌云起，青春励日长；
嗟予渐衰老，望你奋腾骧。
邦国需才急，灌培拔栋梁。

负笈匆匆去，登车百里程。
临行无别语，告励转多情；
勤苦心莫懈，攻研业愈精。
宁看成变化，头角露峥嵘。

1954年甲午花月望日

这2首五言律诗是洪宗贤前往仙游师范学校求学时，洪祖珍为他送行而作的勉励诗。诗中表达了父亲期待儿子奋发读书、早日成才、为国家建设服务的愿望，殷切告诫之情溢于言表。

洪祖珍是个普通百姓，他写诗只为抒发感情。他的诗平白流畅，质朴无华，没有任何华丽辞藻或生造之词，非常可贵。他和三叔洪成琳遥隔万里，鱼雁传书，时有唱和。可惜，他写给洪成琳的诗，都湮灭在柬埔寨20世纪70年代那场浩劫中而无从稽考了，珠沉沧海，这损失永远无法挽回！

屏风和祝寿屏文

我收到东田镇蓝溪村黄印级先生发来的微信，内有图片 8 幅，是一组黑底金字长条形状实物的照片，因年代已久，实物有不同程度的损坏，文字残缺。黄先生说，这是一些单片的木质构件的照片，据传总共有 10 片，已损毁失落 2 片。他向我询问这是何物，文章有什么意义。

我经过反复辨识，判定这是一套木质屏风的组件（不完整），文字内容是侄子领衔为伯父 70 岁大寿撰写的祝寿文。这是一种专为长者祝寿而特别制作的屏风，称为"祝寿屏风"。这种作为礼物的屏风，制作精良，工艺考究。从黄先生提供的照片来看，这套屏风是用黑色油漆打底，工整的楷书文字全部鎏金制作，上下端都有很精细的吉祥花卉及"万字不断"图案。很可惜，由于构件残缺，无法复原了。

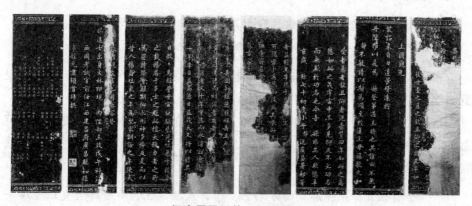

祝寿屏风组件（不完整）

屏风是中国传统的家具，一般陈设在室内厅堂等显著位置，用来挡风或隔断视线，分隔空间，兼具实用和美化空间环境的作用，与室内的家具浑然一体。设置屏风，是中式家居的一种装饰手段。近年来，家居界大兴复古之风，屏风因是中国建筑的传统家具而大受欢迎。

屏风有单扇和多扇两种。单扇的下面有座，一般是不可移动的。多扇的屏风可折叠、可移动，有双扇的、三扇的、五扇的，以及六扇、八扇、十扇的，甚至更多。

屏风因兼具实用和装饰的功能，被注入了丰富多彩的文化内涵。它既有山水、花鸟、飞禽、走兽的各种画图，也有古典诗词、名家书法，展示各种各样的艺术风格，家居环境的美化和丰富的文化内涵相得益彰。

屏风用之作为祝寿的礼品，可能风行于清代。最著名的是康熙皇帝庆祝60岁大寿时，他当时在世的16个儿子、32个孙子一起献给他的祝寿礼物——一套大型屏风。这套屏风共由32扇组成，堪称我国"屏风之最"。这套珍贵的祝寿屏风用紫檀木做边框，正面有黄色绸缎做底，还有儿孙们的祝寿诗及各种不同书写形式的一万多个"寿"字鎏金彩绣，故又称"万寿屏"。这件国宝经过精心修复，现为故宫博物院所藏。

黄印级先生提供的不完全屏风组件，就是一套祝寿屏风。黄先生介绍说，屏风的主人翁名叫黄乔亭，他在庆祝70岁大寿时，远在江西省广昌县任知县的宗侄黄允肃特地撰写祝寿屏文邮寄回乡，然后众子孙及至亲叔侄、姻家亲眷等联名制作了祝寿屏风，为黄乔亭祝寿。经过290多年风风雨雨，这套屏风已破损、残缺。从其中的片段文字可知，黄乔亭是一位德高望重的长者，祝寿屏文上说，他虽然无功名，却深受族人爱戴和景仰，完全不逊色于有功名者：

> ……后世爱者慕者，钦且仰者。从旁赞曰：年如此之高，德如此之茂，宇宙中不多见。抑又不必功名而无歉于功名也。

查民国版《南安县志》，知黄允肃是雍正元年（1723）恩科进士。屏文中提到"辛亥岁"黄乔亭"七十初度"，此辛亥岁即雍正九年，公元1731年。

这是我调查到的一套有屏风实物但文字残缺的祝寿屏。有趣的是，我在英都的翁山洪氏文献中发现一篇完整流传下来的祝寿屏文（屏风实物失存），它就是《兴业公八十屏文》，全文如下：

> 余自仕官归来，游览四方名胜，睹其人物风土，自缙绅大夫以至学士众矣，未有敦本恤人、礼贤好善如翁者。余闻而慕之，是以求缔于翁。嗣而适英，行观贵祖祠，皆翁所董建，而乃考入焉。且询期行事，有功于族人，为族人所拥戴，余不禁愈益欣然也。兹值姻翁八十初度，英人有求文于余者，安得不为翁颂之。翁弱冠，即游泮于国初文宗闱，日与其叔陟老先生，共相切磋，晨夕砥砺。叔虽登第，而翁不售，未尝不为世所推重焉。翁为人慷慨豪雄，有文武兼优，治乱咸宜之略。甲寅山贼蜂起，四方骚动，

郡县几摇。独翁能以一书生呼族人，解数万贼围，而族获安。复率先同官兵救安邑，使贼众消遁，而晋南一带，亦闻风宁息，不被寇灾。提台闻之，金牌嘉奖；道台义之，详部题衔。其功德在人，不必为世所知，吾意冥冥中自有默庇于无穷也。因历风霜，致仕不试，延师课子，礼义世所莫及。凡四方人士来英者，皆款洽备至，悉命二子与同笔砚，是以长君采芹南邑，次君食饩永宫，虽未扶摇几万，而已有奋翮冲天之势矣。尤难及者，不但喜子弟读书，且喜他人子弟读书。见里中有幼而好学者，即力褒嘉之；有愤悱能反者，即示以就贤师。无论亲疏，入其馆咸劳来匡直，有加无已。是以数年来，英中书声大振，皆翁奖劝成之。翁有此美德，宜乎五福毕集，九如兴歌，芝兰竞芳。欣瞻一堂四世，舞衣戏彩，喜逢双亲齐年，将追对廷之岁，何逊钓渭之期，行见儿曹联登，曾孙鹊起，翁将优游杖履，以观封诰之及，非虚誉也。其救世好善之报，有可以预知之耳。

赐进士及第、文林郎、湖广武陵县知县、年家姻弟李为观顿首拜撰

大清康熙乙酉年

兴业公名洪宝基，字伯珍（1625—1717），兴业是他的号。英都人，秀才出身。因母亲卧病在床而放弃继续求功名之路，在家守孝侍亲。康熙十五年（1676）他组织乡兵歼灭来犯英都的山寇。康熙十七年（1678），他又率兵出击围困安溪县城的山寇"白头贼"，解安溪之危，朝廷赐匾"保乡匡国"。他享寿89岁。

黄乔亭的七十祝寿屏风和洪宝基（兴业公）的八十祝寿屏文的发现，可以证明在清代南安民间用祝寿屏风作为贺寿的礼物之风已经流行。这是一种带有时代印记的文化现象，特撰此文记之。

2022 年 9 月 2 日

洪世润一墓两篇墓志铭是怎么一回事

2020 年之冬，有网友向我报料，说在霞溪村曾发现两方墓志铭，这两方墓志铭同属于一座清朝古墓，墓志铭记载的是同一个人的生平。这事引起了我的重视，一墓两墓志，此中一定有什么故事。

经一番寻访，这两方墓志铭已被民山村一位热心地方文化的人士收藏。我根据报料人提供的墓志铭照片，和收藏者收藏的墓志铭实物核对辨别。二方墓志铭实物均属基本完好，绝大部分字迹可以清晰辨认，仅个别字较模糊而已。我抄录下来，并将其中的古文词语进行翻译，终于把一座墓拥有两篇墓志铭的来龙去脉及墓主人的身世都厘清了。

墓主人洪世润（1718—1789），清乾隆进士、翰林院庶吉士洪科捷（俗呼"老翰林"）的第二子，清乾隆博学鸿词科进士、翰林院检讨洪世泽（俗呼"少翰林"）的胞弟。根据墓志记载，洪世润，字叔玉，别号韫菴。生于康熙戊戌年（1718），卒于乾隆己酉年（1789），享年 72 岁。他"幼开敏，喜读书"，强记忆，文章过目几年之后依然"记忆不差"。20 岁中秀才，21 岁中举人。乾隆丙戌年（1766）会试不第，次年逢"大挑"，被选授四川省永川县知县。他立志全心为公，谨慎办事，不负家风。他到任即清理积案，及早完结；采取措施减轻民众徭役负担；振兴县学，甚至亲自为学生授课。但在审理一件人命案件时，他坚持不能以疑定罪，他的意见上司不予采纳。他说："吾求其生而不得，复而何憾！"愤而决意辞职回乡。他回乡后以农耕为乐，遵守先人制定的家训家规教育子孙，闲时以与诸弟及从弟讨论文章为天伦乐事。72 岁时因旧疾复发逝世。5 年之后，即乾隆癸丑年（1793）葬于南安廿九都龟山。墓为双圹，留一空位以待其妻黄氏。墓志铭是其胞兄洪世泽所撰，以上就是第一篇墓志铭中记载的事情。

洪世润归葬的 9 年后，即清嘉庆辛酉年（1801），其妻黄氏逝世。本欲归葬于洪世润在南安廿九都龟山的原墓，但开圹后发现不吉利，乃于嘉庆壬戌年（1802）另择新址，改葬于本英都的亭美山（今属霞溪村所辖）。洪世润的堂弟洪世俤带病在床上口授，儿孙们记录撰写了《改葬墓志》。这篇《改葬墓志》说，洪世泽为原葬墓撰写的墓志铭记载了世润一生的德行，完全符合其人，"不虚美"。世俤在这篇墓志中还特别称颂洪世润弃官回乡后克俭修身，不倚势待人，热心乡族事务、鼓励后进等，说这些事迹都令人感动和称道。这就是第二篇墓志铭的由来及内容。

恒区封君洪士亮一族，是翁山洪氏大宗族中优秀的一派。至洪士亮的第三代，一门共有 13 名子孙通过科举进入仕途，传说"封君祠"落成晋主时，子孙中有 13 顶"青凉伞"前来拜祖，传为佳话。现在文献对这一家族的介绍，都仅限于洪科捷、洪世泽、洪世俤，对其他人的生平知之甚少。洪世润原葬《墓志铭》及《改葬墓志》的发现，让我们了解了洪世润的一生，弥补了之前史料的不足，同时也使我们进一步了解恒区封君家族一门代代相传的家风家规，是一件很有意义的事。

2021 年 3 月 5 日

洪世佺的诗首现沁水县 原来知府是诗人

几十年来研究家族文化，最使我景仰的是翁山洪氏这个不平凡的家族，明清两代优秀人才接踵而出，文星璀璨。其中，恒区封君一门，令我印象特别深刻。传说"封翁"洪士亮做大寿时，子孙中有13顶"青凉伞"来拜寿，一时传为佳话。但老封翁十分低调，一再诫勉子孙认真做官，"尽职报称"。他的儿孙中，有3名进士，17名举人，都是优秀人才，各建其功。

封翁的儿子洪科捷，孙子洪世泽，都是清代名闻泉郡的一代名儒，他们除了毕生致力于振兴文运、教书育人外，还都是当时出名的诗人。他们流传下来的诗赋，才华横溢，具有很强的艺术感染力。

洪世泽的堂弟洪世佺，也是进士出身，历官山西芮城知县、临汾知县、汾州府同知、湖北襄阳知府。关于他的事迹，传说他政声很好、勤政爱民，还流传着他退休后山居英都的好家风故事。

我一直认为，洪世佺的伯父科捷，堂兄世泽都有诗作传世，洪世佺应该也有诗词作品。遗憾的是，翻遍《泉州府志》《南安县志》《丰州集稿》等史料，都未见洪世佺的诗词。我还进一步查阅了《皇清文颖》《清诗别裁集》《皇清诗选》三部清诗典籍，也未见他的诗词作品。但我毫不气馁，进一步查阅了山西省《芮城县志》，但依然一无所获。

我一直认为，洪世佺与洪科捷、洪世泽同出一门，家学渊源，诗礼传家，岂能没有诗作？苍天不负有心人，终于有一天，我从网上发现了洪世佺在山西省沁水县写的诗1首，接着又发现洪世佺的诗11首，都和沁水县有关。于是喜出望外，8年苦苦追寻，终于有了成果。

计得到洪世佺的诗《留别沁人四首》，《忠义砦》《马邑城》《王离城》《端氏城二首》《沁河》《窦庄夫人城》《榼山大云寺》共12首。这些诗都是洪世佺在山西省沁水县居留时所作。

但是，洪世佺中进士以后，历官山西省芮城县、临汾县、汾州府同知，最后迁升湖北襄阳知府，并没有在沁水县担任过任何官职。从他的《留别沁人四首》中有"新诗百首自宣骄"之句来看，洪世佺在沁水县写过100首新诗。"百首"是概数，可能是100多首，而且他自己都觉得很满意。可见，他在沁水县居留的时间应该不会是短暂的。

那么问题来了，洪世佺并未在沁水县任官，为什么却在沁水县有较长的居留时间，而且诗作颇丰？连沁水县研究地方史的专家、学者都觉得一头雾水，疑问重重。

我经过一番查阅史料，分析了洪世佺不在沁水县当官却在沁水县逗留的原因。

行文至此，必须先介绍一下清代的科举制度。现代人们普遍认为，中了进士马上就有官当了，可事实并非如此。清代对科举取士的职官任用有一套完整的程序规定，除一甲3名进士及第（状元授翰林院修撰，榜眼、探花授翰林院编修）立即授官外，二甲以下进士还要经过"朝考"。朝考没有淘汰，根据考试成绩分为三等，综合成绩较好的选为翰林院庶吉士，较差则分配到各部、院当主事或到地方任知县。

然而，安排到地方任知县的还有个问题，并不是安排你当个七品知县就可以立即上任，还得等待有哪个县的知县职位有缺额。比如，等待哪个县的知县三年届满，或者因调动迁升、因病告假、丁忧服丧等原因，职位有实缺，才有机会上任。这个程序，是由管人事的吏部负责的。经过朝考的人都是候补人员，等待吏部"铨选"。哪里出现职务开缺，吏部就启动铨选程序，这些经过朝考的候补人员应该按规定提供个人简历、进士的名次，以及年龄、籍贯、三代履历，这个类似于现代的"政审"程序，闽南老百姓俗称为"填三代"。"填三代"履历必须如实填写，不实就是"欺君大罪"。吏部经过详细审核后，接着就以"掣签"的方法来决定这些候补人员的排序，还要仔细验证这些候补人员是否年老多病或有行为不端等。过了这一关，才算走完了吏部铨选的整个过程。如果在京任职，则口头通知何时可以上班。如果到地方任知县，则发给"官凭"（相当于现在的任职介绍信），不过这"官凭"文书并非发给本人，而是转给地方督抚，官员到任后向地方督抚报到，在官凭上签字，缴还吏部。至此，候补人员才算走完了"选官"的整个过程。

了解了这些常识，就可以解释为什么洪世佺在芮城、临汾等处任官却在沁水县逗留相当长时间了。

据此，我做了这样的分析，洪世佺凭吏部的"官凭"到山西，本来是安排到沁水县候任知县的，后来因为某种原因，沁水县的知县并未离职，洪世佺奉命在沁水县候任。这种"候任"是有薪俸补贴的，"莫笑宦囊清似水"一句可以证明。这候任一待就是一年多，洪世佺不甘寂寞，游历了沁水县的山山水水，他被沁水县厚重的历史积淀和秀美的山川河岳感染了，写下了许多动人诗篇。他虽未在沁水县任官，却为沁水县留下了一笔可贵的文化遗产。研究沁水县的地方史专家学者，抢救整理了洪世佺在沁水县写作的 12 首诗，并为未能看到洪世佺在沁水所作 100 多首诗歌之全貌而深感遗憾。

发现了洪世佺的诗，我们才知道：洪世佺不但是一位政绩卓著的清代地方官员，而且是一位优秀的诗人。从他只在沁水待了一年时间就写有 100 多首诗歌来分析，他一生走遍了山西芮城县、临汾县、汾州府，湖北襄阳府等地，致仕后又山居英都。而且"新诗百首白宣娇"一句说明他出仕之前是写有"旧诗"的。据此分析，洪世佺一生所写的诗应在千首以上。我们已经无法设想到底什么原因造成洪世佺的诗都石沉大海了。

《留别沁人四首》是洪世佺在沁水县候任未果，后来接到任命匆匆离开沁水时所作。"四月因依未寂寥"，说明他离沁水时是农历四月。"山中六月早凉归""细煮香泉试葛衣"等句说明他在沁水县经历过一个夏天，由此可推断洪世佺在沁水县候任时间至少有一年之久。这段时间，他客居馆驿，领着微薄的薪俸（"宦囊清似水"），生活却过得很充实。他"闭门觅句"，不断研读先贤经典著作。虽然居住在简陋的馆驿，但并未上任，没有待办的案件，所以有时间去学校讲学授徒（"书声出绛帏"）。他喜欢郊游，在沁水河边，欣赏渔歌唱晚；去山上踏青，观赏四时芳草。就是在这段闲暇的日子里，他写下了 100 多首新诗。他深深地爱上了沁水县，却无缘担任这里的"父母官"，在陇上农民正忙于收麦的四月天，奉命匆匆离开沁水。野鹿都舍不得他走，含情地随车送别。这 4 首诗充满了他对沁水县的深深挚爱和眷恋之情（"匆匆归向介山行"并不是指去那个有座介山的介休县赴任，而是指取道经过介山）。

《忠义砦》《马邑城》《王离城》《端氏城二首》等，是一组咏史诗。显然，在这里候任的洪世佺，认真回顾了沁水县古代悲壮的历史，并实地考察了古代历经征战的城寨，咏史怀古，既抒发强烈的爱国主义精神，也表达了他憎恨战争、憎恨残暴的仁爱之心。在忠义砦，他写出"土人耕地拾遗镞，争唱当年杀贼歌"，对当年筑寨沁水奋勇抗金的忠义之士充满敬意。面对马邑城，他用这样的诗句痛斥"虎狼秦"在长平坑杀赵国降卒四十万的残暴行径："至今天阴时，往往哭冤魂。"虽说秦并吞六国是历史大势所趋，但洪世佺对坑杀降卒这一残暴行为强烈谴责，严厉鞭挞。这一组怀古咏史之作，是洪世佺亲自考察实地访问父老后发自肺腑的心声。从深沉凝重的诗句中可以窥见洪世佺的仁者之心和爱国之情。

在《窦庄夫人城》一诗中，洪世佺热情讴歌了窦庄面临乱兵逼城时，霍氏夫人力排众议，率领家族众人坚守城堡、众志成城，"夜筛一声贼披靡"，终于打退贼兵的传奇故事。霍氏夫人不愧忠烈名门，她勇敢率众御贼，后人遂以"夫人城"命名窦庄，却引发异议，有人认为"夫人"二字不妥，应使用代表男子汉大丈夫的词。而洪世佺说："是夫是妇古今无，万世具瞻为伦理。"以女性命名一个地方，是与男尊女卑的千古封建伦理相悖的，但洪世佺认为，霍夫人的功劳"万世俱瞻"，这就是伦理！

《沁河》是一首柔美的抒情诗，洪世佺充满感情地讴歌了沁河的俊美风光，状物写景，情景交融。"青山破雾排，绿杨掠波起""樵歌与牧唱，沿流上藤蓝"等句，足见诗人驾驭语言的功力之深，表达了洪世佺对沁水县山川秀美的陶醉。

洪世佺在山西沁水县12首诗作的发现，是翁山洪氏文化的重要发现，突破了封君"'一门三进士'一人'无诗'"的空白。从诗的风格来看，洪科捷、洪世泽父子的律诗、绝诗严谨，而洪世佺则以古风见长，彰显个人风格。从《留别沁人四首》中的"新诗百首自宣骄"之句来看，洪世佺在沁水县候任期间确实写了100多首诗歌，而且自己颇为满意。沁水县文史界同人认为，它是"沁水的一笔文化财富"，因至今未能发现，感到非常遗憾。同样，我们也认为，这也是翁山洪氏文化宝库的一份珍贵财富，期待着有一天能够遗珠重现。

2022 年 10 月 10 日

附：在沁水县发现的洪世佺诗十二首

留别沁人四首

一枝尚许借鹪鹩，四月因依未寂寥。郭外行看流活活，城头坐爱雨潇潇。花明古驿开偏艳，柳岸长堤望更遥。莫笑宦囊清似水，新诗百首自宣骄。

水次弹九叠嶂围，渔歌樵唱晚依稀。别无旧牍侵尘甑，犹有书声出绛帷。谷口四时芳草在，山中六月早凉归。放衙爱瞰炉烟袅，细煮香泉试菖衣。

谢却忙官有几时，到头仍把昔贤师。闭门觅句陈无已，治箧咏经隽不疑。语燕能教人梦短，啼乌应怪我来迟。今朝又作闲曹去，越石崚嶒是故知。

匆匆归向介山行，回首难胜父母名。似去还留双鹤舞，自春徂夏一□横。河梁日霁栽花处，陇畔风来打麦声。三宿依违同出昼，随车野鹿也含情。

忠义岜

岳公岜上木叶多，山光霜色落回波。土人耕地拾遗镞，争唱当年杀贼歌。

马邑城

骅骝已逝波，雉堞亦浮云。何人此考牧，游牝别其群。父老为余言，秦时武安君。呜呼虎狼秦，纵横事并吞。谁为之傅翼，长平坑赵军。至今天阴时，往往哭冤魂。地非华山阳，兹名岂可存。语罢色惆怅，飞鼪鸣古原。

王离城

将军击赵时，麾下十万兵。屯此千仞岗，筑此百雉城。远比武安君，气欲吞八溟。重瞳一喑哑，为虏无令名。好还天道在，可但功未成。亦如杜邮剑，偿彼长平坑。矧乃祖非仁，宿将师秦嬴。六国既以夷，名城亦以倾。余殃及离身，岂复逃上刑。此山犹遗臭，沁流洗不清。

端氏城二首

此地岂非晋，犹烦尔置君。河山归一掷，茅土竟三分。苦忆椒聊实，难留桐叶分。循环俄顷事，白起亦能君。

呜咽东流水，兴亡阅世频。几时曾比面，一旦伍家人。禾黍余残碣，城堙感故尘。翻令编史者，不恨虎狼秦。

沁河

东风生春色，流光入河水。我行荦确间，爱此林壑美。青山破雾排，绿杨掠波起。东西野人居，历历无远迩。欲比桃花源，鸡犬长孙子。樵歌与牧唱，沿流上藤萬。何处一声钟，迥然涤心耳。望望楄山门，河西白云里。

窦庄夫人城

死忠者臣死孝子，夫君已为封疆死。夫人岂是偷生者，老翁白发儿毁齿。天中夜半欃枪明，沁河东西皆戟垒。尽散黄金作刍粮，捐钗解佩如脱屣。刊山筑岜保乡间，千人万人齐下杵。谁言兵气恐不扬，夜笳一声贼披靡。春风春草年年绿，雉堞岿然通德里。娘子军与妇人城，世俗评量徒尔尔。是夫是妇古今无，万世具瞻为伦理。

楛山大云寺
寺门芳草碧萋萋，兴到登临万象低。野色遥连山上下，人家多住水东西。疏林月出僧初定，古洞云生客转迷。蜡屐年来余几两，凭虚尚欲蹑丹梯。

又发现洪世佺诗一首：《寄樊荣川广文》

拙作《洪世佺的诗首现沁水县 原来知府是诗人》一文于 10 月 17 日在"英都乡讯"微信公众号"发现英都"栏目推出后，引起诗词爱好者和关心英都地方历史文化的网友的关注，认为这是翁山文化研究的一个重大发现。有的网友在表示感兴趣的同时，发来微信询问，首次发现的洪世佺诗 12 首，有何明确出处？我有必要在这里补充交代一下。

首次发现的洪世佺在山西省沁水县写作的诗 12 首，源于我在网上搜索洪世佺资料时，偶然搜索到微信公众号"沁河"发表的作者为王扎根的一篇介绍沁水县旅游景点的文章——《多彩郑庄》，作者在这篇文章中全文引用了洪世佺的一首古风——《王离城》。洪世佺通过咏叹王离城的历史，表达了他对战争的憎恶。面对曾因残酷征战而死人无数的王离城旧址，他喟然长叹："此山犹遗臭，沁流洗不清。"

读了这首文笔流畅、感情丰富的怀古诗，我恍然大悟：原来知府是诗人！之前从来没有发现，也没有听说过这位政声民意很好的襄阳知府擅写诗啊！

欣喜之余，我继续上网搜索，终于在网上查得洪世佺在沁水县的诗作 12 首。这些诗都引自山西人民出版社出版的《沁水历代文存》。有了这个源头，就好办了。几经周折，我淘到了一本《沁水历代文存》旧书，并欣喜地从中看到该书共收录了洪世佺的包括《王离城》在内的诗 12 首。《沁水历代文存》的编者在书中介绍，洪世佺的诗录自《沁水县志》，但对洪世佺的生平一无所知。

于是，就有了 10 月 17 日我在"英都乡讯"公众号上发表的那篇《洪世佺的诗首现沁水县 原来知府是诗人》。

实际上，《沁水历代文存》并不是收录洪世佺诗作真正的源头，只有找到《沁水县志》，方能确认其收录的洪世佺的诗是否准确无误。

经查，山西省沁水县现存的历代县志有 3 部，分别为康熙版、嘉庆版、光绪版。我不知《沁水历代文存》收录的洪世佺诗是出自哪一个版本，必须把三个版本的县志找齐才能水落石出。幸亏现在是信息社会，通过网络的强大功能，如海底捞针一样，终于把三种版本的《沁水县志》购到。

通过查阅清代三种版本的《沁水县志》，终于查到《沁水历代文存》收录的洪世佺诗12首出自嘉庆版《沁水县志》的艺文志，而光绪版《沁水县志》的艺文志除了继续保留"嘉庆版"收录的12首以外，还增加了《寄樊荣川广文》一首。两种版本的县志都未介绍洪世佺的籍贯及生平。

至此，我认为可以这样说，目前我们能看到的洪世佺的诗，就是这13首了。

光绪版《沁水县志》增加的洪世佺《寄樊荣川广文》诗，是一首表达思念情感的寄赠朋友的诗。

"广文"一词，本指唐代所设广文馆中主持国学授课的官职，明、清时成为对教官的称呼，也作"广文先生"。樊荣川是洪世佺的朋友，从诗的内容分析，可能是洪世佺在沁水县候任期间，樊荣川去沁水县讲学，两人结识。"广文"一词可以证明樊荣川当过沁水县的学官。

这是一首寄给挚友的诗。樊荣川的籍贯、身世不明，从诗的内容分析，两人是洪世佺在沁水县候任时认识的。洪世佺在写此诗时已经离开沁水了。洪世佺在诗中回忆，两人同在沁水县时，洪世佺曾聆听过樊荣川的讲学，非常欣赏樊先生的才华。听说樊先生科举取得了好成绩，却被安排到河中府当了一名小官，大材小用。两人两年未通音信，现在有官员来洪世佺的处所，使他知道这些情况，洪世佺心情非常迫切地写下此诗当作书信，向樊先生表达至诚的心情：我殷切地希望能够重新聚首，再聆听你的教诲，向你倾诉胸中积蓄的千言万语。

这首诗言辞质朴，诗句流畅，思念挚友的丰富情感如决堤江水般倾泻而出，给人一气呵成的感觉，具有很强的艺术感染力。

洪世佺《寄樊荣川广文》诗的发现，是我们从洪世佺佚失的诗文中又淘到的一颗明珠，同时也加深和丰富了我们对这位先贤品行的认知，更增加了对他的景仰之情。

2022 年 10 月 31 日

附：洪世佺《寄樊荣川广文》全诗

昔我游沁水，溪山悦心目。峙者高插天，流者清鸣谷。清淑气郁盘，灵秀当涵蓄。石楼碧峰间，窣然思名宿。广文今鸿胪，法眼何煜煜。为余称樊子，被褐怀美玉。追琢已有年，斗间光气烛。特达储庙廊，岂久毁林麓。俄荷群贤招，山亭集芳躅。名花楚山云，艳歌阳春曲。尽日醉烟萝，仙境恣高瞩。当时多所敛，倜傥君则独。一别旷各天，会面安可卜。尘俗相灌浸，壅淤满肠腹。株守白其头，七尺真碌碌。顷者鸿胪来，旅馆膝一促。问我见君不，不觉为踧踖。乃知君领解，曾宴曲江澳。游宦不得意，河中羁骥足。穷老耳目废，闻之心籧篨。因循两葛裘，未能通一牍。岂忘古人谊，羁绊无寒燠。百里杳天涯，此心空洄漩。殷勤裁尺书，藉之鸣悃愊。会得近皋比，觊缕罄所蓄。

"龙口岩"之谜

宋代，曾是佛教在英都发展的鼎盛时期，至今留有"七岩八院"之说。关于"八院"所指，众说纷纭，唯石泉院、西峰延寿院、中峰院有旧址，近年来先后复兴重建。"七岩"则因有那首脍炙人口的七言诗且有史书佐证而留有准确的名称。事实上，经调查，宋代英都的佛教禅院超过8处，而僧人住山修行的"岩"也不止7处。近年来，大家熟悉的且香火也不错的位于大新村的"九座岩"不在"七岩"之内，就是明证。

近三四年来，一座被称为"龙口岩"的古代岩址引起了许多人的重视，成为议论英都"七岩八院"的新话题。

提出这一话题的先为善者，是在厦门办厂创业的霞溪村青年洪祝成。两三年前，他就告诉我，英山三峰的中尖山南麓，有一座圮废的"龙口岩"，他说少年时候曾随父亲洪本训在这里砍柴，看到过遗址。洪本训说，古代有一座"龙口岩"在这里。

2020年9月3日下午，洪祝成开了一辆越野汽车，邀我上山去考察。他说，"龙口岩"附近有人承包树林，有防火路可达"龙口岩"，于是我开始了第一次龙口岩考察之行。

汽车从霞溪村村部出发，向北而行，大约爬了三公里的山路，到达英山三峰之中尖山南麓。到了防火路的尽头，下车步行了200多米，小洪说，这就是"龙口岩"了。只见经过开挖的山坳处，可见满地瓦砾、瓷片。瓦砾碎片是红砖，瓷片可辨认为瓷碗或小碟之类。这些遗物，可以证明这是一处古建筑遗址。遗址呈阶梯状，不远之处有一具花岗岩石盂的残件（半个石盂）。

指着这一地瓦砾的废墟，小洪说，这里就是"龙口岩"的主要建筑。根据阶梯式的地貌，小洪认为这座"岩寺"应该有三进，依山而建，一进比一进高。我认为他的分析是有道理的，这种依山而建的"三进"岩寺，就是所谓"虎落山"式的建筑形式，依山而建的岩寺殿宇，层次分明，雄伟壮观。我站在他指认的岩寺大概位置，后面为屏的是高高的"中尖山"，群众又俗称"文笔山"，

《泉州府志》及《南安县志》则称为"馨山"。左右两旁峰峦相拥环抱，状如交椅。在这里极目远望，层峦叠翠，云天一色，令人心旷神怡，壮怀之慨蓦然而生。

因为未带可盛瓷片的袋子，面对满地瓦砾，只有拍几张照片存之。当晚回家后，我把照片放大，发现瓷片大多是碗的残片，其中有较精细的淡青色釉面的瓷碗。根据其淡青色釉及不开片的瓷器表面，我个人认为此应是宋代南方的龙泉窑产品。我还拍到一个较大的红砖残片，根据其残存面积分析，应为泉州特有的红色地砖，疑为"尺二"或"尺六"规格的大砖之残片。由此可见，泉州红砖技艺至宋代已臻成熟。种种遗迹表明，这座岩寺或建于南宋时期。

小洪说，"龙口岩"这个名称是他个人的猜想。他认为自己的猜想是有根据的。距"龙口岩"往东几百米处，本来有个自然村叫"宝峰"，世居宝峰村的倪姓村民，一直把这个岩称为"门口岩"。洪祝成据此认为，"门口岩"应是"龙口岩"的音讹。他说，"龙口岩"所处的山脉，是一条蜿蜒的龙形，"龙口岩"遗址所处位置，恰恰是龙首之处。"龙首俯瞰南方，龙口就在这里"，洪祝成如是说。

我曾经做过调查，"宝峰村"这个地名和历史名人洪承畴有关。传说洪承畴统兵在陕北镇压农民起义军时，有一南方人姓倪，身强体壮，在"洪三边"（当时人们对任三边总督的洪承畴的称呼）身边鞍前马后，形影不离，名为裨将，实为贴身保镖。清朝定鼎、大局安定之后，倪将告归，洪承畴许以英都一片田亩给他耕种，让他安居乐业，以度晚年。倪将认为英都平原都为洪姓所居，遂自愿认领较偏僻的中尖山麓定居。因其曾舍生忘死保护洪帅，辅助洪承畴屡立战功，故将洪承畴所赠村庄称为"保峰"，以示纪念。后来年久月深，保峰被写成"宝峰"了。宝峰村的村民需要一座神庙作为保护神，不远之处有现成岩寺一座，且香火旺盛，自然而然就成了当境神庙了。因为距离近，故俗称其为"门口岩"，以示亲近。目前，宝峰村的村民已在2004年霞溪村的安居工程中搬迁至平坦之地建起了新的"宝峰村"了。村民们口口相传，只知有"门口岩"称号，别无所知。

我翻遍《八闽通志》《泉州府志》《南安县志》，均未见有"龙口岩"或"门口岩"的记载。因此，这个被宝峰村村民称为"门口岩"的宋代宗教建筑，它的名称究竟是不是"龙口岩"？主祀佛是什么菩萨？这些目前都是谜。

"龙口岩"是现在已知的古代英都岩寺中地势最高的一所，它的选址也很值得探究。

佛教场所需要香火旺盛，并非像全真派道教那样在深山修炼，与世隔绝。

"龙口岩"选址在高山深谷之中,是有历史原因的。"龙口岩"西与翔云山遥对,东则可通过安溪县墩坂乡直达西溪河道。在古代,这里有一条驿道。洪祝成告诉我,他爸爸年轻时在这山上砍柴,常常看到残存的石阶,线路清晰可辨。可见,"龙口岩"在古代西接西峰禅院、翔云龙须岩,东连墩坂,可通过西溪河运去南安、泉州,是一条主要的驿道。

洪祝成的父亲洪本训曾经踏勘现场,他认为,这"龙口岩"不但有三进的主殿,还有附属建筑,占地估计有 10 亩。废墟上现在暴露的种种残存,都可以佐证。

"龙口岩"何时圮废,也是一个谜。从清朝初年倪姓裨将自愿选择在"龙口岩"附近的宝峰村定居,可知这条东西走向的古驿道依然有行人络绎不绝。我经过长期调查研究,得知英都平原的红砖古厝,90%以上都是雍乾盛世时所建,当时一度天下太平,英都平原沃野田畴得以充分开发,人口高度集中,后交通要道发生变化,慢慢地,"龙口岩"香火式微,僧人迁徙他乡,遂致逐渐冷落,直至荒废。

2022 年 7 月 25 日,我再与洪祝成相约重上"龙口岩"。这次我带了一只布袋子,想拾些陶瓷残片请人鉴赏。到达停车处后,我们冒着 39 摄氏度的高温,步行重蹈"龙口岩"旧址,但见遗址几经挖掘,满地狼藉,成块的陶瓷残片早已不见踪影。只有那半截花岗岩大石盂依然默默地守护着这一地苍凉。遗址旁边,新竖立有"龙口岩原址"字样的石碑一方。洪祝成告诉我,这是他爸爸洪本训倡导竖立的。洪本训是个虔诚的佛教信徒,年轻时常在这里砍柴割草,多次面对"龙口岩"遗址祈愿。如今年近耄耋,无法上山了,但依然念念不忘。

曾经的"龙口岩",经历了何等辉煌、繁荣与衰落、悲伤,如今都成了解不开的谜团。江山易代,世事沧桑,唯有这遗址留与后人凭吊,发思古之幽情。

2022 年 10 月 6 日夜

南庄桥稽古

　　提起古石桥，在南安市英都镇随处一问，"竹仔林桥"几乎家喻户晓。若说在英都还有另外一座石桥，其建造时间甚至比竹仔林桥要早将近100年，则大多数人都感到诧异，甚至连居住在该石桥所在地龙江村的年轻人都极少知道。

　　这座被人遗忘的古桥，就是位于英都镇龙江村桥头自然村的"南庄垟石桥"，现在通称为"南庄桥"。

　　桥头自然村和宫边自然村隔着一条小溪，遥遥相望。小溪名叫"南庄溪"，现在则被称为"龙江溪"。溪滨两岸的良田，名为"南庄垟"。

　　如果认为是因为"宫边"和"桥头"两个自然村的交通需要，而建造了这座石桥，那么你就错了。在古代没有任何建筑机械的情况下，建造这座石桥是一个不小的工程，区区两个自然村的几十户村民是无力建造的。

　　我发现南庄桥，是因为古迹岩的重建。

　　2001年，有位僧人想到英都复建古迹岩，曾向有关部门和乡里人士了解古迹岩的历史。当时在南安市文物管理委员会工作的李辉良先生，曾邀我同上古迹岩遗址踏勘，归程路过龙江村，有村民与我打招呼，并热情地介绍说，本地有一座古石桥，无人重视，是不是值得调查、宣传一下。我一听，非常高兴，立即邀李辉良先生一道，在那个热心村民的带领下到实地考察。

　　这是一座单孔的石墩石梁桥，东北西南走向，横跨于南庄溪上，石墩、石梁质地为花岗岩。石墩砌筑得非常牢固，石梁由3条大石板组成。李辉良随身带有卷尺，于是我们认真丈量：桥全长5.65米，宽1.45米，3条石板中最长的1条有4.65米，石板厚度为0.36~0.47米。3条石板中间的1条经过880多年的行人踩踏，呈光滑面貌。左右两旁各1条石板则保留了经过"錾子"粗雕的原始状态，并雕刻有关于建造缘起与时间的记事文字，左边1条石板上文曰：

　　　　都□首住三峰赐紫密宗大师守闲题

　　右边1条石板上文曰：

募缘刱造石桥一所　绍兴八年戊午十月□日

当时我们俩的手机都没有照相功能，且没有随身携带照相机，无法拍照存档，只好把桥板上雕刻的文字抄写在纸上。

从两行字的内容来看，这是一位佛教僧人题的。他的法号叫"守闲"。这位守闲大师品级很高，"首住三峰"，三峰寺在福建省寿宁县，建于宋淳化元年（990）。"赐紫"是赐紫金鱼袋的简称。唐制，三品以上官员的公服是紫色，宋沿唐制。准许穿着紫色官服的官员就称"赐紫"。为了表示尊崇佛教，朝廷对高僧大德也赐紫色袈裟和金鱼袋。这位守闲大师享受了朝廷赐予紫色袈裟的待遇，故自称"赐紫"，可见是位品级很高的僧人。"密宗"是大乘佛教的一套理论系统。这座桥由密宗教派的"赐紫"大师来题字，彰显了其地位的不凡。至于建这座桥的费用，是否为守闲大师亲自募集，我们不得而知，但也可以认为，这座桥应该是他倡议募集善款建造的。

文中的"刱"字，是个古字，我查了《康熙字典》，它的读音如"创"，是"造"的意思。"刱造"一词，意思就是建造。

这两行石刻文字非常珍贵，留下了这座桥建设的缘起和准确时间。据此可以认定，这座石桥建于南宋绍兴八年（1138），恰与很有名的"五里桥"（安平桥）同年建造，比竹仔林石桥的始建时间早了94年。

2022年10月21日，我邀约龙江村党总支书记洪国进，还有该村两位村主干，重新考察了南庄桥的现状。只见现在称为"龙江溪"的南庄溪经过几次整治加固，溪岸用石方和混凝土砌筑，防洪能力提高了。因在整治工程中，河道"截弯取直"，南庄古桥已成为溪边的遗物了，桥的东北端已被泥沙覆盖，长满杂草。前来帮忙的村民洪有源，用柴刀、锄头把泥土清掉，才现出全貌。遗憾的是，3条石板现在只剩2条，刻有守闲法师题字的那条石板，据洪有源介绍，是在一次清理河道时被挖掘机挖断了，残件不知去向。

听此介绍，我的心情顿时沉重起来。所幸当时我和李辉良先生把石桥上的刻字抄了起来，并报告市文管会。否则，赐三品紫色袈裟的守闲法师题字的史实，今天就无从知晓了。

近几十年来，我们建设美丽乡村的许多工程，不经意地毁坏了多少有价值的文物构件呀！洪国进书记表示，将采取有效措施把这座有880多年历史的古桥切实保护起来。至于那条被挖掘机挖断的石桥板，也将努力寻觅，争取归还原位。

我记得2002年复建古迹岩时，在岩址废墟发掘出断首石佛一尊，该石佛背部刻有"咸淳乙丑"字样，咸淳是南宋度宗的年号，乙丑年为1265年。当时据此认为这是古迹岩的建岩时间。随着南庄桥的发现，我认为，古迹岩的建造时间，应该早于咸淳乙丑年（1265）。通过守闲法师的题字，我们可以认为，在南庄桥建造之前，古迹岩已经建成，且有四方僧人云游前来交流，苦于有一条南庄溪阻隔，如遇汛期暴雨，发源于天尊山的山洪奔腾而下，舟楫难渡。来古迹岩挂锡的守闲法师基于此而发起募捐，建造了这座古桥，以利僧众及广大善信。

今天，我们已经无法了解这座石桥的建造历经了多长时间、耗费了多少银两了。望着那重量达3~4吨的花岗岩石梁，当年建桥的劳动者，是如何从山上开采、用何种方法运输到此，都不得而知，使人顿生无限敬佩之情。

研究南庄桥的建造，为我们提供了新的启发，古迹岩的建造时间，是早于"咸淳乙丑"的。

南庄桥默默地守望着南庄垟田野，是英都镇的又一处古迹，是研究龙江村史及古迹岩历史的文物。

2022年10月21日

明万历翁山洪氏先辈讼争
南坑三世祖墓案各级行政长官审语

  案件始末如下，翁山洪氏三世祖墓位于南安廿九都南坑，俗名"洪厝墓"。明万历四年（1576）洪有助中举后，在墓道前竖立旗杆石。万历庚子岁（1600）正月，当年轮值祭扫的子孙东二房洪有则，东四房洪邦彦、邦珍、邦璋等到地探墓，清除杂草，发现吕一龙盗葬在其顶，遂与其论理。不料吕一龙吹响螺号聚众对洪有则等剥衣殴打，重伤而回。当年 2 月 16 日，举人洪启聪、承选为首，率领族中举人、监生及秀才共 46 人，跪告于福建省巡抚院（省行政长官、管民政）张应扬。张抚院严厉审问数次，终于在 2 月 20 日准状收案，批示兴泉永道（道是省与州府之间的一级行政机构，一道管辖数州、府）守道俞士章，俞守道即转批泉州知府窦子称审理。窦知府确认吕一龙以混葬手段霸占的事实，判令吕一龙迁葬。后来历经官员升迁、人事变动，吕一龙恃强抗命不遵，致窦知府判决无法执行。洪氏不懈告状，几经辗转，终于，南安县知县萧鸣凤又亲到现场踏勘，断吕一龙混占洪墓非法，判令其迁葬。又经抚院、兴泉永道历级官员对吕一龙定罪，终于以洪家胜诉结案，吕一龙服罪，受法律惩处。此案从起告到结案历经二十多年。为此案批示及审理的省级、道级、府级、县级官员共 9 人。

  本文择泉州窦知府、南安萧知县的 2 篇审语（判决书）译注、译介，以飨读者。此系翁山洪氏珍贵历史文献，昭示子孙永为史鉴。

  文献来源：国内某学院图书馆藏《洪氏族谱》一册。这是一本不完整的复印本，最先由国外某大学图书馆抢救性复印收藏，后经国内某学院图书馆复印收藏。《洪氏族谱》是翁山洪氏西轩四房八世一脉家谱。该谱收录明万历年间洪氏先辈捍卫南坑三世祖墓诉讼案的始末及各级行政长官的审语，为别本家谱所未见，是目前发现唯一的关于此案的文献珍本。

  以下择其中有代表性的行政长官审语两份译注。

窦太尊审语

审得洪懋①祖坟，葬廿九都南坑村，经今二百余载。谱志陈迹姑勿论，古人相传以为洪厝墓。而洪家科第竖旗②山上，远近观望，何可欺也！吕一龙贪风水盗葬其上，似乎强大不得之弱小，弱小宁能施之强大乎？三尺③俱在，本欲藉之以惩盗葬者，但细问其故，则洪居中一穴耳！吕已受产其上，阴谋所从来矣！姑于坟地各量四十丈，立石为界，吕坟迁去。此非奇货可居④也！洪诸生祭扫，原不虞⑤长林丰草⑥，睹此奇事，突受野人凌殴，理有固然，不必责其赔衣冠也，令小人有辞于君子也！二比各复无言，吕一龙军六⑦拟罪⑧取供。

【题解】

窦太尊审语，即窦知府的审判结论。

太尊，原意是指远祖。明、清时成为对知府的尊称。《儒林外史》第一回中，"前月初十搬家，太尊、县父母都亲自到门来贺"，文中的"太尊"就是知府。翁山洪氏族谱载："窦知府，名子称，直隶合肥人，壬辰进士。朝觐去。"万历壬辰岁是 1592 年。朝觐，就是奉召朝见皇帝，即升为京官之意。审语，即审判结论，相当于现代的判决书。

【注释】

①洪懋：这是翁山洪氏讼争南坑三世祖墓的诉讼代表人的总称。此为集体诉讼，原告人员众多，推举若干人作为诉讼代表，其中多为翁山洪氏十世子弟，以命字世次"懋"字作为总名，以"懋"字命名的世次为"有"字辈。

②竖旗：家族中子孙有功名之后，在祖厝、祠堂或祖墓之前竖立石旗杆夹，以示荣耀。

③三尺：古代是指剑与法律。

④奇货可居：把稀有的东西占为己有，等待高价出售谋利。

⑤虞：料想。不虞：不料，没想到。

⑥长林丰草：深广的树林，丰茂的野草。

⑦军：这里的军字与"军队"无关，可能是县衙里面一个管司法、治安的执行部门。古代是没有军、警的区别的，这里所称的"军"可能类似于现代的警察。

⑧拟罪：定罪。拟罪取供，即录口供定罪。

【译介】

窦知府的审判结论

经审理，洪懋的祖墓，葬在二十九都南坑村，距今已经二百余年了。且洪家的谱志老早有记载，古人代代相传，称其为"洪厝墓"，洪家中科举就竖旗杆于山上，远近都可以看到。这怎么可以欺骗呢！吕一龙贪洪家墓葬的风水，偷偷地在其上盗葬。表面上看，似乎弱小（吕姓）的人怎么敢对付强大（洪家）的人呢？法律俱在，本来要惩罚盗葬的人，但详细审问其原因，洪家只是其中的一座墓而已，吕一龙实际已经占领了该山，阴谋已经很久，成为事实了。现在于坟地四周各量四十丈，立石为界。判令吕一龙将盗葬的墓迁出。不允许把稀有的东西占为己有，牟取暴利！洪家的子孙去祭扫祖墓，原本没料到在茂密的树林和草丛之间会有这种奇事（祖墓被偷占），突然遭到不讲道理的人欺负、殴打，（要求赔偿）道理当然是对的。不必责其赔偿被扯破的衣帽，显得有君子大度，不致令小人有说辞。两者比较，双方都没什么可说。吕一龙送交司法，录口供定罪。

萧太尹审语

审得洪懋①之祖坟代历十余世，岁经二百四十年余年。固未闻有吕氏祖坟在其山中者也。一龙之谋，盖由见洪氏之盛发于兹山，既惑乎地理山家之说，而有艳心；又乘见洪氏已前中科者，不竖旗②于坟前，而竖于茔门③之首。洪氏子孙遂以为世族祖坟，谁弗识之！而一龙愚冈，方窃□洪氏迷其真坟所在，贪占之谋遂起矣！始而盗葬其中，继而稍露其形，今则鸷然④与洪为敌，而欲争之。设心甚巧，为计亦甚伪矣！本县清晨至墓所踏勘，一茔之内，有洪氏祖坟一座，旗杆尚存。而吕坟堂斧⑤鲜然，牌石俱系新立。当鞫⑥地邻蔡国祯称，洪坟在先，吕坟在后。而审之里长洪朝佐，亦云先年山属洪垦，坟属洪筑，后洪氏中微⑦，而山场属吕，茔属洪。此环山众口公论明然者也。夫盛衰消长⑧，人所时有。洪氏不能长守此土而为吕所有也者，其故虽不可究诘⑨，然而山与坟各有主之者，一龙安得兼并洪山于先世，而复思隐占洪坟于今日者，据诸踏勘之迹，洪坟甲甲⑩，吕坟隆隆⑪。大凡人情，实则率直⑫，假则矫饰⑬。洪氏安然祖坟，故任其旧城而不修。一龙有心相竞，故巍然新饰⑭以欺众也！此其情状，一目之了然矣！又况洪氏今日子孙之所讼而争者，不以山而以坟，使此坟非真洪氏之坟，冠襟济济⑮，安肯认他姓之饿鬼为三世之祖先，而安用弹丸黑子地为也？已经升任窦知府⑯鞫审⑰明断，今周围各量四十丈为洪坟之界，吕坟令其迁去，设非奇货可居，此其议不独妥两家之阴灵，亦可杜争夺风水之俗。前断迁外，无容置喙^⑱。

【题解】

太尹：大尹是古代对县行政长官的称呼。古典小说《今古奇观》第三卷《滕大尹鬼断家私》中，滕大尹就是滕知县。但洪氏族谱中用"萧太尹"指萧知县，不称大尹而称"太尹"，可能是一种敬称。谱载，萧知县，名鸣凤，湖广江陵人，壬午贡士。明万历壬午年即 1582 年。审语，即审判结论。萧太尹审语，就是萧知县对洪氏三世祖墓讼争一案的判决书。

【注释】

① 洪懋：这是翁山洪氏讼争位于南坑的三世祖墓的诉讼代表人的总称。此为集体诉讼，原告人员众多，推举若干人作为诉讼代表，其中多为翁山洪氏十世子弟，以命字世次"懋"字作为总名，以"懋"字命名的世次为"有"字辈。

② 竖旗：子孙有功名之后，在祖厝、宗祠或祖墓之前竖立石旗杆，以示荣耀。

③ 茔门：墓道之前。

④ 骜（ào）然：傲慢。

⑤ 堂斧：坟的形状，四方形而高者称"堂"，下宽上狭长形者称"斧"。

⑥ 鞫：鞫问。亲自讯问。

⑦ 中微：中道衰微。

⑧ 盛衰消长：兴旺和衰微。

⑨ 究诰：追查到底，予以告诫。

⑩ 罫罫：罫（tǐng），界限。罫罫，界址清楚。

⑪ 隆：隆起，高高突出。

⑫ 率直：真率，爽直。

⑬ 矫饰：伪装造作。

⑭ 巍然新饰：新装饰的高大建筑物。

⑮ 冠襟济济：衣帽华丽，穿戴整齐。

⑯ 窦知府：泉州知府窦子称，直隶合肥人，万历壬辰科（1592）进士。

⑰ 鞫审：亲自审理。

⑱ 无容置喙：不容许再争辩。

【译介】

萧知县的审判结论

经审理，洪懋的祖墓，经历了十余世，二百四十多年，从来没听说有吕姓的祖墓在这个山中呀！吕一龙起谋取之心，都是因为看见洪氏宗族因为风水葬在这个山上而生发的。既迷惑于地理先生的说法而起贪羡之心，又因洪氏中科举时竖旗杆不竖在墓前，而远远竖在墓道之前，觉得有机可乘。但洪氏子孙以此为世族祖墓，谁不知道呢！吕一龙愚蠢，迷信于洪氏祖墓的"风水"，就起了贪占之心。先是偷偷葬在其中，然后慢慢公开露出形状，现在居然傲慢地公开与洪家为敌，而敢于争占。设心甚是精巧，计谋也是十分虚伪的。本知县清早到这个墓的所在现场踏勘，发现这个坟墓的范围之内，有洪氏祖墓一座，石旗杆还在。而吕氏的墓规模、构造都很明显，墓碑等石构件都是新竖立的。我讯问墓地邻近的村民蔡国祯，他说，洪墓建设在前，吕墓建设在后。又审问村长洪朝佐，他也说早前山是洪家开垦的，坟墓是洪家建筑的。后来洪氏有一度衰退，变成山场属吕姓所有，但茔墓还是属于洪家所有的。这些情况，环山附近的众口公论都很明朗。家族的兴盛衰退，是时有发生的。所以洪氏不能长期守住这片土地，而变成吕氏所有的了。这其中原因虽然不能追查究竟，然而，山与墓各有其主，吕一龙怎么能够既兼并洪氏先世拥有的山，而又想偷偷占领洪氏的墓呢！根据我踏勘现场所见，洪墓界限清楚，吕墓筑得隆起高大。人世之常情是真实的显得率直，虚假的则伪装造作。洪氏安然认为，祖墓本来就是我的，任其旧而不修。吕一龙有心争夺，特意装饰得很新，是为了欺骗公众啊！这种情况、状态，真假一目了然。而且现在洪氏子孙讼争的，不是山权，而是坟墓。如果这座墓不是洪氏真正的祖坟，这个衣着华丽、穿戴整齐的家族，怎么肯认别姓的饿鬼作为自己的三世祖先呢，这不过是一点点的微小地方啊！这个案件经过现在已升任的前泉州窦知府亲自审理并做出了明断，判令周围各量四十丈为洪氏祖墓的界限，吕一龙的坟墓判令迁出这个界限。这不是什么可以占为己有等待高价出售的奇货。做出这样的判决，不但可以安慰讼争双方两家祖先在阴间的灵魂，也可以杜绝争夺风水的坏风俗。前判决吕坟迁出，应立即执行，不容再争辩了。

（榕光译）

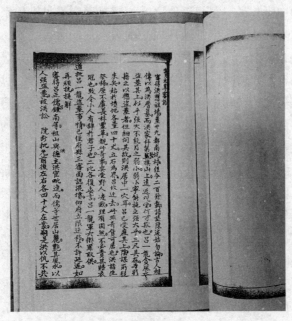

窦太尊审语

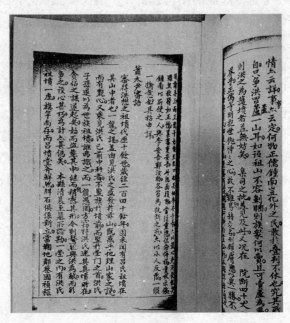

萧太尹审语

04

先贤行迹

顺治帝迎见五世达赖礼仪之争

据《清史稿》中的《洪承畴传》记载，（顺治九年）九月（1652），达赖喇嘛来朝，上将幸代噶（今内蒙古凉城），待喇嘛至入觐。承畴及大学士陈之遴疏谏，上为罢行，并遣内大臣索尼传谕曰："卿等以贤能赞密勿（赞，参与；密勿，机密要务），有所见闻，当以时入告。朕生长深宫，无自洞悉民隐。凡有所奏，可行即行；纵不可行，朕亦不尔责也。"

短短不足100字，记述了顺治帝接受洪承畴等人的疏谏，没有亲往长城边外迎接五世达赖喇嘛的事。

西藏自13世纪中叶正式归入元朝版图。从明朝明成祖开始，西藏各派宗教领袖均由中央封授，其政权实行政教合一，直接受中央政府管辖。达赖喇嘛和班禅额尔德尼两大活佛系统属于藏传佛教的格鲁派，由于僧人头戴黄帽，以示与传统旧派"红帽派"不同，故又称"黄教"。明万历六年（1578），三世达赖喇嘛索南嘉措在青海与内蒙古土默特部俺答汗会晤，俺答汗赠送索南嘉措"圣识一切瓦齐尔达喇达赖喇嘛"（"达赖"是蒙古语"大海"之意，"喇嘛"是藏语"上师"之意）称号。三世达赖之前的根敦朱巴、根敦嘉措，被分别追认为一世达赖喇嘛和二世达赖喇嘛。万历十六年（1588），明政府赐索南嘉措"朵儿只唱"（藏语，意为"金刚持"）封号。四世达赖喇嘛云丹嘉措（1589—1616）之后，明天启二年（1622），6岁的阿旺·罗桑嘉措被认定为五世达赖，迎入哲蚌寺供养。

清朝入关前，五世达赖和四世班禅于崇德七年（1642）遣使至盛京（沈阳）。使臣受到皇太极接见，并居留盛京七个多月。次年，皇太极派使臣随西藏使者入藏，慰问达赖、班禅和各教派领袖人物。皇太极在给五世达赖的信上，称达赖为"金刚大士达赖喇嘛"，并希望西藏归清。这是当时尚在关外的清王朝与西藏通好之始。顺治元年（1644）清廷迁都北京，顺治帝即位，摄政王多尔衮遣使入藏，分别向达赖、班禅等问安致意，赏赐礼物。此后，五世达赖多次遣使进京，请求觐见顺治皇帝。顺治八年（1651）正月，顺治帝亲政，达赖、班禅两位藏传佛教格鲁派最高领袖，各遣使上表贺年问安。顺治帝接见使臣，批准五世达赖"龙年"进京。

顺治九年（1652）八月，五世达赖带领随从3000人到达蒙古，向顺治帝提出在归化（今内蒙古呼和浩特）或代噶觐见的要求。顺治帝答复说，内地正在用兵，皇帝不宜轻出，只能在边内（长城以内）近地相会。五世达赖再次上疏，说边内多疾疫，在边外相会较好。顺治帝为促进喀尔喀蒙古（当时的蒙古以戈壁沙漠为界，大致分为三大部分：南部称漠南蒙古；北部称漠北蒙古或喀尔喀蒙古；西部则称漠西蒙古或厄鲁特蒙古）前来归顺，准备迁就五世达赖的请求，至边外与他会见。

当时顺治帝亲政才一年多。虽然已经有出边亲迎五世达赖的打算，但年轻的皇帝还是慎重地向众大臣征求意见。满族大臣都表示支持，认为：达赖是我们请来的，"上若亲往迎之，喀尔喀亦从之来归，大有裨益也。若请而不迎，恐于理未当"。显而易见，众大臣支持皇帝亲往迎接达赖，是为了有利于感召喀尔喀蒙古来归顺。同时，达赖有随从3000人，如果在边外会见，有利于减少朝廷的接待费用。达赖若希望到内地看看，可以少带随从。但是，以内翰林秘书院大学士兼都察院左都御史洪承畴为代表的汉大臣，对此却持相反的意见。

洪承畴对顺治帝说："皇上为天下国家之主，不当往迎喇嘛。"他从儒家大一统的思想立场出发，指出皇帝代表的是国家中央政权，皇权高于一切，宗教必须接受皇权控制，皇帝亲自出边去会见一位被称为"活佛"的喇嘛显然不当。他认为派一员大臣代表皇帝前去迎入京师为宜。至于达赖喇嘛带来的庞大随从队伍，洪承畴认为，"遇岁歉，不可令入内地"，应该让他们住在边外，赏赐金银财物，这同样能够体现中央政府尊重宗教、敬重达赖。

顺治帝从争取喀尔喀蒙古归顺的愿望出发，没有采纳洪承畴等汉大臣的意见，决定御驾出边迎接活佛，并于九月十一日正式通知五世达赖，将在边外的代噶会见他。

但是，洪承畴始终认为皇上亲往边外迎接一位活佛是不当的，于是，他联合另一位汉大臣陈之遴拟再次动本力谏。

洪、陈等利用钦天监（掌管观察天文气象、推算节气、编制历书的官署）上奏的"太白星与日争光，流星入紫微宫"这一天象变化，运用天人感应思想，上奏顺治帝说：太白敢于争明，流星敢于突入，这是上天垂象。"今年南方苦旱，北方苦涝，岁饥寇警，处处入告"，这是垂象的具体体现。劝皇帝以国家全局为重，切勿轻易远行。又说："达赖喇嘛自远方来，遣一大臣迎接，已足见优待之意，亦可服蒙古之心，又何劳圣驾亲往为也！"这份奏章，在今天看来，纯属是以迷信为借口，甚至有点危言耸听，但在当时却可能成为打动皇帝的理由。果然，在奏本呈上的当天，顺治帝即决定接受他们的意见，并传旨："此奏甚是，朕行即停止。"同一天，顺治帝还派大臣索尼传谕旨，大大地表彰了洪承畴和陈之遴。谕旨说："卿等谏朕勿往迎喇嘛，此言甚是，朕即停止。以卿等贤能，故擢赞密勿，嗣后国家一切机务，及百姓疾苦之处，如何始合民心，如何不合民心，卿等有所见闻，即详明敷陈，勿得隐讳。"

顺治帝采纳洪承畴等的建议，对迎接达赖的仪程进行了一系列详尽的安排部署。十月上旬，顺治帝派和硕承泽亲王硕塞出边外迎接五世达赖。十二月，五世达赖乘坐顺治帝特赐的金顶大轿到达北京，顺治帝出城，在南苑以特别隆重的仪式会见达赖，并举行盛大宴会。随后，五世达赖住进顺治帝特地为他在京师北郊修建的西黄寺，并令户部拨布施白银 9 万两。五世达赖在京期间，顺治帝多次接见并宴请、赏赐。次年（1653）二月，五世达赖请辞返藏，顺治帝在太和殿赐宴，又赏赐达赖黄金 550 两，白银 1 万 1 千两，大缎 1000 匹，以及其他珍贵物品。之后，顺治帝亲自送至南苑，又命硕塞伴送五世达赖至代噶。接着，顺治帝又派礼部尚书觉罗朗球到代噶，召集蒙古外藩王公、贝勒等与达赖相会。在那个隆重的场合，觉罗朗球宣读顺治帝圣旨，宣布赐予五世达赖"西天大善自在佛所领天下释教普通瓦赤喇怛喇达赖喇嘛"封号，册、印用黄金制成，以满、汉、蒙、藏四种文字刻写。这是正式用法律形式确定了"达赖喇嘛"的名号及其在满蒙佛教各派中的领袖地位，为后来历任皇帝进一步治理西藏奠定了基础。顺治帝当年授予五世达赖的金印，至今仍收藏于西藏博物馆内，并向公众展出。

至此，因迎送五世达赖的方式在朝内引起的大讨论，终于以顺治皇帝采纳洪承畴等人的意见而圆满结束。这次迎送达赖的政治影响不可低估。第一，使喀尔喀蒙古与清中央政府的政治联系更加紧密。顺治十二年（1655），喀尔喀蒙古两大封建主土谢图汗、车臣汗各遣子弟携带表文来朝见顺治皇帝。同年，清中央政府又在喀尔喀设八扎萨克（清代蒙古各旗旗长称"扎萨克"），分左右翼，加强了对喀尔喀蒙古的管辖。第二，加强了中央政府与西藏地方宗教领袖的关系。在此之前，中央政府接见西藏活佛的仪轨，并无章法可循，而此次迎接达赖时得体的仪轨、隆重的规格，表现了清中央政府对达赖的充分尊重，促进了民族团结和国家统一。正是由于洪承畴力谏不懈，为清廷正确处理中央政权与西藏地方宗教领袖的关系奠定了基础，彰显了多民族大一统的原则，意义是相当深远的。

重温这一段历史，可以见证西藏自古就是中国不可分割的一部分。流亡海外的十四世达赖集团否认历史，鼓吹"西藏独立"，是站不住脚的，是注定要失败的。

作者注：本文 2008 年 8 月 18 日首发于国家清史纂修领导小组、国家清史编纂委员会办公室编印的《清史参考》（内部资料）第 31 期，后收录于《清史镜鉴·部级领导干部清史读本》一书，国家图书馆出版社 2009 年 7 月出版。

洪冠才舍身赴徭役

《武荣翁山洪氏族谱》记载：

> 四世祖谦斋公，讳冠才，字子贵。生元顺帝元统元年（1333）癸酉岁二月十一日子时，明永乐己丑岁（1409）奉命解粮银往京师，卒于扬州黄河。辛卯年（1411）五月十六日有持头帽讣至，因以为忌辰，享年七十又七。子三：长普生，未婚而卒；次观生，号谨独；三宗生，号居易。

这是关于英都洪氏生聚发展历史的一段重要记载。英都洪氏始祖四代单传，至第四世洪冠才（逝世后谥号谦斋公，俗呼"四世祖"），才生有三个儿子，长子洪普生未结婚就逝世了，留下二儿子洪观生、三儿子洪宗生传代。也就是说，翁山洪氏传至第五代，才有兄弟二支，洪观生号谨独，是五世东轩之祖，洪宗生号居易，是五世西轩之祖。至第六世，东轩支分 8 房，西轩支分 4 房，东西轩共 12 房传代，从此绵绵瓜瓞，始有今日海内外翁山洪氏子孙 30 万人之盛。

翁山洪氏族谱中记载的洪冠才解银粮往京师，卒于扬州黄河之事，就是老一辈经常引以教导子孙的"四世祖沉黄河"故事。

古代州县每年都有向朝廷国库上缴财物的任务。因此，每年都派大批民夫挑运钱银及贡品进京缴库。古代交通不便，南安距首都万里之遥，千川万壑。挑运钱银的民夫，也叫挑夫，是无偿服役的，谁都知道这是个苦差事，不但千辛万苦，来回可能历数年，还有生命危险。

据分析，元末明初，英都人口在千人左右，姓氏众多。但洪氏只有 1 户，男丁有父子 3 人，属于弱势，显然处于受歧视地位，派给洪姓 1 个民夫名额是没商量的。当时洪冠才已 77 岁高龄，接近耄耋之年，按理说应由年轻力壮的儿子去服徭役。但洪冠才深感自己在家族中责任的重大。翁山洪氏历一百多年，四代单传，是一个非常危险的信号。直到洪冠才有了 3 个儿子，然而大儿子又早年病死。所以他冒着生命危险，挺身而出，勇敢担当，把生存的机会留给了 2

个儿子。

　　族谱记载比较简单，但在老一辈的传说中有较具体的细节。说洪冠才一行民夫走到江苏扬州时已是严冬，冰封雪冻，黄河河面结冰，押运官不熟悉汛情，强行指挥民夫履冰过河，结果薄冰塌陷，洪冠才沉江身亡，终年77岁。

　　洪冠才伟大的牺牲精神，保住了翁山洪氏第五代有东、西轩两支传代，起到了承先启后的作用，从此家族繁衍昌盛，翁山洪氏才能在洋洋百家姓中成为优秀的一族。仰望先贤，后辈应该永远怀着感恩之心。

　　（特别提示：黄河历史上曾经有过26次大改道，其中，宋元时期曾被人为逼堵南流，夺淮入海，所以扬州历史上是有黄河的，请不要误认为是族谱写错。）

洪宙的好家教带出好儿孙

翁山洪氏东轩八世二房洪宙，字于宁，号质庵。生明成化己亥年（1479），卒嘉靖庚戌年（1550），享年72岁。

洪宙一门是翁山洪氏古代最辉煌的家族。子孙个个非常优秀，共登进士10人，中举人11人，拔贡生12人，秀才75人，有"祖孙四代十进士"之誉。二子洪庭实，是翁山洪氏第一位举人，授官铜仁府同知。三子洪庭桂，是翁山洪氏第一位进士，官至河南道监察御史。孙洪有第，25岁连捷登进士，授新城县令。孙洪有复登进士，官至湖广布政。曾孙洪启睿京城会试第一名（会元），殿试钦赐"金殿传胪"（二甲第一名）。曾孙洪启遵登进士，巡按山东时，在泰山上立"孔子小天下处"碑。名宦辈出，代代延续。

这一代代优秀人才，是洪宙的好家教带出来的。

洪宙早年丧父，兄长又体弱多病。为了家族兴旺，他毅然辍学务农，担当家庭重任，专务稼穑，勤苦耕耘。家资渐起后，他禀告母亲，英山（英都）虽然山川佳美，但这个地方在丛山曲泉之间，是隐士盘桓的地方。要栽培子孙，宜进入府城，才能接受良好的教育。母亲同意他的意见，遂移居泉州府城之南，子孙个个送进府学读书深造。他教育和勉励子孙，男儿"应立身行道，扬名后世"，青年应以争取"当今第一流为上务，毋效空作昂藏丈夫"（"昂藏丈夫"意思是光有雄伟的仪表而已）。他这种良好的家教，鞭策着儿孙个个努力奋发向上。

洪宙以身垂范创建的好家风，直接影响着儿孙的进步成长。家资渐起之后，每逢灾年他就拿出藏粮，薄利借给贫困户，对确实无力偿还者"毁券以赦之"（把借据销毁作废，赦免债务）。子孙显贵以后，他更加谦逊，更加恭敬待人。他树立的好榜样，成为儿孙步入政坛以后兢兢业业、为国为民效力的精神基因。

洪宙子孙宦绩摘要如下。

子洪庭桂，进士，授官"行人"（明代所设管传旨、册封等事的官职），因"刚介守法"升河南道监察御史。任监察御史时，他秉公办事处分了一个官员，得罪了权贵，被贬为德兴县令。洪庭桂以辞职表示抗议，退休回家。

孙洪有第，25岁登进士，授浙江新城县令。初到任时城中权贵欺他是文弱书生，散布各种流言，议论他的长短，但洪有第兢兢业业处理政务，把一个县治理得井井有条。灾年他亲自上第一线救灾赈民，两年政声斐然。他在调任新会知县时，"父老攀辕泣别"（父老拦住他的车，流着眼泪告别）。后来，他因劳累过度，年仅27岁就病死于任上。

孙洪有复，进士，授官湖南武陵县令。到任后他实行公平税赋，依法追缴有权势的人逃避的税款。他因不怕得罪权贵而受朝廷表扬，调入京城升"工科给事中"。任京官时，上级要他去究办一个敢于揭发奸臣的进士。洪有复义正词严地说：别想让我做陷害好人的事去取媚权贵！他自请外转地方为官，政绩斐然，升至湖广布政。他关心民间疾苦，为民请命，并善于安抚少数民族，一生鞠躬尽瘁，63岁卒于任上。

曾孙洪启睿，进士。授礼部主事，晋祠祭司郎中。他因不愿巴结在朝专权的阉党，贬浙江金衢道守。因其"为官秉正，察吏戢奸，荡涤苛烦"，升两浙按察使、浙江左布政。治浙期间，"浙东饥，浙西涝"，他请求朝廷蠲免钱粮，不辞劳苦赈济灾民；加强海防建设，打退来犯的倭寇，保浙东沿海安宁。四明百姓还为他建生祠奉祀。退休后他还为乡族贡献了许多。

曾孙洪启遵，进士，授江西省吉安府推官，升湖广道监察御史，奉旨巡按山东。崇祯丁丑年（1637）与山东巡抚颜继祖登泰山绝顶，在孔子"登泰山小天下"处立"孔子小天下处"碑，为我们留下了一处传承博大精深中华文化的珍贵史迹。惜于庚辰年（1640）在济南巡城坠马殉职，年仅37岁。

明清两朝英都优秀人才大盘点

翻开《泉州府志》《南安县志》《武荣翁山洪氏族谱》等志书，你会发现，在古代的历史长河中，明清两朝的福建泉州府南安廿七都，是一道特别耀眼的风景线，翁山洪氏一族，自西轩六世洪旸道在云从古室开馆创办乡学以后，一代代莘莘学子，青春作赋，勤耕苦读，九世洪庭桂首中进士，此后人才接踵，名宦辈出。本文是英都镇党委书记陈金颖同志出的题，要求发掘史料，来一次英都明清两朝优秀人才的大盘点。让我们怀着景仰的心情，恭敬地翻开志书，探骊寻珠，去瞻仰先贤创下的光辉业绩吧！

一、明清两朝翁山洪氏的科举成绩

秀才：570 人。

举人：65 人。省试，也叫"乡试"，考试合格为"举人"，举是"荐举"的意思，即把这些考试出来合格的人才，荐举给朝廷。乡试第一名叫"解元"，英都在明朝万历丁酉科（1597）中，东二房十二世洪承选中"解元"，这是英都史上唯一的解元，可惜他后来中进士后，未及授官就在京病逝。

翁山洪氏第一位中举人的是明朝嘉靖乙酉科（1525）举人洪庭实，东二房九世。

进士：18 人。其中，文进士 17 人，武进士 1 人。（进士分三甲，即三个等级的意思。一甲固定只有三名，依次是状元、榜眼、探花，统称"进士及第"。二甲有几十名或一百多名，二甲第一名叫"金殿传胪"，以下不分名次，统称"进士出身"。三甲几十名或一百多名，不分名次，统称"同进士出身"。在明万历壬辰科（1592）中，东二房十一世洪启睿在京城会试获得了第一名，称为"会元"，后经皇帝殿试，钦点为二甲第一名，即"金殿传胪"。）

翁山洪氏第一位中进士的是明朝嘉靖戊戌科（1538）进士洪庭桂，东二房九世。

秀才、举人、进士，是古代科举的"三部曲"。中了进士，才是科举的结束，仕途的开始。但也有人中举人以后受聘任当了县学教谕、训导之类的小官，然后步步高升。

还有一种"贡生",贡生即基层选拔推荐去"国子监"（国家级的学校）读书的生员。贡生不是科举的等级，只能证明他是朝廷国家级学校的学生。但贡生也不容易，得到"贡生"资格，地位次于"举人"，也有人以贡生身份被荐举去当职位较低的小官。

英都共出贡生63人。

二、明清两朝翁山洪氏的官员（七品以上）

（一）"国家级"官员1人

清顺治武英殿大学士洪承畴（东五房十二世），一品。

（二）"部委级"官员4人

"正部级"1人：清太常寺正卿洪士铭（东五房十三世），三品。

"副部级"3人：明太仆寺少卿、山东按察使洪启遵（东二房十一世），三品。

（太仆寺是古代朝廷中央机构，明朝太仆寺是负责掌管车马之官署。）

明兵部侍郎洪启初（东二房十一世），三品。

清刑部侍郎洪奕懿（东五房十四世），三品。

（三）"省部级"官员4人：明万历湖广左布政洪有复（东二房十世），从二品。

明万历浙江左布政洪启睿（东二房十一世），从二品。

明万历署云南左布政洪启胤（西长房十一世），三品。

（"署"是代理之意。"布政"一职，在明朝是一省最高行政长官）

清襄阳镇总兵洪奕沔（武职，东五房十四世），二品。

（四）四品知府、道台8人

明嘉靖海州知府洪庭实（东二房九世）。

明崇祯汾州知府洪承绥（东二房十世）。

明剑州知府洪士锦（东五房十三世）。

明徽州知府洪有助（东五房十世）。

明河南道道台洪启钟（东五房十一世）。

清韶庆道道台洪承撰（西长房十二世）。

（道台是低于省巡抚、总督，高于知府的一级地方长官。）

清乾隆襄阳知府洪世佺（东四房十五世）。

清乾隆东昌知府洪世议（东四房十五世）。

（五）五品知州、府同知3人

明许州知州洪启采（东二房十一世）。

明广州府同知洪启进（东二房十一世）。

清嘉应州知州洪开泰（东三房十四世）。

（六）七品知县、推官、府学教授、训导18人

明海南知县洪有第（东二房十世）。

明江山知县洪有容（东三房十世）。

明仙居知县洪有观（东五房十世）。

明罗博知县洪启煊（东五房十一世）。

明登封知县洪启绶（东四房十一世）。

明开建知县洪启唯（东二房十一世）。

明东莞知县洪享衢（东二房十二世）。

明广州府推官洪士宏（东二房十三世）。

明瑞州府推官洪钟英（东长房九世）。

明苏州府学训导洪庭芳（东二房九世），从七品。

清潮州府推官洪化龙（东二房十三世）。

清海康知县洪元吉（东二房十三世）。

清乐平知县洪经纶（东四房十四世）。

清永川知县洪世润（东四房十五世）。

清泉州府学教授洪士誉（东五房十三世）。

清泉州府学教授洪素进（东二房十五世）。

清肇庆府学教授洪承永（东五房十二世）。

清建宁府学训导洪世僎（东四房十五世），从七品。

（七）在中央机关任职或派出监察的官员8人

明河南道监察御史洪庭桂（东二房九世），七品。

明都察院经历洪启聪（东二房十一世），六品。

明户部郎中洪承楷（东二房十二世），五品。

清工部郎中洪承龙（东二房十二世），五品。

清翰林院庶吉士洪科捷（东四房十四世），七品。

清翰林院检讨洪世泽（东四房十五世），七品。

清户部主事洪承畿（东五房十二世），六品。

清内阁中书舍人洪士鼎（东二房十三世），七品。

（八）武职官员7人（洪承畴、洪奕沔已上列）

明黄冈守备洪有则（东二房十世），五品。

明泉州卫冠带总旗洪启文（东二房十一世），七品。

清武略骑尉洪安邦（西二房十七世），六品。

清镶黄旗佐领、升监察御史洪德标（东五房十五世），四品。

清山东守备、昭毅将军洪哲燕（东五房十六世），三品。

清泉州府蚶江分府洪唯诺（东五房十七世），六品。

清厦门水师提辖台湾安平镇参将总兵洪绍兰（东二房十六世），四品。

以上文武官员计一品 1 人，二品（含从二品）3 人，三品 6 人，四品 10 人，五品 6 人，六品 4 人，七品（含从七品）23 人，共 53 人。

明清两朝是翁山洪氏人文的鼎盛时期，尤其是大明万历一朝，除了三个省布政司使，还有各部的侍郎、郎中、主事及朝廷派出的监察御史、按察使等，一大批翁山洪氏官员同立朝班，簪缨相望，群星璀璨。至清，洪承畴定国安邦，为加速大清统一进程，建立统一的多民族国家做出了重大贡献。这一切都归功于翁山洪氏重视文化教育，重视家风家教。遥想当年，洪旸道创办乡学，洪氏一族 12 房，人口不过 40 多人。据测算，即使到万历年间出了 3 个左布政，洪氏全族也不过 3000 人左右，直到大清的雍乾以后，翁山洪氏一族才繁荣发展，乾隆以后人口才上万。由此可见，按这一人口比例，出了这么多的优秀人才，是非常优异的。重教培、育英才，知识改变命运。一代代青年才俊，锐意进取，走出农村，跻身仕林。他们是值得后辈学习的典范。可喜的是，翁山洪氏这一优良传统，在新的历史时期进一步发扬光大。改革开放以来，翁山子弟优秀人才接踵而出，无论是科教文卫，还是士农工商，都出类拔萃，英才济济。他们创造的许多业绩，留待后人去盘点了。

2022 年 7 月 14 日

明进士洪有助故居

十多年前就有热心人士向我报料，明进士洪有助的故居在霞溪村的橄榄坑，并建议及时抢修，为后代保留一处可供凭吊的先贤遗址。光阴荏苒，倏忽十余年，这充满神秘感的先贤故居遗址我却一直未去考察，时有想起，心头竟有欠债一般的感觉。

8月11日，恰逢周日，我和霞溪村党委书记洪再双茶叙，偶然提起这一话题，于是说走就走，中午十一点十分，冒着高温，我们驱车到搭家垅水库，然后步行走上名为"橄榄坑"的山坡，拨开荆棘，踏上布满青苔的石阶小径，终于走到了心仪已久的洪有助故居。

洪有助故居是一栋建于明代万历年间的闽南民居，坐西北朝东南，面阔5间2进，土木结构，立面为不规则石块墙裙，墙裙以上是表面抹白灰的土坯墙。"小七架"规模，土埕，埕前有一米许的石砌围墙。历400多年风吹雨蚀，建筑几经修葺，立面墙仅有"角间"部分基本保持原貌，山石砌成石墙裙尚存，顶端的混水土坯墙，外层白灰已掉落，露出黄泥"土葛"。"下房"的立面墙则经过改造，已脱离原貌。大门台也经过修葺，面目全非，但屋面黑色瓦片基本保留，整栋屋宇格局完好。埕前有一米多高的石砌围墙，仅有一段保存完好，原汁原味的石围墙默默地守护着这栋明朝古厝的沧桑。

洪有助（1570—1616）是翁山洪氏第十世，东轩五房裔孙，他18岁中举人，22岁登进士，居官政绩非常优秀，从南安府推官升任工部郎中，后任广东水利盐法道按察副使、徽州知府，又迁升至广东屯盐道副使，为官清廉，秉公执法，打击私盐，惜英年早逝，享年仅47岁。他出身寒门，奋发成才，清廉办事。面对如此简陋的瓦房，我们无法想象这样优秀的人才是怎样从这里"炼"出来的。

根据洪瑞生1992年主编的《翁山谱志》记载，洪有助的2个儿子，分别徙居浙江温州和福建泉州，可见该房屋应是他的堂亲承继居住的。

值得一提的是，这栋有将近500年历史的古民居，不但在明朝培育出一位进士，还在现代的革命斗争史上有过光辉的一页。

1949年初夏，闽中地下党安南同边区工委派人潜入霞溪村的塔垵，组织农会，开展反征兵、征粮、征税运动，策划国民党人员反正，收缴枪械，成立了一支20多人的游击队，并建立了隶属于南英中学党支部的塔垵党小组，组长为洪德卿（厚忠）。塔垵游击队参加了1949年5月15日解放英都的战斗。国民党反动派并不甘心失败，调动了325师、福建省保安二团等武装力量对英都进行了三次围剿，游击队转入地下，秘密开展斗争，为应对敌人的疯狂反扑，塔垵党小组曾经两次潜伏在橄榄坑的洪有助故居内，秘密开会研究反围剿斗争策略，为迎接解放大军南下做好各项准备工作。

霞溪村在规划建设美丽乡村的过程中，村党委会、村民委员会为居住在洪有助故居的产权人另外安排宅基地，帮助他另建楼房。现在，洪有助故居房产已属于霞溪村村民委员会所有。洪再双说，村委会打算对该古厝进行按原貌修葺，达到修旧如旧的目的。修复之后，既可用于展示翁山洪氏科举文化及名宦业绩，供年轻人凭吊，也是修复一处革命遗址，作为革命传统教育的场所。我非常期待这一好事、实事早日实现。

2019年8月12日

洪启睿治浙安民

洪启睿（1566—1616），字尔介，号切原；英都洪氏东二房洪宙的曾孙；明万历壬辰科会试第一名（会元），殿试二甲第一名（金殿传胪），授礼部主事。

礼部主事是礼部官员中职位最低的官员，正六品。洪启睿的职务分工是"典属国"，这是一个负责与少数民族交往的工作。但他一上任就揭发了一批瞒上欺下的误国奸臣，其中包括兵部尚书石星里通外国的犯罪行为。他的行为引起了当时的弄权阉党的重视，许以封官，要拉拢他为同党，但洪启睿不愿与宦官同流合污，拒绝了阉党的引诱。因此，虽然他既正直又有才干，但被阉党记恨在心，始终不得升官。

后来阉党垮台了，洪启睿才被擢升为礼部祠祭司郎中，是个地位仅次于侍郎（副部长）的高级官员，奉命视学两浙，就是到浙江省巡视检查、督察教育工作的正五品官。因他严格按章督察，政绩显著，被转任金衢守道，这是省布政使司所设的驻守金华、衢州的地方官。洪启睿到任不久就清除处理贪官污吏，大刀阔斧地减少了强加在老百姓头上的苛捐杂税，因而又升任两浙按察使（相当于现在省公检法机关的负责人）。当时倭寇猖狂，骚扰浙江沿海，洪启睿到任即"治兵海上"，加强海防建设，有力击退了倭贼入侵，使四明地区的沿海百姓得以安居乐业，群众自发为洪启睿建生祠，把他当作神一样奉祀，可见老百姓对他满怀感激之情。由此，他又升任右布政使（从二品官职）。

洪启睿为官一向以正直廉明著称，任右布政使后，他为蒙受冤案的官员"抗力昭雪"，亲自入京觐见皇上，平反了许多蒙冤的官吏。为此，他又转任左布政使。

当时浙东闹饥荒，浙西洪涝成灾。洪启睿不辞辛苦，东西巡察，指导救灾赈灾，向朝廷上疏请求蠲免百姓钱粮，所奏皆准。他自己还捐出俸银，赈济灾民。

庚戌年（1610）计典完毕（计典是朝廷对官员三年一次的绩效考评），洪启睿决意退休，在申请得到批准后，他回乡归农，"淡然家居"。甲寅、乙卯两年，泉州水灾，他"怆然捐恤"，把退休金拿出来赈灾救民。

洪启睿生于嘉靖丙辰年（1556），卒于万历丙辰年（1616），终年61岁。他一生揭发奸党无数，平反冤狱无数，救济平民无数，治浙功勋卓著，不愧是一代名宦、洪氏贤裔、忠良之后。

洪承畴的家风

家风是指家庭或家族世代相传的风尚和作风，是一个家庭形成的风气，是一种由父母或祖辈提倡，并且以身作则、言传身教，影响家庭成员而形成的风尚和作风。

洪承畴一门好几代人一贯勤苦耕读、追求知识、重视教育的家风故事，是很感人的。

洪承畴虽然出身翁山望族，但实际上到他的祖父这一辈已经家道中落，过着很清贫的日子。就是在这种清贫的家庭中，形成了刻苦读书、追求知识的风气，代代相传，并且发扬为重视教育，甚至奉献财力、物力创办教育、造福民众的风气。

洪承畴的祖父洪有秩，自幼体弱多病，但他能克服经济困难和身体虚弱给学习带来的影响，考中秀才后，以优异的成绩考中举人，之后又顽强地带病赴京参加会试，在途中因病逝世于浙江杭州，年仅29岁。

洪有秩逝世以后，遗孀戴氏生下了遗腹子洪启熙，戴氏含辛茹苦抚养洪启熙成人，并在家境非常困难的情况下让洪启熙读书，中了秀才。

洪启熙就是洪承畴的父亲，他娶妻傅氏。傅氏是名门望族之后，聪明贤惠。洪启熙一直多病，后来无法从事农业劳动，傅氏就把田地出租，自己则做豆干维持生计。洪承畴童年曾在家族中的馆学读书，但因父亲生病而辍学。白天，他挑着担子去墟埔卖豆干，晚上点着油灯在妈妈傅氏的教导下勤奋攻书，后来他被恩师洪启胤发现，免费收为学生，又在家族的支持下去泉州府学深造，连中秀才、举人、进士，走上仕途后成为明、清两朝重臣，尤其对清廷统一中国、建立统一的多民族国家贡献很大。洪承畴一家重读书的家风非常浓厚，他的两个弟弟都中了秀才，其中洪承畯还成了著名的书法家。

洪承畴走上仕途以后，一生南征北战，大部分时间是在军旅生活中度过的，但这并没有妨碍他的儿子、孙子勤读书、学知识。这应该归功于洪承畴家庭代代传承的重读书风气。洪承畴的儿子洪士铭，清顺治年间中进士，官授太常寺正卿。洪承畴的孙子洪奕沔，中过秀才，在洪承畴逝世后世袭轻车都尉武官，他将朝廷赏赐给洪承畴的崇文门外洪家私宅献给京城办义学，让穷苦书生有读书的所在，这就是清代顺天府著名的金台书院。康熙皇帝亲笔题匾——"广育群才"。这里后来成了北京崇文门外的金台中心小学。

然而，洪承畴家族重视教育的故事到这里还没完。

到了民国初年，洪奕沔的第八代孙，也就是洪承畴的第十代孙洪永清，将洪承畴在北京东城区南锣鼓巷 59 号的洪承畴奉祀祖先神主牌位的宗祠 3 间无偿捐献出来，创办了北平私立崇实小学，并亲自担任校长。这所小学在中华人民共和国成立后收归公办。

从洪有秩到洪永清，其间 300 多年，经历了 12 代人，尊师重教、刻苦读书学习的勤奋学风不断，并且倾家办学、贡献公益教育事业，浓浓书香代代相传，优秀人才辈出。洪承畴的家风，是很值得宣传和学习的。

洪科捷倡修南安文庙

始建于北宋的南安文庙，命运多舛，800多年来几经兴废，其中，规模最大的一次修复工程是在清雍正年间，由英都举人洪科捷首倡发起的。

雍正五年（1727），世宗皇帝诏谕各省，号召郡、邑兴修文庙，全国各地相继掀起大修文庙之风。雍正壬子年（1732），在家继续攻书、准备继续参加会试的举人洪科捷，首发"重新南安文庙"的倡议。洪科捷在康熙辛卯年（1711）中举人，选授福建浦城县教谕，在职三年，他以"振学兴文"为己任，捐出薪俸修理学宫，"更新门庑"，亲自"召诸生讲学，亹亹不倦"，从此浦城学风大振。其在浦城治学有方的事迹遐迩闻名，享有盛誉。他出面倡修文庙，立即得到南安的进士、举人、贡生等乡贤达人的热烈响应。洪科捷请省督学周学健、知县刘銮亲到现场视察，两位官员面对失修将近200年的南安文庙"朽蠹剥落"的状态发出感叹，对洪科捷的倡议充分肯定并表示支持。工程于雍正癸丑年（1733）三月正式启动，甲寅年（1734）五月竣事。项目包括重修文庙正殿、两庑、棂星门、戟门，重修崇圣祠、紫阳祠，择地重建明代被倭寇焚毁的朱子祠、文明祠（奎星阁），移建文昌祠、土地祠，修复名宦祠、乡贤祠等，项目众多，工程浩大，历一年又两个月完全告成。周学健称"规模敞如，金碧辉如"，"既丽且固"，对全面修复的文庙建筑大加赞颂。

洪科捷为修复南安文庙殚精竭虑，从发动筹资到工程启动，直至全面完工、择吉告成，始终亲躬亲为。他还为这些项目完工一一做记，《重新南安文庙记》《移建文昌祠记》《移建土地祠记》《重建文明阁记》等系列记文，为我们留下了珍贵的南安文明兴衰史料。在这些记文中，洪科捷记载了为修建工程认真审核的陈经邦，辛苦跋涉组织资金的梁开汀、王纶礼、王联登、黄通理、吕玉珩、叶长源，到处宣传发动的黄灿、赵育麟、黄维枢、傅圭等的忘我劳动，唯对自己的贡献只字不提。他说，"董事曷为不记名？隐也。"他认为，做好事不是为了留名的，至于把陈经邦等人公而忘私的行为写出来，是为了鼓励后来人向他们学习。

清乾隆版的《泉州府志·国朝文苑》对洪科捷倡修南安文庙的事给予了明确的记载："……南邑文庙倾圮垂二百年，洪科捷毅然劝捐兴修，躬董其役，逾年告成，奎星阁亦焕然一新，为文记之。"（荒废了近200年的南安文庙，是由洪科捷发动捐款并亲自参与工程重新建成的，而且亲自写文章记之。）为南安文化做过重大贡献的洪科捷，自己不留名，但泉州府的志书没有把他遗忘。

乾隆己未年（1739），53岁的洪科捷考中进士，授翰林院庶吉士，与早他两年考中博学鸿词科进士、授翰林院编修的儿子洪世泽同在翰林院供职，是古代泉州唯一的"父子翰林"。从25岁中举人至53岁登进士，其间28年，洪科捷不但继续勤奋攻书，还为振兴地方文运办了许多实事，贡献良多，特别是他倡修浦城县学宫和倡修南安县文庙，竭力亲为、"忘私济事"的精神非常可贵。

洪奕懿会同县治海怪

洪奕懿，字求仲，英都洪氏东五房十四世。清康熙壬子科（1672）乡试第三十八名举人。初授福清县学教谕（古代县学的教师），转而升任汀州府学、福州府学教授（府学中管教育的官），后又擢升广东会同知县。因在会同期间政声卓著，又擢升刑部侍郎。

洪奕懿以举人出身，从一个县管教育的小官做起，一路升迁，做到朝廷高官，并不是靠什么运气或背景，而是他认真敬业、尽职从政而被不断提拔重用的结果。他任会同县（今广东新会）知县时，有一段治"海怪"的故事被传为佳话。

洪奕懿是个善于深入民间体察民情的好官。他一到任会同县，就下乡巡视、了解民生。他听得沿海农民诉苦说当地沿海有一种"海怪"，外形十分丑陋，常常于稻谷成熟时上岸毁坏农作物，严重的可致稻子颗粒无收。洪奕懿对"海怪"之说十分重视，嘱咐民众近期如再有"海怪"光顾，要立即报告，一定亲到现场察看。果然，有一日农民来禀报说，又有"海怪"来损坏农作物，来势非常凶猛，无以奈何。洪奕懿立即带领随从到海边一看，原来是一大群鲎鱼浩浩荡荡爬进稻田，肆意剪食稻谷，满田稻谷被践踏损毁，一片狼藉。他告诉农民说："此非怪物，鲎也！"农民问："鲎是何物？"洪奕懿耐心解释："鲎是海洋的一种动物，外形虽丑，但可作肉食，味道鲜美。甲壳还可制作'鲎勺'，是厨房的用具。这是上天对人类的恩赐，非怪物也！"洪奕懿叫手下捕捉鲎鱼，带回县堂后吩咐从家乡随行的厨师宰杀烹饪，大摆"鲎宴"。发请柬遍请沿海农村、市场商户的乡绅长老来县堂共品佳肴。众人从未吃过这种怪鱼，不敢动筷。洪奕懿笑呵呵地说："不用怕，本官先吃。"然后大口大口地吃了起来。大家才跟着品尝，果然味道鲜美非同一般，连声赞曰"好料好料"。

从此，会同县市场上多了一种海鲜，民间筵席上多了一道佳肴。洪奕懿教沿海农民捕杀鲎鱼，化害为利。农民免受"鲎害"，稻谷丰收。鱼商多了一项经营品种，增加了营业收入。民众感其恩德，在县城为他立生祠奉祀。为铭记洪奕懿首倡吃鲎，当地人将鲎称为"红鱼"（"红"与"洪"同音）。

当年鲎鱼横行，猖狂地损毁农作物为害，洪奕懿只好倡议捕杀。而现在由于环境被污染，鲎鱼濒临绝种，人类已经把鲎作为保护动物了。重温洪奕懿治鲎的故事，不禁使我们对生态环境的变化感慨万千！

襄阳知府和他的家丁保镖

任过湖北襄阳知府的洪世伶，是英都洪氏明、清两代出过的 18 位进士中的最后一人。

洪世伶的父亲洪奕瑞，是翁山洪氏东四房洪士亮（封君）的第四子。洪奕瑞不但自己中了举人，他的 5 个儿子也全部中举，都走上了仕途。洪奕瑞一家，是洪士亮这个显赫家族中的优秀一派。特别是乾隆庚午年（1750），洪奕瑞和他的三子洪世伶、四子洪世议父子 3 人赴省乡试同榜登举人，传为佳话。洪世议授山东省兖州通判，后来擢升山东省东昌知府。而洪世伶则继续攻书，于乾隆丁丑年（1757）赴京会试中了进士，授山西芮城知县，又迁临汾知县，擢升汾州府同知、湖北襄阳知府，60 岁退休回英都居住。

洪世伶为人忠厚谦和，居官能体恤民情，勤施仁政，所以步步升迁，官至四品。退休后山居农村，以诗文自娱，著有《春草堂文集》《哨园诗文集》，惜皆散佚无存。

洪世伶秉性谦和，从他和家丁相处几十年的故事中可见一斑。

洪世伶于乾隆丁丑年中进士，授山西芮城知县，赴任之后即雇一名当地李姓农民为家丁，担负随身保镖之职。当时，这位保镖已届不惑之年，练就一身武艺，单身不娶。他从山西芮城县起一路跟随，历经芮城、临汾、汾州、襄阳，鞍前马后地悉心侍候洪世伶。洪世伶告老退休时，念他单身一人，让他随身到南安英都的竹仔林桥山（今属英都镇大新村）养老。

到了英都，那李姓保镖依然晨昏认真打理洪世伶生活，从不离洪世伶半步。早晚间洪世伶读书、吟诵、著述，李保镖则在庭前屋后练武术，做健身功课。洪世伶一如既往地优厚待他，从不以老爷主子自居，甚至比退休前更谦逊。

日子久了，左邻右舍的堂亲就看不惯了，窃窃私语，议论纷纷。大家说，我们这老爷子也太忠厚了，老实人容易受骗，这个家丁号称武艺高强，却从未看到他有什么身手。早晚在门口弄拳比步，不过是装模作样蒙骗老爷子罢了。也不知道老爷子凭什么对他那么好，简直奉为上宾。其中就有一人竟直接向洪世伶报告大家的看法，被洪世伶斥责了一通，从此无人敢再议论。李保镖虽是北方人听不懂闽南语，但多多少少也能觉察到，他只当不知。

斗转星移，李保镖已临近古稀之年，动了落叶归根之念，于是向老爷请辞。洪世伶无法挽留，赠送李保镖许多银两作为盘缠路费和养老之资，临走之前又设宴饯行。席间，李保镖道："我跟随老爷半辈子，幸逢太平盛世，也是老爷洪福，我这身武功并未发挥，老爷如此信任，厝边堂亲则多少有些微词。明日一别，我当有所表示。"

次日，李保镖拜别洪世伶，启程回家，洪世伶亲自送出大门。听说李保镖要回家了，许多乡亲都来看热闹。那李保镖走了百来步，回头见老爷和一班人在那里目送，乃放下随身包袱，拱手对大家道："李某跟随洪老爷半辈子，幸逢太平盛世，一身武功从未表现，今日一别，请容我略献小技！"但见李保镖缓缓抬起右手，伸出二指，直指这幢襄阳府第的角间白色砻石墙裙（粉堵厂）发功，喊声："到！"说时迟，那时快，只听得"砰"的一声，粉堵石一缕青烟骤起，好好的一块石板斜斜地断成两截。人们惊得目瞪口呆，此时方信这李保镖果然功夫不凡。而洪世伶则捻须微笑，遥遥拱手致意。这块见证李保镖武艺的粉堵石也因这段故事至今还常常被人参观。

至此，人们才确信李保镖果然武德高尚、武艺高强。而洪世伶优厚体恤下属的佳话也随之遐迩闻名。

盛世修文庙 奕代出英才

据史料记载，南安文庙始建于宋靖康年间（1126—1127）。元延祐、泰定（1314—1328）间继修，几经移位、复建，后圮废。元至正二十三年（1363）在现址复建。有元一朝，南安文庙只有庙殿（也称"礼殿"）戟门、明伦堂而已。

（一）

入明以后，屡经修缮、扩建，至明嘉靖二十八年（1549），知县唐爱主持重修，并于前面开凿泮池，以通潮水，增建石桥、文昌台、应奎坊、毓秀坊。至此，南安文庙形成了有礼殿、棂星门、明伦堂、仪门、泮池、门坊牌楼及馔堂、号房、斋宿所等规制完整的县邑文庙建筑群。这是历史上南安文庙第一次大规模修缮、复建、增建。

此次文庙大修，带来南安文运的大振兴，此后英才辈出。次年即嘉靖二十九年（1550），丰州人傅夏器中庚戌科会试第一名，即"会元"。考试文章一出，京都人士赞为"从来会元所未有"。之后，嘉靖三十八年（1559）己未科会试，南安人黄襄、洪有第、欧阳模 3 人同登皇榜（该科一甲 3 名、二甲 85 名、三甲 105 名，全国共取 303 名。明朝全国共置 1300 多个县），知县于县城丰州立"三进士坊"予以表彰。万历壬辰科（1592），英都洪启睿中会试第一名，他是南安第二个会元。万历丙辰科（1616），英都洪承畴中二甲十四名进士。有明一代，南安共登进士 80 人（其中，英都洪氏有 10 人），举人 290 多人。名宦接踵，彪炳史册。

（二）

之后，南安文庙历经倭寇焚烧、地震灾害以及清初兵寇破坏，清康熙三年（1664）又经一场洪涝灾害，致庙殿、石坊倒塌，祠宇、亭榭毁坏。整个文庙建筑群一片荒凉，面目全非。雍正十二年（1734），英都人洪科捷面对南安文庙荒废景象十分痛心，主动邀请知县刘銮、省督学周学健两位官员到现场考察，倡议重兴南安文庙。清乾隆版《泉州府志》在"国朝文苑"一章记载："……南邑文庙倾圮垂二百年，（洪科捷）毅然劝捐兴修，躬董其役，逾年告成。"这是南安文庙历史上最大规模的一次维修工程，雍正癸丑年（1733）开工，甲寅年（1734）竣工。项目包括重修文庙正殿、两庑、棂星门、戟门，重修崇圣祠、紫阳祠，择地重建朱子祠、文明祠（奎星祠），移建文昌祠、土地祠，修复名宦祠、乡贤祠等，工程浩大。洪科捷始终躬身亲为，竣工后又一一为之撰记。其时洪科捷只是举人出身，却是南安有名望的士绅。

此次大修文庙，再次带来南安文运的振兴。南安文庙修竣后的第三年［乾隆二年（1737）］，英都人洪世泽以秀才身份被推荐参加朝廷"博学鸿词科"的殿试，列全国第二名，赐进士出身，钦命入翰林院掌修国史。又过了两年，即乾隆四年（1739），其父洪科捷也登进士，授翰林院庶吉士。洪科捷父子是泉州唯一的"父子翰林"，被传为文坛佳话。之后，陈桂洲、洪世佺、吴焕彩、吴国乡等接踵而起，都是一代名宦。有清一代南安共登进士50人、举人353人。

南安文庙在明朝嘉靖和清朝雍正这两个国力强盛、经济繁荣的时期重修，都促进了当时南安文化的振兴。第一次重修出"会元"，第二次重修出"父子翰林"，都在当年被称为"文章甲天下"。盛世修文庙，英才接踵而出。郑成功文庙焚青衣，弃文从武反清复明、收复台湾，洪承畴由科举入仕，后来辅助清廷促进国家统一，他们都彪炳史册，光耀千秋。

乾隆皇帝和父子翰林的那些事

　　乾隆初期，英都出了一对"父子翰林"。"少翰林"洪世泽，乾隆丁巳年（1737）以秀才身份被福建巡抚推荐赴京参加"博学鸿词科"殿试。乾隆皇帝经过金殿御试，钦定洪世泽为二等博学鸿词，赐进士出身，授翰林院庶吉士，负责起草皇帝的机密诏书、为皇帝讲解经籍等。两年后，洪世泽的父亲洪科捷，参加乾隆己未科会试，得中二甲五十八名进士。巧的是，洪科捷也因文才优秀而被授翰林院庶吉士。此时，上一届翰林院已散馆，洪世泽继续留任，晋升为检讨。父子同在翰林院供职，这就是令世人非常仰慕的"父子翰林"。

　　乾隆皇帝对洪氏父子有一种特殊的感情。洪世泽金殿御试时写的《指佞草赋》一文正气凛然，声韵铿锵，令乾隆皇帝击节称叹，心里暗暗称道"此子不凡"。据传洪世泽入翰林院以后，乾隆皇帝喜欢和他聊天，常常拿一些莫名其妙的古怪题目来诘难他，而洪世泽总能从容应对，他的睿智让乾隆皇帝折服。民间有许多关于这方面的传说，洪瑞生先生曾搜集民间传说，写了一篇《世泽御前妙对》，收录在《翁山谱志》上册。

　　对"老翰林"洪科捷，乾隆皇帝则是另一种姿态。他对这位 18 年内参加了 6 次会试，屡试屡败而愈战愈勇，终于在儿子登科两年后迎头赶上也进入翰林院的老儒生心存敬佩。当时，乾隆皇帝才 28 岁，而洪科捷已经 53 岁了，虽是君臣关系，但乾隆帝对洪科捷带有对长辈一样的尊敬。所以，洪科捷在任期间，乾隆皇帝有空就找他品茶聊天，读诗论文，与和洪世泽言谈中常常莫名其妙诘难的态度完全不同，他和洪科捷的言谈态度是很客气的。

　　洪科捷自幼在家塾接受过良好的教育，后又在泉州府学继续攻书，是个出类拔萃的儒生，故他的父亲为他取名科捷，期望他科科连捷，青云直上。偏偏命运和他作对，自康熙辛卯年（1711）乡试中第五十五名举人后，他经历了 6 科会试，18 年后才中进士。虽属大器晚成，但毕竟才华出众，被授翰林院庶吉士这个令许多人羡慕的职位，前途无量。但是，对于乾隆皇帝的青睐，洪科捷是敬畏与警惕并存的。

乾隆皇帝虽然贵为"天子"，却酷爱旅游，这也在他和洪科捷的品茶聊天中表露出来，他多次问到洪科捷家乡的人文、风物及景观。洪科捷是非常热爱故乡的，当然不忘在皇上面前赞美自己的故乡，他绘声绘色地描述了三山如屏、英水如带的景观，还有浑然天成的天然无字石碑和深不可测的龙潭等。他告诉乾隆皇帝，故乡的人出门，不说南安县，只报"英山乡廿七都"，人家就肃然起敬。乾隆皇帝知道，这个英山乡不过是东南一隅的蕞尔之乡，但在明万历年间翁山洪氏就科第接踵，遐迩闻名。他高兴地夸道："南安英山廿七都，踵武前贤，腾蛟起凤。"洪科捷赶忙下跪叩头："谢主纶音！"乾隆皇帝笑道："未书绫锦。"洪科捷道："未书绫锦，口谕也是纶音。"乾隆皇帝听罢自然很高兴。

洪科捷对乾隆皇帝爱写诗是早有所闻的，他还听说这位皇帝上一次马桶也会写出几首诗来。因此，他对乾隆皇帝那些诗的质量实在不敢苟同。然而就是这位写出烂诗无数的皇帝，却要找洪科捷谈诗品文，洪科捷当然要谨慎应对。其实，乾隆皇帝和洪科捷谈诗时是另一番状态，他口若悬河，引经据典，不乏精彩评论。这也使洪科捷引为警觉，原来这位皇帝有这样的两面，陪伴这样的皇上，必须格外小心。

据说，乾隆一生共写了4万多首诗，却一首也没被人叫好。倒是他和洪科捷的一次对句被人称为好联、好诗。

话说当年八月，秋高气爽，当夜皓月当空，月明如水，乾隆皇帝乘兴夜游，路过洪科捷住所，只见窗纸上朦胧映出洪科捷秉烛夜读的身影，而明亮的月光也把修长的竹影映在窗纸上，他轻轻地叩了窗户，高声吟诵：

影移疏竹月当窗

洪科捷听是乾隆皇帝的声音，知是皇帝出下联征对，脑子立即反应过来：此句何其高雅，罕见啊！他即时对出上联：

香引丛花风入座

乾隆皇帝一听，连声称妙。于是洪科捷恭敬地迎接乾隆皇帝入内，奉上香茗，接着两人又是一番天南地北的海侃。

乾隆皇帝和洪科捷谈诗品文，难免会涉及对历史人物的评价，但凡涉及本朝的人物，洪科捷总是小心翼翼。在一次茶叙中，聊到钱谦益的诗文，乾隆皇帝说，钱谦益这个人不好，有亏大节，这种人的诗文没什么价值可言！乾隆皇帝的高论，让洪科捷感到惊讶。洪科捷心想，明末朝政腐败，民不聊生，以清代明乃是应天顺人，大势所趋。身为国朝君主，对前朝旧臣的归顺，应视为弃暗投明，斥其为大节有亏，有失公正。钱谦益是明末清初的诗坛盟主，他的诗文才华横溢。乾隆皇帝以人废文，洪科捷也认为不妥。这次聊天让洪科捷深受震撼。他有预感，乾隆皇帝对钱谦益如此评价，对洪氏家族的洪承畴，应该也不会有什么好评。对这位坐享江山的太平皇帝，完全不念当年祖先开基时那些顺应时势、归顺清廷的汉族文臣武将所建的功绩，把他们斥为"大节有亏"，深感君王之心难测，洪科捷越想越觉得可怕。

乾隆五年（1740），也就是洪科捷中进士的第二年春天，洪科捷以"双亲年逾八十，动晨昏之恋"为由向乾隆皇帝告假。洪科捷起草的圣旨言简意赅，词无枝蔓，能够准确表达乾隆皇帝的意思，甚得乾隆皇帝赏识，如今申请告假，乾隆皇帝当然舍不得放手，再三挽留，无奈洪科捷归心似铁，只得准奏。洪科捷自乾隆四年五月朝考后入翰林院，至乾隆五年二月告归，实际在职只有9个多月。令人不解的是，年轻的少翰林洪世泽也一同告归，乾隆皇帝碍于老翰林脸面，不得不准奏，命洪世泽见过祖父母之后速速回京，勿违其意。

洪世泽初入翰林院时，对雄才大略的乾隆皇帝是十分敬佩的。他在随乾隆皇帝御驾躬耕耤田时曾写下恭纪圣主躬耕的颂诗三首，虽说"恭纪"诗必须歌功颂德，但在一定程度上表露了他对皇帝政绩的钦佩。如今听说乾隆皇帝指责钱谦益"大节有亏"，内心深为震惊，从此无心仕途。

洪科捷父子俩离京上路，心情如同放飞的鸟儿，一路欢歌笑语。进入福建地界，洪科捷惦念着他出仕前曾受聘担任浦城县教谕三年，那里有他捐出俸薪并亲自指导修理的浦城县学宫，有他亲密无间的挚友和同事，于是特地在浦城小住了三天。其间，他高兴地写下《假归留别南浦诸友》七律三首，诗中有"勇退急流识者稀，归来欢笑满重帏。深期侍膝双亲喜，宁觉空囊一物微"之句。是啊！在别人看来，他是官运亨通如日初升之际，此时急流勇退，是很少人能够理解的。当官归来时，行囊空空，无一值钱之物，但只要能够回去侍奉年逾八十岁的父母，心里就高兴了。

洪科捷告归后，真正做到对双亲"晨昏定省"，以身作则，为子孙做了示范。他还为翁山洪氏家族订立族规，订"丧仪六则"倡导丧事简办，薄殓薄葬。晚年，他仍不忘关心出仕前倡修的南安文庙及南安县学的教学设施。乾隆二十四年（1759），劳累一生的洪科捷寿终正寝，享寿73岁。

乾隆皇帝当然不会"放过"年轻的少翰林洪世泽，屡次下诏到英都催召，所以就有了英溪董林码头旁边的"待驾桥"（其实是在这里迎接圣旨）。洪世泽感戴皇恩，于是年冬天携举人出身的胞弟洪世润入直武英殿，纂修《八旗通志》。乾隆七年（1742），由于祖父、祖母相继逝世，洪世泽上表请归，殡葬祖父母，从此决意不再任京官。但乾隆皇帝惜其才华，多次下旨征召他回京复职，洪世泽以眼疾为由请辞。乾隆十一年（1746），福建巡抚周学健深知洪世泽无意仕途，延请他任福州鳌峰书院山长。之后，洪世泽在厦门的玉屏书院、南安的丰州书院任山长，终身讲学执教。洪世润则在翰林院三年散馆后继续回家攻书，乾隆丙戌年（1766）上京会试落第，次年逢"大挑"，被选授四川永川知县。

2022 年 7 月 29 日完稿

话说 "钦赐举人"

"钦赐举人" 的由来

中国古代科举有秀才、举人、进士三步阶梯。考中了进士就是科举道路的结束，步入仕途的开始。

但是，中举人以后，即使不再参加会试考进士，也是有当官机会的，虽然不是担任正职，但是也有人通过中举后被聘任为县级教谕、训导或补缺其他县级工作岗位逐步晋升。根据族谱记载，南安英都洪奕懿（字求仲）在清康熙壬子科（1672）中式第三十八名举人，先授福清县教谕，后升迁汀州府学教授，转任福州府学教授，擢升广东会同知县，后来官至刑部侍郎。侍郎这个官在明代是三品官，而在清代是从二品的高官。

当然，洪奕懿只是个案，毕竟少之又少。大部分举人直接去当官，只能去应聘县学训导、教谕之类的文职官员，属于县级行政编制。即使没当官，举人入县衙面见知县也不必站着，可以坐着与知县议事。举人经常去县衙，可以从中了解人事的欠缺，可以随时应聘补缺。所以，中了举人是很风光的事家族会。开宗祠大门、鸣铳告祖先、竖立旗杆、宴请宗亲。了解了这些，你就会明白范进中举后为什么会那么激动，甚至发疯了。

然而，举人并不是那么容易考中的。有的人穷其一生也未能上榜，抱憾终生。童生在参加乡试之前，必须先经过"院试"，考取者才是"生员"，俗称"秀才"。考中了秀才就等于拿到了参加乡试的"准考证"。大比之年试院门前出出入入的童生，既有英俊少年，也有耄耋老翁，只要你院试未考取，即便到七八十岁仍然会被称为"童生"。

为了体现尊重知识，鼓励天下士子发愤攻书，力争上进，乾隆年间规定"凡年七十以上会试落第者，予司业、编、检、学正等头衔，乡试年老诸生，赐举人副榜"（《清史稿三·文科》），这就是"钦赐举人"之肇始。各省可在乡试发榜后对屡试不中而又矢志不渝、坚持连续参加科举的老年童生中德才兼备者，由典试官（主考官）、视学官（省学政）题名举荐，报奏朝廷，由皇帝恩赏授予"钦赐举人"。至嘉庆十七年（1812），礼部规定对老生恩赏的年龄递加十岁，即年届八十为"钦赐副榜举人"，年届九十为"钦赐正榜举人"。但是，这一规定标准太苛刻，实际上能达到规定者少之又少，于是道光年间又放宽了政策，规定凡曾经应试"三场完竣"（9天3场考试自始至终参加）者一律具奏恩赏。这实际上是恢复了原来70岁以上"钦赐副榜举人"、80岁以上"钦赐正榜举人"的规定。至咸丰皇帝登基，礼部发文各省并规定，以后各省学政在乡试发榜后奏请恩赏年老诸生时，可将落榜老童生何年入学（指县学、府学），何年捐监（通过"捐"钱进入国子监读书），何年参加乡试，现年几岁等详细登记造册，送礼部报奏圣上。还规定，年老士子在获得恩赏举人资格后，次年可和中式举人一样，具有赴京参加会试的资格。

实际上，在七八十岁以后获得"钦赐举人"的年老士子，身体健康情况已经很难承受赴京会试的舟车劳顿了。因此，多数"钦赐举人"只能在县学任教谕、训导等职，有的甚至无法去县学任职司教，被安排在基层发挥余热、协助政府工作。

笔者曾在网上看过一则报道，清咸丰元年（1851）浙江兰溪的80岁老生范大柄，历嘉庆、道光二朝屡试不中，终被恩赏"钦赐举人"，本可委以县学教职，但因其"年力已衰"难以胜任，浙江督抚乃补职范大柄为"乡约"，协助基层政府工作。范大柄虽然年迈，却不负科名，后来他在兰溪特大旱灾中不辞劳苦，步行到县衙反映灾情。知县委任其全面负责本乡赈灾工作，他深入了解灾情，公平分配赈灾粮食。他还和退休回乡的官员组成"耆英会"，倡导崇尚仁义礼智，乐善好施，使该地形成了良好的乡风民俗。

英都的"钦赐举人"

最近，南安市英都镇的大园前祖祠因年久失修而拆卸重建，拟在重建的祖祠大厅重立昭示祖先荣耀的牌匾。乡亲们从一份民国初年手抄的本宗家谱中，找到翁山洪氏十八世洪光安于咸丰二年（1852）获得恩赏"钦赐举人"的记载，经调查访问，一段沉淀了多年的往事终于重新浮出水面。

分居大园前的翁山洪氏宗亲十七世洪文冉，生于乾隆庚申年（1740），卒于乾隆戊申年（1788），享年49岁。洪文冉虽然寿命不长，却传有4男，长光请、次光九、三光安、四光条。洪文冉是个勤奋的农民，吃苦耐劳，勤耕田亩。他在家有积余后致力于两件大事，一是增置田产以遗子孙；二是送儿子读书习文，以期长进。可惜天不假年，洪文冉因劳累过度，49 岁终其一生。继室谢氏承夫志，含辛茹苦撑持家计，发展家业。她对前任林氏所生 4 男视如己出，督促他们读书。二子洪光九后来弃文习武；三子洪光安专心攻书，中秀才后参加乡试，屡试不中，但他毫不气馁，虽屡战屡败，却愈败愈勇，咸丰二年（1852）他以 80 岁高龄参加咸丰恩科乡试，获得皇帝恩赏"钦赐举人"。

据传说，洪光安本是聪敏的读书人，为什么屡试不中呢？原来，清朝一直坚持用"八股文"进行科举考试，"八股文"最大的弊端就是禁锢了读书人的思想，限制读书人思想的自由发挥，致使有些人虽有真才实学却在考试中发挥不出来，名落孙山。洪光安可能就属于这一类。道光十四年（1834），年已 62 岁的洪光安参加道光甲午科福建乡试，落榜。但他的文章却被道光十二年（1832）"道光皇帝五十万寿"恩科状元、奉旨典试福建的吴钟骏看中。吴钟骏不愧为状元出身的主考官，他慧眼识珠，从洪光安的试卷中发现其潜质，为洪光安落第惋惜。18 年后的咸丰二年（1852），80 岁的洪光安在经历了数次挫折后，又到福州应试壬子恩科乡试，再次落榜。事有凑巧，恰逢任浙江学台的吴钟骏"视学福建"，他从落榜名单中发现了洪光安，于是按规定将洪光安的出生年月和历次参考经历题名造册、具奏朝廷，才有后来"圣上恩赏"洪光安为"钦赐正榜举人"。吴钟骏惜才，看洪光安健康状况很好，亲自提名洪光安任南安县训导（从七品），执教县学，教书育人。此时，洪光安的父亲洪文冉早已谢世，依例貤赠"文林郎"；继母谢氏尚在，例封"太孺人"。

洪光安到任南安县学，果然不负吴钟骏所望，兢兢业业教书育人。三年届满退休，洪光安回乡过着耕读传家的日子，依然不改初衷，创办大园前学馆，孜孜不倦地教诲后生勤学奋进。

洪光安一生坚韧不拔，励志追求知识、追求进步，至老不休，堪称古代知识分子"青春作赋，皓首穷经"的典型。他那顽强学习、自强不息的精神，一直影响着后代，流泽子孙。

洪光安获恩赏钦赐举人的史实，在 1943 年洪恭树编纂的《武荣翁山洪氏族谱》中也有收录。该文献记载，"光安，字奠于，咸丰壬子年钦赐举人"，"文富，贡生，咸丰乙卯钦赐举人副榜"。由此可知，英都古代共出有两位"钦赐举人"，都在清朝咸丰年间。

据《翁山谱志》主编洪瑞生先生考证，洪文富，字子教，号钦斋，出身书香门第，父亲洪鹏上是乾隆己酉科（1789）举人，历任长乐县训导、漳浦县教谕。洪文富本人是嘉庆丁丑科（1817）贡生。

据传，洪文富 70 岁被恩赏"钦赐副榜举人"以后，立志继承父业，教书育人，在洋顶建书房，设馆学，号为"树阳学馆"，因其门前有一条水渠，以石板桥为道，故被俗称"桥头书房"。在这所书房启蒙的许多学生，一直承袭着尊师重教的风尚，至今树阳一脉子弟依然浓浓书香代代相传，人才辈出。

2021 年 5 月 1 日完稿

洪潘出生地调查

2004 年 1 月 18 日，中国"管乐之父"、中国军乐奠基者洪潘在南京逝世，享年 95 岁。1 月 28 日，洪潘同志悼念仪式在南京市石子岗殡仪馆举行。南京艺术学院副院长邹建平主持悼念仪式，学院党委副书记潘志国宣读《洪潘教授生平》，概述洪潘同志为开创中国军乐事业任劳任怨、不懈追求、终身奉献的生平事迹及杰出贡献。南安市翁山洪氏家庙管理委员会及英都镇英东村民委员会派代表出席悼念仪式，并为洪潘守灵、送殡。之后，4 月 29 日《英都乡讯》报第 18 期报道了悼念仪式的情况，并全文刊载中共南京艺术学院委员会在洪潘悼念仪式上宣读的《洪潘教授生平》。

《英都乡讯》报发出之后的次日（4 月 30 日），英都镇英东村大园前自然村的洪本移先生，持该报到笔者家中，指出《洪潘教授生平》中关于洪潘出生地的表述是不准确的。《洪潘教授生平》称，"洪潘教授 1909 年出生于马来亚吉打埠，祖籍福建泉州"。而洪本移先生说："洪潘出生于中国福建南安的英都董山下楼，不是出生于马来亚。洪潘是童年时从英都出国的。"

洪本移居住在大园前自然村，和洪潘出生的下楼自然村毗邻。洪本移出生于 1924 年，比洪潘晚出生 15 年。洪潘是名人，洪本移青年时就听说下楼出了一位名人叫洪潘，还是个少将军官，对他很是敬佩。他说："洪潘是在下楼出生，然后去'过番'的。这是我听洪潘的堂兄洪维固说的。"洪本移一再强调，"洪潘是出生在下楼的，这个生平肯定写错了"。笔者告诉洪本移，"2001 年 8 月，我亲自到南京艺术学院拜访过洪潘，对他进行了长达 2 个半小时的采访，当时他亲口对我说他出生在马来亚。采访后写成的长篇报道《豪情如昔风采依然：中国军乐第一人洪潘访问记》发表在 2001 年 8 月 25 日出版的《英都乡讯》报第 8 期，文中对洪潘出生地的表述，就是在马来亚。洪潘生前，一直以马来亚吉打埠为自己的出生地"。但洪本移斩钉截铁地肯定，洪潘就是在中国出生的，出生地在下楼。这促使笔者对洪潘的出生地进行了一番认真慎重的调查。

时在 2004 年，距洪潘的出生时间 1909 年已经过了 95 年，在下楼自然村，与洪潘同龄的人都已经逝世，笔者只好从洪潘的族亲中较年长者进行调查。恰好询问到洪乌厚同志，论昭穆洪潘与他是五服之内的叔侄关系，洪乌厚的父亲洪维金与洪潘同辈。洪乌厚出生于1934年，他从伯父洪维泽那里听说，洪潘6岁时从英都去"过番"的。既然这是洪维泽提供的，那就更好办了。洪维泽虽已逝世，但他的儿子洪敦目和笔者是挚友，笔者马上打电话向洪敦目询问。

洪敦目，1942年出生，南安市公安局退休干部。洪敦目在电话中语气十分肯定："洪潘是在下楼出生的，他6岁的时候，我的爸爸洪维泽把他背到仑苍的刘尾寨码头上船，交给一位回国探亲的马来亚华侨，让他捎带去马来亚找其父亲洪恭韭的。"当年，洪维泽已经19岁了，是个年轻力壮的高个子青年，"我爸爸生前常说，这辈子最值得回忆的事就是，当年背一个瘦巴巴的小孩童去刘尾寨码头上船'过番'，没想到后来这个小孩成为一名将军"。洪敦目说，"1949年初夏，洪潘荣归故里，宗亲们都知道他已是中国军乐团团长，少将军衔。'军乐'是什么，我父亲不太懂，但他知道洪潘是个了不起的将军"。

洪维泽，1896年出生，1980年逝世，享年85岁。根据洪敦目回忆，他父亲洪维泽常说，洪潘成为将军，与下楼的"风水"有关。洪潘的太太公（高祖父）洪文春，是清嘉庆年间的恩贡，任过福建宁德、霞浦二县的县学训导。洪文春的母亲黄氏，25岁守寡，历尽艰辛把洪文春抚养长大，培养他读书成才。洪文春拔贡以后，嘉庆皇帝恩准旌表建坊。洪文春退休回家后整治家规，重教兴学，把私宅作为"书房仔"（乡学馆），课子侄读书，耕读传家，人才辈出。洪潘是洪文春裔孙中的佼佼者。所以洪维泽一再强调，"老爹公"（洪文春的父亲洪绍义，以子文春贵，敕赠"修职郎"，是个正八品的官衔，民众俗呼"老爹公"，就是"老爷子"的意思）派下都是文人出身，儒素之风代代相传。洪维泽认为，洪潘虽然有"少将"军衔，但实际上是"文官挂武职"。因此，洪维泽生前常常以"老爹公"一派为荣，以洪潘为荣。经常对人讲述他背洪潘去坐船"出洋'过番'"的故事。

原来，洪潘的父亲洪恭韭，早年去马来亚"掘芭"（开垦荒地），留下妻子和洪潘在家，后因妻子病逝，洪潘无人照顾，恰逢有位南安老乡回国省亲，就托他把洪潘"捎带"过去。那时，洪潘虚龄6岁（实际还不到5周岁）。

洪潘在马来亚长大，并在华侨学校享受免费读书，后来因其特殊的音乐天赋而被侨务会保送回国进修，从此洪潘走上了神圣的音乐之路。年幼的他，一直以为自己出生在马来亚，这是可以理解的。

调查至此，洪潘的出生地在下楼村，已经水落石出、十分明白了。因此，2007年，泉州市政协文史委在向福建省政协文史委申报"福建名人故居"的材料采纳了笔者的调查成果，明确记载："洪潘，福建南安县人。少年随父到南洋，在马来亚读小学。"

2009年12月29日，为纪念洪潘诞辰100周年，我在《英都乡讯》报上发表题为《中国军乐奠基者洪潘的传奇人生》的纪念文章，开篇首句就是："洪潘，1909年出生于南安英都。"

尊重历史，尊重名人，把以往对洪潘出生地的不准确表述更正过来，是洪潘故乡宗亲的责任，也是史学工作者（包括华侨史、音乐史、军事史、宗族史）应有的态度。

榕光记于2010年1月3日

05

昔日烽火

张克辉回忆在英都良山村虎口脱险

1948—1949 年，中国人民解放军闽粤赣边区纵队八支四团独立连连长、副指导员张克辉同志，曾在英都开展地下革命斗争，与革命老区英都人民建立了鱼水相依的深厚革命情谊。他回忆曾经在英都三次被革命群众掩护，在国民党反动派保安二团的"追剿"中虎口脱险。其中，有两次是发生在良山村的。

2005 年 9 月 29 日，时任全国政协副主席的张克辉同志应邀参加仑苍镇中国水暖城开业剪彩仪式。当日下午，张克辉怀念他曾经虎口脱险的云从古室，满怀深情地故地重游。听说张克辉不怕劳累，风尘仆仆地要重上云从古室，泉州市政协主席林荣取、南安市人大常委会主任洪本地专程陪同视察。英都镇党委书记林天生、英都镇镇长洪世杰在 308 省道的英都路口等候。笔者作为《英都乡讯》报的主编全程随行采访。看到仑苍交警中队队长开着警车在前面开道，张克辉同志吩咐说："不要这样，英都是我的第二故乡，完全可以放心，自己人回故乡客气什么啊！"

张克辉一行驱车直上云从古室。这是英都镇历史最久的千年古刹，多元宗教在这里融合。张克辉踏上昔日浴血奋战的土地，不禁心潮澎湃，激动之情溢于言表。

古室脱险

原来，1949 年初夏，国民党反动派疯狂反扑，英都笼罩在白色恐怖中，张克辉奉命从安溪龙门潜入英都开展地下活动，隐藏在今良山村的下库自然村一所溪滨民居中。不料消息走漏，来自安溪县的国民党保安二团兵丁立即实施"围剿"，张克辉一路向着云从古室方向的龙尖山逃跑。

张克辉在云从古室现场讲："当年这古室的门口有一口石臼，一位妇女背着婴儿，一边用木杵舂米，一边撒些谷米喂鸡。她见我气喘吁吁地跑到古室门口，知道有人追赶，示意我循着古室那口古井旁的小路往后面的山上跑。后来，保二团的兵仔追到，问有没有一个少年家跑到这里，这位妇女回答说，跑下山去了。一句话把这帮兵仔糊弄过去了。这位大嫂救了我一命，我一直怀念她。"

张克辉又说："我现在当了全国政协副主席，经常接见外国来访的客人。有一次，工作人员对我说，老张，你今天接见的日本那个佛教访华团，我看是假的。我问，你怎么知道是假的？工作人员说，佛教神职人员不是不娶老婆吗？怎么今天那个佛教团有好几对夫妻啊？我听了哈哈大笑说，你们有所不知，我当年在福建南安英都开展地下斗争，在一所寺庙虎口脱险，亏得住寺和尚的老婆救了我，和尚也有娶妻的啊！那个舂米饲鸡的大嫂，就是云从古室和尚的老婆。云从古室的和尚就娶妻。"一席话把大家逗乐了。张克辉在回忆艰苦的革命斗争岁月时仍然谈笑风生，不失风趣。

石洞奇遇

说罢在古室被和尚妻子解救脱险的故事。张克辉站在古室大门前，遥指着河对面的村庄，说起另一个因农民解救而脱险的石洞奇遇故事。

张克辉说："在潜伏后港之前，我是经翔云进入英都的，当天傍晚就到达了对面那个村庄，路上遇到一对夫妻。男的挑着一担竹箩筐，一头放着小孩子，另一头是一条棉被，看样子是逃难的。正走着，我发现了追赶的敌人，而我的疟疾又发作了，一直打寒战。那位农民带我躲进一个石洞，那是在上下都有梯田的田坎石洞，农民把他那床棉被铺在潮湿的地上，安置我躺下。保二团的兵仔就在外面高声大喊：'不出来就开枪了，叫你吃手榴弹！'我屏住气一声不响，把枪口对准洞口。黄昏时分，敌人终于退了。那农民来告诉我，最近这里闹老虎呢！晚上经常有老虎出没，保二团这些兵仔怕老虎，不敢来的。把我领到他家，拿出家里仅有的地瓜干煮汤给我吃，又把那床棉被放铁锅里烘干，然后披在我身上。第二天清晨，我联系上了我们支队的政工干部姚森荣，组织上考虑到我的病情，决定让我在一个名叫'后港'的偏僻角落隐藏养病。"

张克辉动情地说："中国共产党能够取得胜利，就是在革命斗争中和群众建立了亲如鱼水的关系，许许多多像那位善良朴素的农民一样的人与我们生死与共，共同奋斗。几十年过去了，我一直想念那对农民夫妇。1999年，我重访英都，请洪润泽、洪梧桐协助多方寻访救命恩人未果。离开英都后，我先后接到了十来个电话，都自称当年是他救了我，但讲述的时间、地点等情节都不符合。看来，我此生要见到这位恩人是不大可能了。但感恩之情永存我心。我永远怀念亲如父兄的英都老区人民，祝他们幸福、安康！"

【信息链接】张克辉，1928 年 2 月生，台湾彰化人，厦门大学经济系肄业，1948 年 11 月参加革命，中华人民共和国成立后先后在安溪县公安局、福建省委统战部等单位任职，1997 年任台盟中央主席，1998 年、2003 年连任第九届、第十届全国政协副主席。

战友亲人追忆洪其法及西峰支部

洪其法（1915—1951），1915年出生于英都镇西峰村尾份自然村；1948年5月入党，在中共安南同边区安溪县工委翔云区工委领导下，参加了地下革命工作；1948年10月，任西峰党支部书记；1949年9月，南安游击大队与南下的解放军在南安溪美会师后，被安排在南安县第二区任区委秘书；1951年1月20日，在"镇反"运动中被错杀，终年37岁，1985年5月6日，冤案平反，恢复党籍，恢复公职。

2020年11月10日，笔者在英都乡讯微信公众号推出《往事钩沉·英都的一份沉重记忆》以后，勾起了老一辈人对当年在"镇反"运动中被错杀的革命同志的回忆，更是勾起了与洪其法同志生前生死与共的战友和亲人的深情追忆。

现年85岁的倪丽金，是见证当年洪其法革命活动的健在者。她是洪其法的养女。

倪丽金说："1948年春天，我已经13岁了。我们家里经常在夜间有人来串门，说话都是轻声细语的，来了就去楼仔泡茶，很神秘。我曾经问过爸爸：'他是哪里人？来做什么？'父亲说：'他是我们的好田边（田地相邻的农友），来泡茶讲古。你不懂，去玩吧'。"

1949年南安解放，洪其法在人民政府工作。倪丽金这才知道，父亲是共产党的干部，他之前从事的是地下革命工作。

倪丽金说的"楼仔"，是一座用溪石砌墙筑成的二层小楼房，因尾份自然村只有这么一栋小楼，故又被称为"尾份楼仔"，是一栋古式大厝的附属建筑。大厝和楼仔是洪其法父亲洪维义于民国初年举家从石山村的点金自然村搬迁到这里定居时修建的，因该自然村名为"尾份"，所以把"尾份"雅化为"美奋"，以"金美奋"为自己的厝号。"金美奋"包括一幢十间大厝及这幢附属楼仔。

倪丽金并不知道，这位经常出入于"金美奋"楼仔的"好田边"，是邻村磜头（今翔云镇头梅村）地下党支部的领导人廖金榜。

1948年2月，中共安南同边区工委指派翔云地下组织委员梁江淮到磜头发展第一批地下党员，并成立武工队；同年6月，正式建立磜头党支部，党支部书记就是廖金榜。磜头地下党支部之所以到西峰开展工作，一是因为磜头与西峰是毗邻村，两村的耕地交错相连，因而两村有互相往来的"田边"关系；二是因为西峰村发生了洪火炼等用柴刀、锄头奋起"抗征"、赶走国民党收租人员的事件，农民群众自发的"反三征"行动引起了我党地下工作者的重视。廖金榜就是在这样的背景下秘密到西峰洪其法家开展工作的。1948年5月，洪其法正式加入中国共产党，"金美奋"的楼仔，也就成了磜头地下党支部来西峰开展活动的秘密据点。

之后，为逃避英军通缉追捕的马共党员洪俗美从马来亚潜回故乡英都镇石山村。洪俗美听说归侨洪天注、洪火炼在西峰组织农民成立了"三点会"，结盟反对国民党反动政府的暴政，以锄头、柴刀为武器"反三征"，立即到西峰与洪天注等会面，了解情况。

随后，安南同临工委书记王新整到英都，检查指导在私立南英中学筹建地下党支部事宜，他听到西峰农民自发"反三征"的事，非常重视，亲自和洪俗美到西峰调研。其间，他在"金美奋"楼仔和洪其法同住了两三天，详细了解了情况，传达了上级关于发展武工队、地下党员的政策和工作步骤。

1948年10月，经翔云区工委批准，西峰党支部正式成立，翔云区工委组委梁江淮、磜头党支部书记廖金榜出席成立仪式，宣布洪其法任党支部书记。第一批党员为3人，还成立了西峰武工队，队员有10多人，布置了支部成立以后的任务，即发展和考验预备党员，发展地下"接头户"基本群众。支部成立地点就在"金美奋"楼仔。之后，"楼仔"就成了西峰支部和武工队（后来为游击队）的秘密活动中心。

西峰党支部、西峰武工队成立以后，在边区县工委及翔云区工委的领导下开展了"反三征"，进行了形势教育、军事训练，洪其法也在斗争中得到了锻炼。在洪其法领导下，西峰游击队参加了1949年4月26日解放翔云的尾格战斗和1949年5月15日解放英都的战斗。英都解放后，边区县工委姚森荣亲自到西峰支部指导工作，在英都区工委的领导下，开展游击队的军事训练，主动出击打击敌人，准备迎接解放大军南下。西峰游击队被整编为安南同游击大队英都游击中队第一分队，支委洪梅菊任队长。西峰党支部也划归英都区工委领导。此时，西峰党支部有5名正式党员：洪其法、洪火炼、洪梅菊、洪水师、洪荣元。

1949年6月3日，西峰游击分队参加了在安溪渊兜口的伏击战，洪其法等同志在英都游击中队的指挥下，配合安溪县边区武装力量，截获了敌人的交通船，俘获了来安溪"剿共"的福建省保安二团三营营长及一营营长的小老婆等。战斗结束后，这些俘虏被关押在翔山村的公墓自然村，后来组织上决定转移至西峰，西峰党支部接受这一任务后，缜密部署，将这批俘虏关押在地形险要的偏僻山村九塔"接头户"陈莲英家的大厝，并安排武装力量严密防守。后来，安溪中心县委与敌方谈判，以这批战俘换回我方在安溪剑斗被俘的十三连指导员张志勤同志及其他被捕同志的家属和群众。惊心动魄的交换战俘就在西峰村与安溪县交界的英格口进行。为防止敌人背信弃义，英都区游击中队进行了严防布控，西峰游击分队全员出动，荷枪实弹埋伏，确保交接顺利完成。

然而，敌人不甘心失败。国民党反动派调动各路武装，兵分 5 路全面"围剿"安（溪）南（安）同（安）革命根据地，在两个多月时间内发动了对英都解放区的 3 次"围剿"。在反"围剿"的斗争中，西峰党支部带领群众，依靠群众，经受了血与火的洗礼。保二团数次进入西峰村打砸抢劫，洪其法家中的财物多次被抢，连厨房的水缸、铁锅也被砸坏。特别是 1948 年 8 月 2 日，号称"全副美式装备"的保二团为报营长及姨太太被英都游击队俘虏之仇，对英都实行了报复性的"三光"政策，到英东村的冲岳自然村放火烧毁英都游击中队负责人洪润泽的大厝，抢掠财物，抓走洪润泽的亲属及一大批冲岳的基本群众。保二团继而进军西峰，企图烧毁洪其法的大厝及关押过姨太太的陈莲英的大厝，但因游击队充分布防，并在溪北的池头树下一带进行了埋伏，加上九塔自然村地形险要，敌人不敢轻举妄动、深入腹地，才悻悻地朝球山方向用机枪扫射一通泄恨，然后绕道高间山，移师翔山村的公墓自然村，放火烧翔云游击中队领导人卓明德（卓胜）的厝（敌人放火后仓皇撤退，卓明德的大厝被烧一角）。

在革命战争的艰难岁月中，西峰老区人民与地下党生死与共，在白色恐怖的日子里紧紧跟着共产党，坚守革命信仰。他们不但英勇善战，不怕牺牲，而且机智勇敢，善于斗争。有一次，地下交通员洪顺性奉命送情报去龙江，为了防止敌人搜身，他带上才 11 岁的孩子洪子财，把情报藏在孩子身上，假扮走亲戚的人，躲过了敌人的搜查。

1949 年 8 月 21 日，南安和平解放。9 月 11 日，南下干部工作团进入南安县城。之后，中共南安县委在溪美召开会师大会，洪其法受党组织安排，与洪润泽、洪博厚、洪俗美、洪培贤一起，代表英都游击中队参加了会师大会。南安建立政权之后，洪其法受命到第二区担任区党委秘书职务。

1950 年 2 月 23 日（农历正月初七），东田山尾（属今东田镇山西村）的土匪头子黄凤明、刘利民纠集匪特 200 多人，武装突袭设在东田的南安县二区区公所，人数只有敌人 1/2 的二区区公所干部及常备队战士奋起反击，终因人少弹缺而突围失败，有的当场牺牲，10多人被捕，被押至盖凤村的陈营山石洞里严刑拷打。丧心病狂的土匪竟真的以为国民党马上就要反攻大陆了，关押这些俘虏准备向蒋介石"请功"。至2月25日（农历正月初九），土匪听说解放军的剿匪部队即将开进东田，土匪一时作鸟兽散，临走时将这些被关押的干部战士押至盖凤村的陈营赤水坑用柴刀、斧头仓皇砍杀，推下深深的山沟。洪其法被砍伤头部，又被推下山沟后摔伤昏迷，身体被一大堆战友的尸体重叠掩盖着，没有牺牲。

这场红色政权建立以后发生在东田的反革命暴动很快就被平息了。声势浩大的剿匪运动，安定了社会秩序，确保了解放初期的基层建政工作顺利开展。劫后余生的洪其法也照样到区委会工作。

恢复上班的第一天，洪其法就见到妇女干部林亚占，双方几乎同时问道："你没死？你还活着？"生死与共的革命战友劫后余生重逢，除了惊讶，还有无限感慨。

居住在南安市溪美街道武荣街10号，现在年已91岁的林亚占，当时是个年轻的区妇女干部。她回忆道："我和洪其法在区公所见面，二人几乎同时问道，你哪无死啊？你还搁活着？想起当时朝夕相处的战友一个个牺牲，心情非常沉重、悲痛。我是在战斗中大腿中弹后被土匪追杀时躲在炭窑中逃过一劫的，而洪其法是被敌人砍杀推下山沟昏迷未死的。后来，洪其法在'镇反运动'中被错杀，我感到很惋惜，他是个好同志。所幸，他的冤案终于平反昭雪了。"

林亚占因大腿的枪伤留下了残疾。她现在是国家重点的优抚对象，在溪美街道的武荣街安度晚年。

1985年10月15日，中共南安县委发出南委〔85〕综93号文件——《关于恢复洪其法同志党籍、公职问题的决定》，否定了洪其法"勾结土匪"的罪名，宣告无罪，予以平反。恢复洪其法同志党籍、公职，按现行干部死亡待遇处理。因洪其法冤案而受株连的同志也一一平反昭雪，其中包括：为洪其法兄长洪水师摘掉"反革命分子"的帽子，宣布为错案，予以平反，恢复党籍；为洪其法侄儿洪荣元恢复党籍等。（洪水师在中华人民共和国成立前担任保长，是"白皮红心"的地下党员，他以"保长"身份，掩护弟弟的地下革命工作。）

洪其法养女倪丽金长成后，嫁在西峰村，她虽然已经85岁，但身体硬朗，安度晚年。当年，养父洪其法对她视如己出，疼爱有加。她回忆洪其法被错杀后，遗体停放于门外，她守着棺木一夜哭到天亮，她不相信为革命出生入死的父亲是"反革命"。1985年，洪其法冤案平反，她听到消息，立即赶回娘家，看到那份盖着党组织红印的决定，她和弟弟洪庆祥（洪其法的儿子）跪在洪其法的神主牌位前上香，哭着告诉："爸，您的冤案终于平反了！党是英明的。"

光阴流逝，斯人已去。但对于昔日的战士，我们永远深深致敬！

2020 年 11 月 25 日

（本文根据倪丽金、林亚占口述及洪其法亲属后裔提供的材料，并参阅《中共南安地下革命斗争简史》《烽火岁月》《翔云烽火》等革命史籍整理而成。）

英东村的红色记忆：血与火的洗礼

英东村因在英都镇的东部而得名，是英都革命老区的基点村。英东人民曾经在这块红色的土地上开展地下革命斗争，为建立中华人民共和国贡献了力量。

1948年8月，中共翔云区委所属的安溪县墩坂支部，因开展地下斗争工作需要，派人到英东村的山兜后宫自然村，在农民中发展党员，建立了党小组，组长洪敦杉以此为据点开展活动，并利用亲戚关系把红色火种延伸到仑苍及高山（今东田镇岐山村），秘密发动群众反"三征"，破坏敌人的交通线。

英东村冲岳自然村的洪润泽，1947年毕业于暨南大学。1948年，他来到厦门市，化名吴伟烈，参加地下革命工作。同年7月，由党的地下工作者谢金庭介绍入党，并参加了厦门市临工委的游击队干部培训。1948年9月，洪润泽受命潜回英都，一方面在私立南英中学策反校长洪慕英，以招募教师的名义将地下党干部招进南英中学，筹备建立南英党支部；另一方面在他的老家冲岳自然村组织农民开展地下革命斗争。1949年2月，在洪氏家庙成立了南英中学党支部。不久，中共英都镇区工委成立，洪润泽在英东村的冲岳发展地下党员，建立了党小组，发展游击队员，并开展对国民党人员策反活动，准备迎接解放大军南下，解放全中国。他还把发展游击队的工作深入到敌人心脏，打入了伪英都乡公所。英东人洪添进，本在英都乡公所当"传达"，就是在这时秘密加入了地下游击队。民国政府设在英都的粮库仓管员洪庵土，是洪润泽的堂亲。经策反，他靠拢共产党，保守机密，确保英都仓粮不被转移，迎接解放，开仓献粮给革命政权。正在南安师范读书，与洪润泽同自然村的洪宣溪，也毅然弃学返回英都，找到党组织，成了一名游击队员。1949年5月15日，安南同边区游击队解放英都时，冲岳村有30人参加战斗，在寨仔箍、恒阪寨等山头与国民党南安自卫队开展激战，缴获敌人步枪5支，演绎了"锄头缴步枪"的战斗故事。6月，国民党反动派不甘心失败，垂死挣扎，福建省保安二团疯狂反扑，"围剿"英都革命根据地，英东村的冲岳自然村遭受血腥扫荡，损失惨重。英都地下党负责人洪润泽的大厝被烧毁，洪润泽的父亲洪玉笔被保二团逮捕。5月15日，解放英都时弃暗投明、向共产党开仓献粮的洪庵土也被国民党抓去，秘密杀害。

中华人民共和国成立以后，国民党残余匪帮勾结土匪发动"东田武装暴动"，英东村人、南安县武装常备队战士洪添进，在1953年2月23日南安二区发生的东田反革命武装暴动中，为捍卫新生的红色政权英勇战斗，壮烈牺牲。

以上史实，在人民日报出版社出版的《中共南安地下革命斗争简史》和中共安溪县委党史研究室出版的《龙门风雷》等文献史料、回忆录中均有详细记述。在为建立中华人民共和国的革命斗争中，老区英东村的人民经受了血与火的洗礼，为中华人民的解放事业做出了突出的贡献。现在英东村正在总结村史，把先辈的光荣革命传统传承下去，激励后人，使之在新时期的革命征程中发扬光大。

英都地下团支部旧址在荣星村

 1948 年 6 月，属于安（溪）南（安）同（安）边区工委的地下党员洪润泽、谢金庭奉命分别从厦门和香港潜入英都，对具有进步思想的私立南英中学校长洪慕英进行策反，让他以招聘教师为名，安插地下党员在中学任教，开展地下革命工作。1949 年 2 月，南英中学党支部成立，吸收洪维帛入党，吸收马共党员洪博厚、洪俗美重新入党。为躲避国民党耳目，党支部开会经常在学校后面的洞后寨山上的茶园、甘蔗园中隐蔽进行。每次开会期间，都有荣星村的基本群众义务望风，站岗放哨。

 随着革命斗争形势的发展，安南同边区区工委韩世芳指示，必须在英都发展青年团员（当时叫"中国新民主主义青年团"，即后来的中国共产主义青年团），建立中国新民主主义青年团英都支部。党组织派在南安师范学校参加学潮的共产党员洪耀来、洪培贤回英都组建中国新民主主义青年团英都支部，洪耀来和洪培贤相继担任书记。洪耀来和洪培贤二人介绍荣星村回乡的青年学生洪元隆等青年积极分子入团。1949 年 7 月，中国新民主主义青年团英都支部在敌人对英都解放区进行"清剿"的严峻形势下正式成立，隶属于南英中学党支部，团员 30 多人。以英墟卖鸡埔旁边的一栋两层砖木结构小楼（俗称"刜牛间"，现在门牌为"英墟北路 37 号"）为团支部活动据点，秘密集会，学习文件，抄写革命传单、宣传资料，编印油印小报《战讯》，宣传革命的大好形势，并作为南英中学党支部与翔云地下党组织的秘密联络点。洪培贤还带领伙伴从霞溪村一路散发传单及《战讯》报，一直进入安溪县墩坂村。团支部的革命活动得到房东洪火炎及附近基本群众的掩护和支持，数次在群众的机智掩护下成功转移，逃避了驻守在安溪"剿共"的国民党武装部队保二团的"围剿"。这栋名为"刜牛间"的小楼几经风雨，现在濒临倒塌。它见证了 70 多年前那段残酷的斗争岁月。

 当年，在建在荣星村"刜牛间"的中国新民主主义青年团英都支部，有许多热血青年冒着生命危险参加地下革命，经历了血与火的洗礼，成为光荣的革命战士、共产党人。

荣星村是开展地下革命斗争的南英中学党支部所在地，又是开展地下革命斗争的中国新民主主义青年团英都支部所在地，革命战争时期，许多革命党人、进步青年、革命群众在这里冒着生命危险参加革命，为解放英都、保卫红色政权英勇战斗，留下了一份珍贵的红色记忆。

潘祖畴在英都参加地下革命始末

英都革命烈士纪念碑的碑座上，镌刻着 1950 年在东田区为捍卫新生的革命政权而壮烈牺牲的 16 位革命烈士的姓名，他们都是英都游击中队的老游击队员，解放军南下以后，被整编加入中国人民解放军晋江军分区南安武装常备队，成为解放军战士。然而，这些出身于英都游击中队的战士中，却有一名不是英都人，以前一直被认为是莆田人，就连英都革命烈士纪念碑的纪念册也记载他是莆田籍。

其实，潘祖畴不是莆田人，而是福州人。

那么，他为什么会从福州跑到英都参加地下革命斗争呢？

原来，潘祖畴是福州闽侯人，今属福州仓山城门镇潘墩村。他出身于一个普通的农民家庭，在 20 世纪 40 年代末，为躲避国民党抓壮丁，潘祖畴的哥哥潘祥云带着妻儿以及弟弟潘祖畴，举家来南安县溪美镇投靠亲戚——南安县邮政局何局长。潘祥云读过小学，何局长说，英都邮政代办所缺人，介绍他到英都上班。潘祥云举家到了英都。但实际上英都邮政代办所业务很少，并不需要增加人员，后来潘祥云就被介绍到国民政府的英都乡公所当了一名兼职会计，租厝在英墟街池亭居住。

潘祥云为人谦虚谨慎，待人接物很热情，池亭的邻居都礼貌地称他为"潘会计"。在那动荡的日子里，潘祥云一家靠着潘祥云兼职会计的微薄津贴显然不足以度日，于是在英墟街摆摊做些小生意，经营肥皂、牙膏、蜡烛、香烟、火柴等日用工业品。

1948 年，厦门城工部地下党员洪润泽奉命到英都私立南英中学开展地下革命斗争，成立了南英中学党支部，并在大新、英东、霞溪等发展农村地下党员、武工队员，同时还打入敌人心脏，对伪英都乡公所的人员进行策反，成功策反了乡公所的英都粮仓仓管员洪庵土，发展乡公所传达（现在称为"通信员"）洪添进、洪金苍为武工队队员。潘祥云的弟弟潘祖畴也是南英支部在英都乡公所发展革命力量时秘密加入英都武工队的。

后来英都武工队被整编为英都游击中队，潘祖畴也就成为英都游击中队第四分队的一名战士。他先后参加过解放英都、渊兜田隙渡截击敌船和高间格反"围剿"战斗，勇敢机智，颇受领导好评和战友称赞。在那舍生忘死的战斗岁月，战友们一直认为这位操着一口"阿骚话"的潘祖畴是莆田人，是潘会计的弟弟。

1949年9月南安解放，潘祖畴被接收整编入中国人民解放军晋江军分区南安武装常备队，成了一名正规的解放军战士，奉命驻守南安县二区区公所（东田）。在1950年2月23日（农历正月初七），国民党潜伏在大陆的残余特务、东田山尾匪首黄凤明，纠集匪特200多人发起武装暴动，以10倍于我的兵力，攻陷二区区公所。潘祖畴和战友一起英勇反击，在突围战斗中中弹牺牲。

东田土匪暴动事件很快就被平息了，潘祥云忍着悲痛将弟弟潘祖畴的遗体埋葬在英都洞后寨。党组织考虑潘祥云一家在英都举目无亲，将他们一家暂时安置在溪美。社会秩序安定以后，潘祥云被安排到晋江县邮政局金井邮政所。从此，潘祥云一直在晋江县邮政局上班，直至退休。

潘祥云将自己的二儿子潘建椿过继到潘祖畴名下为嗣子，接续烈士一脉香烟。潘建椿生有一男，起名潘勇，取怀念祖父潘祖畴忠勇之意。

1999年，英都革命烈士纪念碑建成以后，潘建椿曾连续3年带领妻子、儿子到英都革命烈士纪念碑凭吊忠魂。

年轻的潘祖畴，他的名字，他的忠魂，永远留在了他战斗过的地方：南安英都。

记忆中的那场反细菌战斗争

1952 年，我 13 岁，在南安县英都小学上高年级。那年春天，刚开学不久，3 月的一天下午，全校师生紧急集合开会，校长洪培贤在会上传达了一个令人既震惊又愤怒的消息：美帝国主义不甘心于朝鲜战场上的失败，悍然发动细菌战，先是在朝鲜战场投放带细菌的昆虫、老鼠，后来又投放到我国东北农村。前方已经有战士染病牺牲了。党中央紧急号召全国人民团结起来，开展反对美帝国主义细菌战的斗争。毛主席发出了"粉碎敌人的细菌战争"的指示，周恩来总理亲自指挥这场战斗。中央成立了防疫委员会。郭沫若向世界和平理事会主席居里夫人致电，控诉美帝国主义灭绝人性发动细菌战争的罪行。学校已经决定，用一周的时间，每天下午全校初三年级以上学生集中上大课，学习反细菌战的知识。听了动员报告，全体师生群情激愤，老师带领同学高呼口号："美帝国主义是万恶的敌人！抗美援朝，保家卫国！讲究卫生，减少疾病，坚决粉碎敌人的细菌战争！"

在一周的普及如何防止细菌传染病的讲座中，由去县里参加培训的老师分别讲课，他们讲解了伤寒、鼠疫、霍乱等传染病的症状和预防措施，普及了防疫、环境卫生、个人卫生的许多常识，号召发现疫情要及时报告，要向家长宣传学过的防疫常识，集会要戴口罩，前方志愿军口罩紧缺，老百姓应该自制口罩。我记得，老师教我们说，用洗干净的纱布 5~7 层叠起来，自己手工缝制口罩。我奶奶就给我做了一只用 5 层纱布制成的口罩。用现在的标准来看，是不太合格的。不过，那时候这样提倡，对提高人们讲卫生的觉悟是很有作用的。

老师还在晚间下乡，去夜校给农民宣传反细菌战的意义和防疫知识。各乡政府（当时的建制乡是小乡制，相当于现在的建制村）开展了环境卫生大检查，给卫生做得好的家庭大门贴上"卫生光荣"的红色标志。一场反细菌战斗争，促进了传染病知识的普及，推动了全民讲卫生局面的形成。

这场斗争，以美帝国主义停止细菌战而告终。通过这场斗争，使人们进一步认清了美帝国主义的侵略本性和狰狞面目，也给善良、爱好和平的人民上了一课：灭绝人性的侵略者，手段无所不用其极，竟敢使用细菌作为侵略武器发动战争！同时提高了人们的警惕性。

后来，中央的防疫委员会改名为"爱国卫生运动委员会"，省、地、县都有这个组织，负责宣传指导开展卫生运动，把卫生工作提高到了爱国层面。英都卫生院也设立了防疫股，防疫干部经常下乡配合乡、大队干部开展卫生防疫工作。

当年的反对细菌战，最大的法宝就是全民行动起来，做好环境卫生和个人卫生，让细菌无藏身之处。同样，如今防控新冠感染，也需要全民行动起来，听从党的指挥，步调一致，相信科学，不信谣言。这样，我们一定能取得最后的胜利。

为了那份不能忘却的红色记忆

在"英都乡讯"微信公众号推出《英都在解放战争和抗美援朝中牺牲的革命烈士简介》以后，2018年12月22日，英都医院退休医师梁爱莲携儿子洪海东（在福建泉运实业集团有限公司供职）、孙子洪宇凡（在南安市统计局供职），三代人一起造访我家，向我展示了在抗美援朝战争中牺牲的英都籍烈士洪恭扁的遗物——军功纪念章两枚，还有洪恭扁唯一存世的黑白照片一帧。

梁爱莲介绍说，洪恭扁于1952年5月随中国人民志愿军入朝参战；1953年3月20日在朝鲜江原道金化地区抗击敌军反扑的战斗中牺牲，年仅28岁。1954年农历四月初八，洪恭扁家属收到了上级政府部门关于洪恭扁同志牺牲的通知，随信附有抚恤金人民币40元，还有烈士的遗物派克牌钢笔1支、手帕1条、军功纪念章3枚（淮海战役纪念章1枚、渡江战役纪念章1枚、抗美援朝纪念章1枚）。派克牌钢笔及渡江战役纪念章后来遗失，淮海战役纪念章和抗美援朝纪念章则一直由梁爱莲和丈夫洪江金珍藏着。洪恭扁渡江南下以后，曾经驻军安溪，后移师泉州军训。其间，洪恭扁的兄长洪恭计和洪恭扁少年时的玩伴洪旨章曾到泉州探望恭扁，他们一起在泉州照相馆拍了一张照片，使我们今天能一睹烈士当年的英俊风采。

洪海东说："今天三代人上门造访，是希望借'英都乡讯'平台把烈士的形象及遗物公之于众，让大家缅怀革命先烈，铭记英雄事迹，弘扬爱国主义精神，传承革命优良传统。"

接过这些沉甸甸的军功章，凝视着烈士照片里那俊朗的面容，我不禁心潮澎湃，对烈士的崇敬之情油然而生，也为梁爱莲一家三代人一直守望烈士精神家园的执着精神所感动。为了那份不能忘却的红色记忆，我决定来一次烈士家园之旅，追寻烈士当年的足迹。

2019年1月6日，我在洪海东的带领下，到西峰村访问洪恭扁的故居。

洪恭扁家在英都镇西峰村下坝自然村，现在称为"西峰村下美村民组"，故居是一座建于清代的闽南土木结构"皇宫起"大厝，一个家族聚族而居。面对这座历经沧桑、诞生过抗美援朝英雄的百年老屋，我不禁百感交集，伫立大门台静默良久。

我们在洪恭扁的堂侄洪瑞美家中，请来洪恭扁的弟媳陈返，她是现在唯一健在、了解洪恭扁事迹的长者了。陈返生于1933年，现年86岁，身体健康，思路清晰。她为我讲述了洪恭扁被乡公所抓壮丁及参加革命后曾经回家一次的细节。

洪恭扁有兄弟3人，老大名叫洪恭计（就是洪江金的父亲、梁爱莲的公爹、洪海东的爷爷），老二就是洪恭扁，老三名叫洪木水。三兄弟中洪恭扁长得最壮实。陈返听婆婆梁荣说，那一年到了壮丁期（忘记了哪一年），保长来家里通知，说上级派壮丁了，你家有3名男丁，应该去1名，老大洪恭计已经有家后（有妻子），不适合去当兵。老三洪木水年龄尚小，未成丁。只有洪恭扁去最合适。保长就这样来通知一下就走了，当时家里太穷，要是有钱给保长送点礼、说说情，可能就不用去。过了几天，乡公所就派人来把洪恭扁抓去当壮丁了，当了国民党兵。

1948年，洪恭扁在华东的解放战争中参加革命，成为一名中国人民解放军战士，他参加过淮海战役和渡江战役。1952年，部队南下，在安溪进行训练期间，洪恭扁曾经请假回家过一次。这事也是陈返听婆婆讲述的。

"有一天，我婆婆梁荣看到厝后的山路上有3个士兵向村子走来，她紧张地对亲姆娌王粉（洪瑞美的奶奶）说：'你看那边有3个兵仔来了，是不是来收猪捐的？'正在观望，直至走近，才看清其中1人正是洪恭扁，欢喜得话都说不出来，母子俩执手相望，失声痛哭，同行的两位战士眼眶也红了。洪恭扁告诉母亲：'我参加革命了，是解放军战士了。'梁荣看他还带两个随从，就问：'儿子你还有两个护兵，是不是当官了？'洪恭扁哈哈大笑说，'共产党的军队没有什么官，我是排长，他们是我的战友'。梁荣很高兴地煮了饭菜，招待回家省亲的儿子和同行的两位战友。洪恭扁对离开好几年的家乡很是眷恋，和战友讲起小时候放牛、种地的故事。在家门口，看到对面溪岸有一块巨大的石头，大石中间有一朵寄生的石花，洪恭扁对两位战友说，这距离有二百多米，我打靶试一下准确否，提起随身的步枪瞄准，开了一枪，随行的战士马上涉水过溪去看，还真的命中石花中心，留下一个深深的窟窿。现场看热闹的几个青年都说，洪恭扁不愧是解放军，真厉害，'较青'真准（农民称打靶为'较青'）。洪恭扁当天下午就返回了安溪部队营地。不久，部队转到梅山，又经梅山转到泉州，洪恭扁的哥哥洪恭计和洪恭扁少年的好伙伴洪旨章步行从英都到梅山，又从梅山辗转到泉州才找到洪恭扁，洪恭计带去妈妈炖的自己养的鸡给洪恭扁吃，3人高兴地在泉州照相馆照了一张合影。洪恭扁说,这次集训很紧张,可能有任务。不久,部队开拔离开泉州,奉命去朝鲜参加抗美援朝战争。"

洪恭扁在朝鲜牺牲的消息,家乡是在 1954 年农历四月初八接到的,部队寄来的烈士遗物有派克牌钢笔一支、手巾仔(手帕)1 条、军功章 3 枚。3 枚分别是淮海战役纪念章、渡江战役纪念章、抗美援朝纪念章。还有政府的抚恤金人民币 40 元。洪恭扁的遗物都由洪恭计保管,手帕和渡江战役纪念章后来丢失,派克牌钢笔洪恭计带在身上去瓦窑厂记账时使用,不慎丢失。为此事洪恭扁的母亲梁荣哭了好几天,她把洪恭扁这一遗物(估计是战利品)视为儿子的化身,伤心过度,不久就逝世了。

陈返老大娘滔滔不绝地讲述她知道的洪恭扁的故事,眼眶里噙着泪花,举座都为之动容。从她的讲述中,我们了解到洪恭扁是一位开朗、豪爽的解放军战士,一位优秀的共产党员,一生荣立三等功一次、四等功四次。他的遗物,证明了他用青春热血书写了短暂但光辉的一生。

洪恭扁牺牲以后,他的革命精神,一直影响着他的亲人、宗亲。洪恭扁没有结婚,他牺牲后,哥哥洪恭计以他的二儿子洪江金过继承接烈士一脉香火。洪江金不愧为忠烈之后,他接过烈士的枪,参军成为中国人民解放军战士,在部队服役 8 年,连续 7 次被评为"五好战士",受通令嘉奖 1 次,退伍后先后在福建省交通厅、闽运泉州公司工作。儿媳梁爱莲、孙子洪海东,都在不同的部门岗位上敬业尽职,默默奉献,多次被评为"先进工作者"及"优秀先进个人"。他的堂弟洪长泰在土地改革运动中参加工作,后来被提拔为脱产干部,任南安县工业局办公室主任。堂弟媳卓伴也是共产党员,在西峰村连任 25 年妇女主席,屡受表彰,是优秀的农村基层妇女干部。洪恭扁年轻时的好伙伴洪旨章在中华人民共和国成立后积极参加土地改革,后来被提拔为供销社干部。洪恭扁一门及其生前好友,都在不同岗位上为社会主义事业建设服务,革命家风不断传承。

采访结束后,陈返老大娘深怀感情地对我说:"我们现在的生活很幸福,共产党和人民政府关心老百姓,关心老人,这样的幸福生活是许多革命先烈用生命打出来的,我们永远不能忘记他们。"老大娘的一席话,既质朴又真诚,让我肃然起敬。我衷心地祝福她健康长寿!

王禹川的英都老区情怀

王禹川（1927—2016），安溪人，中共党员，离休干部。早年参加地下革命斗争，曾任安（溪）南（安）同（安）边区游击连队政工干部，参加过 1949 年解放英都的战斗，中华人民共和国成立后曾在南安县第三区（英都区）人民政府担任文教干部职务，1954 年调离英都，1987 年离休后居泉州北峰。

王禹川离休后发起了南安九日山吟社，并任社刊主编。他把自己多年辛勤辑录编纂的《九日山历代诗集》献给文化名山九日山，并作为礼品赠送给 1991 年前来泉州考察丝绸之路的联合国教科文组织考察团；晚年从事近体诗的创作和研究，著作颇丰，著有《九日山吟草》等。

王禹川极力提倡"旧体诗词的改革创新应走大众化道路"。他的诗平白如水，激情澎湃又通俗易懂，内容充满爱国主义和革命乐观主义精神，体现了革命英雄主义的坚强信念和必胜信心，是诗词界著名的"爱国诗人"，多次获得表彰。王禹川晚年念念不忘曾经浴血奋战和辛勤工作过的南安市英都镇，对英都怀有深厚的革命情怀。

本文选注王禹川同志有关英都革命老区的吟作三首。《七绝·登英都洞后寨二首》作于 1998 年，选自《当代诗词六百家代表作精选》；《参加英都革命烈士纪念碑揭碑仪式有感》系 1999 年 9 月 19 日他参加英都革命烈士纪念碑揭牌仪式时现场口占，手稿当场交给笔者，后编入《英都革命烈士纪念碑落成纪念册》，注释经王禹川本人生前审订。

七绝 · 登英都洞后寨①二首

松竹依然遍寨东，

山花不减当年红。

未忘反击边区②地，

弹雨横斜啸晓③空。

耳际犹如闻弹雨，

时经四纪④太匆匆。

江山妩媚人何处？

半入佳城⑤半老翁。

七绝 · 一九九九年九月十九日参加英都革命烈士纪念碑揭碑仪式有感

伏虎⑥于今五十秋，

忠魂天上望神州。

邦乡⑦建设沧桑⑧变，

碧血当年无白流。

【注释】

①洞后寨：凤宫山，又名凤山。山上有石砌寨墙故址，名洞后寨。习惯以寨名称其山。

②边区：指安溪、南安、同安边区革命根据地，是20世纪30年代在中共厦门中心市委和中共安溪中心县委领导下建立的革命根据地，范围包括安溪县的龙门、官桥，南安县的翔云、英都，同安县的半岭、吾峰等。

③晓：天将亮的时候。作者亲历了解放英都的战斗。"弹雨横斜啸晓空"生动描述了英都黎明前的激战情景。

④纪：古代纪年单位，有以十二年为一纪的，四纪是四十八年。此诗是1998年英都筹建革命烈士纪念碑时，王禹川故地重游所作，距他1949年参加解放英都的战斗正好四十八周年。

⑤佳城：墓地。语出晋 · 张华《博物志》："佳城郁郁……遂葬之。"

⑥伏虎：指打垮国民党反动政权。毛泽东《蝶恋花 · 答李淑一》："忽报人间曾伏虎，泪飞顿作倾盆雨。"

⑦邦乡：邦，国家；乡，家乡。

⑧沧桑：沧海变桑田，比喻翻天覆地的变化。

英雄永在我心

今天，冬日的暖阳高照，大地春意盎然。我们相聚在这充满信念元素中国红的辉煌大厅，为拙作《革命老区南安英都的红色记忆——碧血山川》举行新书首发仪式。我心情万分激动，万分感动。虽然这只是个50多人参加的小规模会议，但我知道这个仪式的分量很重。我感谢主持首发仪式的镇党政领导，感谢光临今天首发仪式的南安市党史和地方史研究室、南安市老区建设促进会的领导，感谢15个村的党委会、党总支书记，南安市第三中学、英都中学、英都中心小学3所学校的校长，英都商会、英都镇老人协会、翁山洪氏家庙3个社团的负责人，还有本土作家、我的挚友、关怀支持本书出版的社会各界人士代表，还要特别感谢革命先烈、革命老前辈的家属后裔从各地赶来参加仪式，他们的光临，更增添了我们对革命先辈的怀念和景仰之情。

本书曾在今年6月28日由英都镇党委会印刷1200册内部发行，以那本封面红底金字的《碧血山川》，作为向伟大的中国共产党百年华诞的献礼。英都镇党委书记陈金颖亲自审看清样，对出版工作提出了许多宝贵意见。正是因为党委的重视和支持，才使本书得以在中央级的出版社出版。今天举行如此隆重的首发仪式，不是为我个人的一本新书做宣传，而是对我们英都革命老区曾经的一段光荣历史的深情回顾，也是党史教育的一堂生动党课。

本书的写作缘起于老同志洪宣溪的一次嘱托。2010年金秋的一天，离休老同志洪宣溪由他的侄孙洪香山陪同，抱病从安溪县来到我家。其时洪宣溪已经80多岁，且患有多种老年疾病，行动不方便。他的到来令我大吃一惊，我说，您有什么吩咐，只需要打个电话我直接就到你家了，何劳大驾亲临舍下。洪宣溪用颤巍巍的双手紧紧握住我的手说，此行非为别事，只是有一事相托。以前关于英都革命老区艰苦奋斗的历史宣传甚少，现在老同志一个个走了。你现在主编《英都乡讯》，对革命老前辈的事迹时有报道，希望你把这个任务担当起来，收集、整理英都地区在解放战争时期的革命斗争史和故事，上报答已经牺牲的烈士在天之灵，下昭示后辈，让后来人知道，在英都这方红色土地上，曾经有这么一群优秀儿女，在中国共产党的领导下，为争取劳苦人民的解放而舍生忘死地英勇战斗。

面对这位老同志的重托，我敢不遵命？只因为当时的一句承诺，使我有如重任在肩，所以多年来我一直用心调查探寻，钩沉革命历史，未敢懈怠。

事实上，早在1999年建设英都革命烈士纪念碑时，担任筹建组秘书的我在起草碑记时，就被英都革命先烈的事迹深深感动了。尤其是为捍卫新生的革命政权而在东田壮烈牺牲的23位烈士英雄群体，其中有16位是原英都游击中队的战士，他们的事迹深深地震撼了我。对革命先烈的景仰，是鼓励我不懈探究英都地下革命斗争史的精神动力。

由于当事人渐渐老去，我只好进行田野调查，深入发掘历史。许许多多老同志的亲人、后裔，对我的工作给予了肯定，并大力支持，提供了许多有价值的线索。有了这些线索，我再参阅"老革命"留下来的珍贵文献，从史料中得到佐证后才予以确认。本书首篇《革命老区南安英都的红色记忆》一文，是经历了四五年时间，不断修改、补充后定稿的。

在采访活动过程中，革命者的英勇顽强，共产党和民众的生死相依，深深地洗涤了我的心灵。洪博厚变卖田产充作游击队购买军火之资，以卖"尽契"的形式永不赎回，表示彻底革命的决心。洪润泽为参加革命不但大厝被伪保二团匪兵付之一炬，甚至父亲、弟弟都受连累被抓去坐牢。西峰英格的洪炉炎听说哥哥洪维坤要参加武工队，挺身而出抢先去报名。他说，革命是会有牺牲的，哥哥有妻子儿女，还要顾家，而我单身一人无牵无挂，牺牲了不连累家庭。洪炉炎加入武工队后参加过解放翔云、解放英都及反"围剿"的多次战斗，英勇顽强，解放大军南下会师后，他被收编为晋江军分区南安武装常备队战士，奉命驻守南安第二区公所，后来在保卫区公所的战斗中壮烈牺牲，用生命践行了"革命就不怕牺牲"的诺言。张克辉同志因病在良山村坂埔蛰伏15天，3次从敌人的眼皮子底下虎口脱险，证明了劳苦民众与共产党人的生死相依、命运与共。在1950年国民党残余匪特武装突袭位于东田的二区区公所时，武装常备队战士英勇反击，有的当场饮弹牺牲，有的被俘关押两天两夜，受尽种种严刑拷打，无一变节，最后壮烈牺牲。凶残的敌人用柴刀、斧头把我们的同志一个个活活斩杀，推入深坑，尸体枕藉，惨不忍睹。我在调查中有人提供信息，说这批在盖凤陈营山惨遭杀害的同志，竟然全部经过一名东田山尾村的黄姓土匪之手，此人当时才16岁，凶残成性。事件平息后，他被群众举报缉拿归案，在被问及他为何如此凶残时，他说，这些共产党仔坚决不降，这么"硬牙"，我当然要一个个用刀活活斩杀，中枪的也要补上几刀才解恨。革命先烈在凶残的敌人面前如此忠贞，于斯可证。

20多年来，我不断发掘老革命的斗争历史，追寻老前辈的艰难足迹，是我接受革命传统教育的生动过程。随着调查的深入，英雄的形象在我心中逐渐丰满，他们经常在我的脑海中出现。和革命先烈的丰功伟业相比，这本书显然还有很多欠缺，但我可以说，通过本书的出版，当年为革命事业舍生忘死、英勇战斗的先烈，将永远载入青史。在这里，要特别感谢经济日报出版社的编辑同志，是他们把英雄载入书册，垂之永久。

但愿当年的英雄，和我们的距离不再遥远；但愿我们的下一代，对英雄不再陌生。

战士，永远是战士！无论他们是在沙场上饮弹壮烈牺牲，还是在敌人的酷刑中英勇就义，或者是因为种种原因辞世，他们的功绩都将永存！让我们再次向他们致以崇高的敬礼！

英雄永在我心。

（本文是和者在2021年12月9日于英都禧来金大酒店举行的"《碧血山川》新书首发式上"的讲话）

06

蕉雨椰风

云从古室发现古代华侨捐钱捐田的碑记

由于洪本刚先生提供线索，笔者最近发现云从古室现存一方古代华侨捐钱捐田的碑记。2019 年 11 月 1 日，笔者到云从古室考察，在云从古室寺务管理委员会值班人员的带领下，终于在管委会（藏经阁）旁边的墙上发现了该碑刻。碑刻为产自南安丰州石砻的白色花岗岩"砻石"，宽 56 厘米，高 41 厘米。碑文自右至左竖写。根据碑刻的拓片辨认，全文如下：

境内弟子洪文泼在番巴城，虔念云从室寺宇破损，坚意重修，喜出交钱五十仟，众等因而董事捐题相添，增修岩寺，完成安镇以显神威于千古。

又念

祖师公四月进香，历年东西轩香首自己开费，恐家资不一，今泼喜充田二十一栳，以为境内香首永远进香之费。其田土名高回，七栳，配米四升正。又土名湖坵畔，十四栳，配米六升六合。

又念

祖师公进香香首延请下马戏，和尚贴钱式仟，又恐烦扰，今众等令和尚免贴，泼喜充田九栳合免贴以与和尚演戏完纳碑内各田段钱粮，其田土名坂埔田中央厝角，九栳，配米四升五合。

咸丰七年十月□日弟子洪文泼、骄、扁敬立

为使读者了解碑文内容，笔者为碑刻中一些词语注释如下。

"番"，指番邦，即外国。"巴城"，印度尼西亚的首都雅加达，以前称为"吧城"，也有写作"巴城"的。"五十仟"，五万。华侨习惯以"千"为单位计算金额。"祖师公四月进香"，云从古室奉祀的祖师公每年的农历四月择日进香（俗称"割香"）。"东西轩香首"，古时，云从古室进香必须在神前掷筊杯决定每年"香首"若干人，由居住在坂埔、山仔的翁山洪氏东轩、西轩裔孙均等分配人数。香首需承担进香活动的费用。"栳"，古代一种用竹篾或柳条制作的器具，用来盛物，本是作为容器的，也作为计量器具，据调查，英都古代用栳来计量稻谷，一栳相当于 15 千克左右。这里用"栳"来作为计算耕地的面积，"一栳田"约合 0.08 亩。"下马戏"，云从古室每年四月"进香"活动之后请戏班演戏，称为"下马戏"。"咸丰"，清朝文宗皇帝的年号，咸丰七年是公元1857 年。

这是一方刻于清代、记载华侨洪文泼从印度尼西亚寄钱回故乡，为云从古室捐钱修葺寺宇、捐田交寺庙管理，并以其收益支持每年"进香"及演"下马戏"活动费用的义举的碑。

次日，笔者寻访到立碑人洪文泼在故乡的宗侄洪培贤、洪登峰叔侄两人。他们向我提供了家藏族谱的相关记载，介绍了洪文泼为云从古室捐献钱物及置公田的缘起，讲述了这方碑刻背后鲜为人知的故事。

洪文泼（1808—1879），英都山仔（今英都镇良山村山仔自然村）人，少年因家庭贫困而出洋谋生，在印度尼西亚吧城（雅加达）做小生意，后来不断发展，成为华侨富商。成书于清光绪五年（1879）的《翁山山仔洪氏家谱》在洪文泼的"行状录"中记他"托志蛮邦，建业华夏，家有豪声，门渐生色"，"尊师重傅""恭敬忠诚""匪必存心厚报"。从这些只言片语的记载可以看出，洪文泼立志在国外发展，而事业则建在祖国。他经营有成后懂得报恩，付出而不求回报。

洪培贤向我讲述了流传在山仔一带的关于洪文泼如何白手起家成为一方巨富的故事，这些故事颇具传奇色彩，至今仍然被年长的人津津乐道。

洪文泼是翁山洪氏西轩四房分居山仔的第十七代裔孙。他的家特别穷，地无半亩，而他却自小有远大志向。小时候，有一次他和成年人去山上割柴草，因为是别人的山地，属于"偷割"，被山的主人追赶，成年人跑得快，没被追上，幼小的他被逮住了，尖扁担、绳索、柴刀等工具全部被没收，以示惩罚。此次，洪文泼发誓，有朝一日我有钱了，一定要买一片山让乡亲们有柴可砍，使乡亲们一日三餐有柴薪可炊。

穷则思变，他听说有人"过黑水"下南洋到番邦发展，就借了些路费跟随别人去厦门，想去南洋"闯番邦"碰碰运气。当时"过番"的渡船并无定期，他就天天去码头转悠，有一天竟在海滩上睡着了，蒙眬中他觉得有位黑脸大爷向他叫道"少年家，起船咯！赶紧上船"。他猛然醒来，果然看到客人都在登船，他赶忙上船。在船上的七天七夜，他老是回想，幸亏临行前曾到云从古室烧香，乌面祖师公显灵提醒，否则耽误了船期，也许就去不成了。

洪文泼果然是个经商人才，他到吧城后经过 20 年的艰苦奋斗，从身无分文发展到拥有十几间店面的。"番仔"自己做生意都不挣钱，邀他合股就兴旺。洪文泼一时间名声大振，成为一方巨富，荷兰总督（当时印度尼西亚是荷兰殖民地）也和他交了朋友。他就利用和荷兰总督的朋友关系保护华人的利益。

洪文泼发财以后知恩图报，做的第一件事就是叩谢云从古室奉祀的祖师公，他寄钱回国为祖师公打造了金帽、金牌，捐钱为云从古室修葺寺宇。考虑到云从古室每年举行的民俗活动"进香"、演"下马戏"，每年轮值的"香首"经济条件参差不一、有的家庭负担不起等情况，洪文泼想到了捐钱为云从古室购置公田，以其收益专供"进香"及演"下马戏"的费用，以确保云从古室的佛事民俗活动持续进行。碑文记载的就是这件事。洪文泼捐献的田产一直被云从古室掌管，持续了近100年，直至土地改革运动才终止。

第二件事就是兑现他年轻时许下的诺言，出资购置一片名为"殿埔"的山地交宗亲掌管，从此山仔的村民有了自己的山地，不再像"小偷"一样去别人的山上"偷割柴草"，三餐炊事的柴火有了保障。

洪文泼非常同情贫困农民，他经常寄钱赈济族中的贫穷孤寡及困难宗亲。他听说有的困难户因为生孩子养不起，就"溺女婴"（把刚生下的女婴溺死），这种重男轻女的陋习是不道德的。他特别告诫乡亲，必须坚决禁止"溺婴"，凡生下女婴养不起的，只要告诉他，每人给予置田十栳（相当于0.80市亩），抚养女婴成长，这一善举远近闻名。

笔者认为，云从古室这方碑刻的发现，至少有两大意义：一是记载了云从古室现行的"割香""祖师公下马"等民俗活动历史悠久；二是英都华侨和云从古室之间有着密切的族缘、神缘关系。同时，我们通过了解这方碑记后面的故事，重温了100多年前一位华侨善人的传奇人生。

清朝华侨洪文泼的传奇人生

11月4日，《英都乡讯》推出《云从古室发现了华侨捐钱捐田的碑记，碑记背后有什么故事?》一文后，许多热心读者提供了更加详细的故事。11月7日，笔者在洪培育的陪同下，到良山村山仔自然村，实地探访了当年洪文泼出资建造的古大厝。

听说《英都乡讯》前来采访调查洪文泼的故事，洪梅东、吴秀恋夫妇及洪其益等乡亲共8人来到了旧厝现场，介绍了他们从先辈口中传承下来的关于洪文泼在异国历经蕉雨椰风、艰难创业的传奇故事。

这是一幢建于清咸丰年间的"皇宫起"大厝，面阔五间二进，距今有150年以上历史，是洪文泼在印度尼西亚事业有成之后，汇款回家为祖先建造的祠宇，大厅升有六角彩绘"丁梁"，神主龛以前奉祀有祖先神主牌位。大厝保存基本完好，大厅正中现在还挂着洪文泼坐姿的全身照片，虽经一百多年岁月，照片严重褪色，但人物的面部轮廓尚依稀可辨。照片中洪文泼面庞清瘦，眉目慈祥。从照片右边写的"长房伯考活轩洪府君真形禄位"字样分析，当是洪文泼逝世后所立的往生禄位（活轩是洪文泼逝世后的谥号。道教、佛教为逝世往生祈福所立的牌位叫"禄位"。"真形"就是以其本人的照片代替文字书写的牌位）。

洪文泼兄弟四人，分别是文泼、文心、文骄、文扁。文泼排行老大，故称"长房"。现在奉祀洪文泼禄位的山仔洪氏宗亲，都是文心、文骄、文扁的后裔，他们是洪文泼的旁系后代。100多年来，他们代代相传，每逢清明、七月半、年兜，都会为洪文泼的禄位上香祭供。

这幢古大厝有个地名叫"凤梨脚"，可能是因为古时这里种过凤梨而得名。1990年，北京市承办亚运会时，前来参赛的台湾省台北市武术教练洪朝雄曾到山仔寻根谒祖。他说，我祖先的厝在凤梨脚。可见，洪文泼之后，还有其他宗亲从这里漂洋过海、开枝散叶，有的定居在南洋诸国，有的则分居我国台湾省。

愤而出洋

传说洪文泼曾经在秋收时节被某田主雇短工割稻子，割到傍晚时肚子饿了，恰巧有卖"碗糕"的小贩巡游田间叫卖，以收获的稻子兑换碗糕。洪文泼见老板不在，就擅自取了谷桶里的一些稻谷兑换几块碗糕充饥，不巧就被田主发现了，为此洪文泼挨了一场大骂。那田主毫无人性，竟以自己的生殖器比喻洪文泼的鼻子，粗言野语不堪入耳，洪文泼无法忍受如此奇耻大辱，罢工而归，遂发愤去"过番"闯天下。

登船奇遇

洪文泼为去印度尼西亚在厦门码头有两次登船的过程。第一次因登船的人数太多，在拥挤过程中，洪文泼被重重地从船舷摔下码头，睾丸破裂，后来经过简单治疗止血，留下终身残疾，失去生育能力，这是后话。有了这次挫折，他就更加谨慎了，天天在码头转悠，生怕耽误船期，有一次竟在海滩上睡着了，幸得家乡云从古室的祖师公托梦叫醒，才猛然清醒赶快去登船。说也奇怪，那轮船早已鸣了汽笛表示起航，可就是一直起不了锚，直到洪文泼登船了才顺利起锚开航。洪文泼一直认为这是祖师公的显灵庇佑。

声名鹊起

洪文泼去印度尼西亚吧城时本是身无分文，为什么后来能够成为巨富？宗亲说，最主要是他心地善良，好心有好报。

大多数华人初"过番"时都没有钱做生意，首选是去"掘芭"（开垦荒地），洪文泼却不然，他从打短工开始，慢慢做小生意，因为他有经商头脑，生意慢慢发展，邀他合伙的人就多了。最关键的是，他做了一件好事，从此改变了一生。

有一次，他遇到一位衣衫褴褛的青年，又饥又饿，他觉得这是一位好人，就收留了这位青年，为他调养身体，赞助他去读书，后来这个人竟在政界混出名堂，要举荐洪文泼去当官。洪文泼说，我当初救人是可怜你，并不图什么回报。况且，当官非吾所愿，坚辞不去。后来这个人就送了洪文泼一大片橡胶林。洪文泼也因此事被荷兰总督表彰，且与其成为朋友。从此，洪文泼声名鹊起，成为富商。

这一故事口口相传，历百年之久，故事中的人物姓名、情节在传播中略有走样，但确证了洪文泼是个善人，好心有好报。他发财以后在家乡的一系列善行善举，也都证实了这一点。

华侨创业的珍贵文献《先考鸣玉公行述》

近日，笔者在英都镇良山村发现了一份记载清末华侨家史的珍贵文献，名为《先考鸣玉公行述》。该文记述了清朝光绪年间居住于英都坂埔杨厝的翁山洪氏第二十一世裔孙洪维漱（号鸣玉）出洋经商、回乡建业的经历和遭遇，真实反映了华侨先辈艰苦创业、爱国爱乡的可贵精神及友爱慈善的传统美德。书中还记载了光绪乙酉年（1885）英都遭受大旱灾，民不聊生，以及光绪庚子年（1900）泉州疫病（鼠疫）严重，一经传染两日就死亡。这些翔实的记载，可以弥补正史的不足，堪称华侨创业的珍贵文献，清末疫症的真实记录，对研究华侨史、地方史都具有很好的参考价值。

"行述"是叙述死者世系、生平、生卒年月、籍贯、事迹的一种文体，大都由死者的门生、同僚或亲友撰写，以留作撰写墓志铭或修族谱时为之立传的依据。

这篇行述是由良山村坂埔杨厝洪伟财提供的。洪伟财是洪鸣玉（维漱）的玄孙（俗称"五代孙"）。据洪伟财介绍，这篇行述是他的太太公洪鸣玉逝世后，太太妈卓氏口述，由鸣玉公的二儿子敦速撰写的。因为历史原因，这份行述曾被藏在鸣玉公亲手建置的秋炉（今写作"萩芦"）大厝中堂的中梁下，不久前因维修旧厝才得以发现，所幸保存尚好，缺损较少。洪伟财还介绍说，文中所述鸣玉公"闻学诗叔病，亲往视"的地点是在泉州。鸣玉公往泉州探望病人，时间是庚子岁，即光绪二十六年（1900）。

查得民国版《南安县志》（下册，第1833—1834页）记载，当时的疫症是鼠疫，始于光绪二十三年（1897）：

> 光绪二十三年，大疫。初，鼠疫自十六年由粤省沿海一带传染到厦门、泉州，蔓延南安，无处无之。原其疫气所发，鼠先受毒，鼠死而人染其毒气，遂发热发瘤，口渴眼睁，手足抽搐，一二日或四五日即死。自光绪中年迄今民国六年，无年无之。计阖邑死有数十万人。

这场持续20多年的疫病，使南安全县死亡数十万人，这是当时政府当局对疫症毫无防抗能力的真实写照，洪鸣玉只探望过一次病人，便受感染，两天后逝世，读来令人不寒而栗。相比之下，更加彰显中国共产党领导全国人民，在应对2020年春突发的新冠疫情中取得的伟大成就，使我们深感社会主义制度的无比优越。

笔者认为，应该把这篇珍贵的史料分享给大家，供研究华侨史、地方史的同志做参考。为便于青年读者阅读，笔者为之标注了现代的标点符号，并对文中的一些难懂词语做了注释。

先考鸣玉公行述①

公讳维漱，字公漱，号鸣玉。同胞兄弟八人，乃恭笃公之第七子也。幼小聪敏，少失怙恃②，家事贫寒。稍长，日耕作，夜读书，□□□□□生活。至十九志在四方，离别兄弟，乘长风破万里浪，□南洋历□□□谋生，至万兰坡③为商，所谋皆如意，左右逢源，积蓄十年，夹资归梓，会诸同胞再合一家共食，如宋太祖之爱兄弟，买大被以共床也。自是代兄弟娶妻螟子④，置室赎田⑤，无所不至。然后自配卓氏宣观以作中馈⑥。亦一时"兄弟既翕，和乐且耽"⑦之盛事者也！适光绪乙酉⑧冬，忽乡间大旱，贫民无处赊借，呼庚呼癸⑨。爰是邀集同志光侯、恭知开设大川典当，以救贫家。遇乡邻有阋⑩或亲戚犯事，出为排难解纷，调和赔偿，见义勇为。至夫修桥造路，恤寡怜孤，当仁不让。宗族乡党，咸称慈善之人。因为内外代理有人，再抽身往万兰任商务四五载，然后捆载回家，建秋炉大厦一座，买田业四百余桍⑪，家事小康，颇足衣食。彼时兄弟为一家，男女众多，同胞虽好，妯娌不无烦言。故兄弟再议分爨⑫，各自居食焉。公将所置田业抽六十桍以为祖先祀业，其余田段以及秋炉厝宅一切，照七份均分，安置明白。窃思欲为子孙谋久长计，务当再渡南洋，方有办法。是冬仍到万兰坡经营商务，克勤克俭，大展宏猷七八年，乘商务当兴之日，新建店屋式间，资本万余，意为子孙永远经商于此，源流不已。作啤哓字⑬交八弟维允管理，公腰缠荷盾⑭三四千旋里抵家，出千余分给诸兄弟助其家费，其余自置坂埔杨厝旧宅住家焉！志在重新整理，以安妻子，而乐余年。谁知天不从所愿，修屋未半忽庚子⑮夏疫症盛行。公亲谊过重，闻学诗叔病，亲往视焉，遂被传染，以致六月廿四午起病，医药无灵，倏廿六午逝世。可怜一生劳苦，未尝少安，遗下妻儿，诸事多多未谙，一时痛哭呼天，五内崩裂，寝食俱废，痛何如耶！致后来内店事被联财徵吞，外店屋被维允败坏。所谓一身归去，万事全空矣！幸赖天道无私，祖宗有灵，早生男五女一，以传后裔，世代相承。虽惜其年不永，亦天之报以忠厚也。此承家慈相夫教子，时常口述，故录记数言，以垂不朽云尔。

生于前清咸丰丙辰⑯年八月十九日卯时，卒于光绪廿六年庚子六月廿六日巳时，享寿四十五龄。葬在秋炉岭口中仑凹湖边，坐辛向乙兼酉卯。

【注释】

①行述：也称"行状""事略"，是叙述死者世系、生平、生卒年月、籍贯、事迹的一种文章体裁，大都由死者门生故吏或亲友撰述，以留作撰写墓志铭或修族谱时立传的依据。本行述是由洪鸣玉的儿子根据鸣玉公遗孀卓氏口述的事实整理撰写的。

②怙恃：《诗经·小雅》："无父何怙，无母何恃。"后来用"怙恃"借指父母。父死叫"失怙"，母死叫"失恃"。

③万兰坡："万兰"即印度尼西亚万隆的闽南语音译。闽南语把"埠"字读为"坡"，闽南语"坡头"即"埠头"，商埠之意。"万兰坡"是指万隆这个商埠。

④螟子："螟子"是"螟蛉子"的简称，意思是养子。

⑤赎田：用钱换回因欠钱抵押给别人的土地，叫赎回田地。

⑥中馈：古时把女性为家人烹饪的劳动称为"主中馈"，借指妻子。

⑦兄弟既翕，和乐且耽：语出《礼记》，意思是兄弟相会，很和顺美满、快乐。翕：和顺。

⑧光绪乙酉：清朝光绪乙酉年，即光绪十一年，1885年。

⑨呼庚呼癸：本是军中乞粮的隐语，后指向人借钱。

⑩阋：争吵、争斗。

⑪栳：本是一种用竹篾或藤条编成的盛谷物的计量器具，一栳谷子相当于15千克左右。闽南山区用"栳"作为土地面积的计量单位，是按其平均单产折算的，"一栳田"相当于0.08亩。

⑫爨（cuàn）：烧煮，煮饭，也指灶。"再议分爨"即再商量议定分灶自炊。

⑬咻吵字："咻吵"是印度尼西亚万隆当地词语的音译。"咻吵字"意为合约、契约之类的字据，相当于现在的协议书。

⑭荷盾：荷兰盾，是荷兰以前的货币名称，印度尼西亚被荷兰殖民时，使用的货币是荷兰盾。

⑮庚子：清朝光绪庚子年是光绪二十六年，1900年。

⑯咸丰丙辰：清朝咸丰丙辰年是咸丰六年，1856年。

洪国厦的中国心故乡情

1992 年金秋时节，一个来自印度尼西亚的华裔观光团到访南安市英都镇，受到当地政府和乡亲的热烈欢迎。这是一个由家庭组成的寻根谒祖访问团，为首的是在印度尼西亚出生的英都籍 66 岁华裔洪国厦，这是他首次踏上父辈的生身故土、魂牵梦萦的故乡——"南安廿七都"英都镇。此次回故乡谒祖的一大亮点是随行的有他的子侄、孙儿 10 多人。这些青少年和洪国厦一样，出生在印度尼西亚岛国，从小受到南洋文化的熏陶，首次踏上传说中的祖籍地，一切都显得十分新鲜和奇特。两天的恳亲活动和参观访问中，除了和宗亲见面、交流外，镇政府还安排专人带队，让他们参观体验农家生活风俗和霞溪小学。

在参观霞溪小学的过程中，发生了感人的一幕。这些在印度尼西亚生长、在印度尼西亚上学的青少年，以极大的兴致参观了霞溪小学师生的教学和课外活动，他们被祖国的教育中贯穿的那种浓烈的爱国精神感动了。望着操场上高高飘扬的五星红旗，不知谁带了头，参观队伍中唱起《歌唱祖国》这首经典歌曲。"歌唱我们亲爱的祖国，从今走向繁荣富强！"他们唱得非常投入，自豪的情感都洋溢在脸上。

笔者当时是英都镇乡镇企业站的办公室主任，镇党委书记安排笔者陪同这些少年参观。这意外的一幕让笔者始料不及，太震撼了，从中笔者也感受到我们伟大祖国的魅力。事情过了近 30 年，笔者至今记忆犹新、印象深刻。笔者当时在现场问一位洪国厦的孙女："你们从哪里学的这首歌曲？"她回答说，我们在雅加达上的是比较进步的华文学校，学校的老师都是热爱祖国的华人。

在 20 世纪 60—70 年代，印度尼西亚取缔华文报纸，勒令华文学校关闭，整整耽误了华人子弟的一代人，在这批人的头脑中，中华文化成了荒漠一片。洪国厦也深受其害，他没有受过华文教育，不认识汉字，不会说普通话。然而，强烈的爱国爱乡思想观念，促使他千方百计把下一代送去学习华文，接受中华文化的教育。

洪国厦的孙女说："爷爷教导我们，是华人就一定要会讲中国话，那是我们祖国的国语。"

"是华人就一定要会讲中国话!"祖国在洪国厦心中的分量是多么重要,多么神圣!而他对故乡各项事业的捐款,都是他中国心、故乡情的实际行动表现。

洪国厦(1927—2006),1927年在印度尼西亚吧城(雅加达)出生,祖籍地是南安市英都镇霞溪村坊脚自然村。

洪国厦的父亲洪秀泉,年轻时因家境贫困出洋到印度尼西亚乡村"掘芭"(开垦荒地耕种)。洪国厦13岁时父亲因病逝世,他只好辍学自谋生计,后来在印度尼西亚乡村开了一间小杂货铺。1942年,日寇南侵,洪国厦的财产被掠夺一空,他在乡亲的帮助下移居雅加达,在乡亲洪福兴资助下摆地摊做小生意,稍有积蓄。1948年,恩人洪福兴邀他合股经营布匹。1952年,他又与洪福兴、洪恭秧、洪维庭等华侨老前辈合资创建了瑞兴有限公司。洪国厦在商务活动中渐渐学会了英语和日语。1975年,他独立组建伊摩拉汽车有限公司,经营进口日本汽车,后来改为组装本田汽车。此后,他又先后拓展房地产、造纸、金融、娱乐等业务,业务遍及东南亚,成为伊摩拉(Imora)集团,跻身印度尼西亚著名企业集团行列。

洪国厦出生于异国,父亲又因病早逝,他的一颗中国心、一腔故乡情,是在老一辈英都籍华侨的教诲和影响下形成的。他不但虚心向老一辈华侨洪福兴、洪恭秧、洪维庭学习做生意,还经常聆听他们讲述家乡传统文化,通过家乡传统文化了解中华民族。20世纪60年代,印度尼西亚各地出现反华排华事件,接着是华文学校、华文报纸全部被关闭,连英都籍乡亲在雅加达的合法社团组织"椰城翁山社"也被取缔,被勒令停止活动。乡亲们只好借着每年一度在雅加达的"水沟馆"(华侨从英都带香火去印度尼西亚奉祀的当境神庙)举行宗教信仰活动的机会举行集会,进行交流。在那充满血腥恐怖的岁月里,英都华侨华人以"水沟馆"为纽带,紧紧团结在一起,同舟共济,共商生存、发展大计。这使洪国厦深深感到祖国、故乡的伟大凝聚力。

祖国实行改革开放以后,老一辈华侨频频回国探亲,带去了祖国和家乡面貌日新月异的消息,令他振奋不已,积极捐款为英都中心小学和霞溪小学修建教室。

1992年,洪国厦在椰城水沟馆理事会秘书长洪新火的陪同下,首次回祖地南安市英都镇谒祖探亲。其间,他拜访了地方党政领导,参观了英都镇的镇区建设、中小学校、医院、宗教寺庙,亲眼看到了伟大祖国和故乡改革开放、百业兴旺的成就,深深感到伟大祖国的各项事业正在蓬勃发展,有着辉煌的前景。

这次随他访问祖地故乡的有他的家属十多人。回到印度尼西亚后,洪国厦便召集儿孙训话，要他们多多学习中华文化，关心故乡发展。他说："祖国已经强盛起来了，海外华人有了坚强的靠山。我们要爱祖国，爱故乡，永远不要忘本。要永远记住，我们是中国人，我们的祖地在福建南安英都，我们是翁山子弟。"

1984 年，洪国厦捐建英都中心小学"国兴楼"教室 11 间；1985 年，独资捐资新建英都霞溪小学教学楼 1 幢，教室 10 间；1987 年，资助英都龙江小学新建教室 2 间；1989 年，独资兴建南安三中教学楼"国厦楼"1 幢，教室 24 间；1991 年，带头捐资 10 万元港币，与侨亲 11 人合资重建闽南古刹云从古室；1999 年，独资捐建南安三中"国厦科学楼"1 幢。到他逝世，捐资英都镇文化教育事业的数额超过人民币 500 万元，是为故乡各项事业捐资最多的英都籍华人。

洪恩惠独资捐建恩惠中学

1987 年夏秋之际，阔别故乡英都 59 年的新加坡华裔洪恩惠，携妻子周招治、儿子洪宝守首次回家乡良山坂埔探亲。此时，洪恩惠已近耄耋之年，依然精神矍铄，健步行走。他连续数天挨户串门探访堂亲，拜访地方政府领导，毫无倦意，这位来自发达国家的实业家，以敏锐的眼光看到了故乡无限光明的发展前景。他对英都镇政府的领导说：中国共产党真了不起，改造了中国。现在的英都和 60 年前相比，简直是天壤之别。我的堂亲不但种田，还走上工商发展的道路。家家户户都有电视机、电风扇，有的还买了摩托车，按照这样发展下去，农民的生活方式将会发生彻底转变，政府今后应该多多考虑为民众提供公共服务。如果不嫌弃，我愿意为英都镇捐建一座自来水厂，以报答故土的养育之恩。

接待洪恩惠的镇党政领导听到洪恩惠自发捐建自来水厂的表态，非常欣喜，但这个项目镇政府已经有了规划，即将付诸实施。面对这样热心故乡发展的老华侨，镇领导直言相告，家乡当前最迫切的问题是普及九年义务教育，现在英都镇唯一的一所中学（南安三中）人满为患，并且入学人数正在逐年增长，急需再建设一所初级中学，"洪先生如果能够慷慨捐建一所中学，功在当下，惠及百年"。洪恩惠详细询问了生源情况及拟建学校的规模，很痛快地答应了。他激动地说："恩惠这辈子对故乡没什么贡献，就捐建一所中学留给后代人读书吧！"

之后，洪恩惠亲自踏勘地址，审看设计蓝图，并让他的儿子洪宝守督促工程进展。1989 年金秋，这所以洪恩惠命名的"南安县恩惠中学"建成，开始招生。学校大门上高高悬挂着华侨出身的中华人民共和国开国上将叶飞将军亲笔题写的校名——"恩惠中学"。

洪恩惠（1910—1998），南安市英都镇良山村坂埔人。他的父亲洪孝抛虽然是个农民，却因为土地少而日食难度。经本村一名基督教信徒介绍，夫妻双双到泉州一所基督教会创办的学校当佣工，认识了名叫安礼逊的英国牧师。夫妻俩做工非常勤奋，那位牧师也很信任他们。受牧师的影响，后来洪孝抛也成了基督教的信徒。洪恩惠的童年跟随父母亲在泉州的基督教会学校生活，耳濡目染，接受了基督教文化。1928年，安礼逊介绍洪孝抛去新加坡定居。年已18岁的青年洪恩惠开始了他的星洲创业历程。经过几十年的艰难拼搏，他从建筑工人干起，到后来自己创办了建筑工程公司，承揽建筑业务，又经过不断经营，从小到大，发展成为房地产开发商，并且涉足商业，创办经营建筑材料和五金进出口公司，创造了令人钦敬的业绩。

洪恩惠是一位非常虔诚的基督教徒，在事业有成之后不但对教会活动贡献良多，受教友拥戴，而且积极参与社会慈善活动，投身公益事业，备受各界称赞，荣获新加坡政府授予的BBM公共服务勋章。

洪恩惠的晚年，欣逢祖国改革开放，他非常关心祖国的建设成就，关心生身故乡英都的发展情况。他虽然童年离开故乡，却对故乡有着特殊的感情。1987年，阔别家乡59年的洪恩惠偕夫人、儿子首次回乡恳亲，独资捐建"南安市恩惠中学"，解决了当时英都镇坂头、仕林、西峰、良山、石山、龙江等村学生小学升初中的入学问题，有力推进了当时英都镇普及义务教育的进程。因此，他先后获得福建省人民政府、南安县人民政府、南安市人民政府授予的"乐育英才"奖牌、证书和纪念章。

洪恩惠还捐建了南安三中"孝抛楼"（教师宿舍楼）一幢，资助了良山小学，资助良山村修建乡村公路，参与捐建英都华侨大厦等多项公益项目，还独资捐建或参与资助建设了泉州、南安、安溪等地的数十间基督教堂，在基督教界传为佳话。

1993年，南安县撤县建市，洪恩惠被授予"南安市荣誉市民"称号。2006年10月，南安市人民政府授予洪恩惠"南安市捐赠公益事业突出贡献"金质奖章、奖匾、荣誉证书。

洪福兴的乡恋情结

2004 年 9 月 28 日，也就是中华人民共和国成立 55 周年的国庆节前两天，中国旅行社的一支小分队驱车从厦门出发，沿着宽阔的省道驶入南安。这个团队共 14 人，领队兼导游是年已 88 岁的印度尼西亚华侨洪福兴先生，旅行团的成员是他的儿子、儿媳、女儿、孙子、孙女。当旅行大巴开进英都时，洪福兴先生立即兴奋起来，他给司机当起了"导航"，旅行车依次走过民山东庄桥、英都中心卫生院、南光水电厂旧址、英都中心小学、南安市第三中学、英都影剧院以及国家级非物质文化遗产的发祥地董山昭惠庙、南安市文物保护单位云从古室。每到一处，洪福兴都停下来详细讲述当年捐款的原因和建设情况。

在他捐建的东庄桥头，洪福兴指着东庄溪电力灌溉站旧址告诉儿孙：以前农民汲水灌溉农田须用人力踩动水车，是非常艰苦的体力活，后来我捐建了电力抽水站，农民就不用再为提水灌溉受苦了。在英都中心小学，他向儿孙讲述儿时打着赤脚上学、3 个学生挤在一张桌子上上课的情景。从洪福兴眉飞色舞的生动讲解中，人们感受到他对故乡的无限眷恋。

洪福兴语重心长地告诉儿孙："我只在故乡英都生活了 15 年，可以说在印度尼西亚生活了一辈子。但是故乡英都是我永远的记忆，我的根在英都，根在中国。对故乡的眷恋，就是对祖国的热爱。今天带你们参观的都是我捐资建设、投资建设的项目，我希望你们也像我一样，将来都为故乡做些微薄的贡献。"

除了风尘仆仆的一天参观，洪福兴还和亲友举行了短暂的聚会，当晚便返回厦门和旅行团会合，次日北上首都，带领儿孙去参加北京的国庆活动。

洪福兴说："爱祖国应该从爱故乡开始。"在他看来，乡恋情结就是爱国情怀。

洪福兴（1917—2010），南安市英都镇民山村二房二自然村人。父亲洪维清是个老华侨，在印度尼西亚的加拉旺开了一间杂货店，做的是小本经营。洪福兴在家乡的翁山学校接受过初等教育，15 岁出洋，到印度尼西亚父亲开办的杂货店当伙计，助理店务。成年后独自从事副食品加工，父亲见他有经商能力，肯动脑，又勤快，便告老回乡，让洪福兴在印度尼西亚发展。不料，翌年（1942）太平洋战争爆发，日寇南侵，印度尼西亚沦陷。洪福兴费尽周折移居吧城（雅加达），在那段艰难的日子里，他只好靠收购五金制品挣得的微薄收入度日。1945年日本投降后，印度尼西亚百废待兴，洪福兴的经营才得以充分发挥。1948年，他以历年的积累与在雅加达的英都乡亲洪国厦合资经营布匹商行。1952年，他与英都乡亲洪恭秧、洪维庭、洪国厦合伙创办以采购、批发布匹为主的瑞裕有限公司。1956年，他独资创建瑞成有限公司，专营布匹批发，又独资创建芝罗沙利有限公司，经营化工原料及纺织品。1973年，创办东洋纺织绣花厂，是一个拥有千名工人的规模企业，产品不但在印度尼西亚销售，还出口东南亚诸国。

洪福兴事业的不断发展，和他的贤内助有关。他的夫人李树妹，也是华侨，是个办事果断，有胸怀、有远见的女中丈夫，被誉为"铁娘子""查某工"。她不但助理洪福兴经营企业，还支持洪福兴慷慨捐资，对故乡的各项事业贡献良多。

洪福兴虽然少年离乡到异国谋生，但他对生身故乡有着深厚的感情。中华人民共和国成立前，故乡贫穷落后、人民生活困苦的情景在他心中留下了深深的烙印。1949年中华人民共和国成立，他看到了中华人民共和国的光明前景，十分振奋，1953年即与在印度尼西亚的几位乡亲合资在英都镇区投建南光水电厂，装机容量12千伏安，是当时南安县第二个民营水力发电厂。1955年4月，29个亚非国家和地区的政府代表团在印度尼西亚万隆举行亚非会议，印度尼西亚的许多爱国华侨自发到万隆为参会的中国代表团进行安全保护和提供服务。青年洪福兴听当义工的华侨介绍周恩来总理的风采及从他身上展现出来的大国风度，非常景仰，他从中看到了新中国的希望，爱国情怀与日俱增。1955年，他积极参与捐建英都医院。1959年，他投资合建英都影剧院。1970年，听说家乡民山大队要架设供电线路，他立即捐资购买电力杆、线等设备及捐献安装费用，使全大队（村）社员家家户户装上了电灯。1980年，他捐资建设东庄溪电力抽水站，使东庄一片30多亩的水田能够用电力抽水灌溉，旱涝无忧。1985年，他与洪国厦联合捐建了英都中心小学教学楼"国兴楼"。1989年，他出资14万元港币，带动印度尼西亚11位英都侨胞联合捐建了南安第三中学教学楼"印华楼"。1990年，听说家乡英都要修志，他认为这是具有深远意义的盛举，带头捐资筹足了《翁山谱志》的全部印刷费用5万多元。1991年，他捐资5万元修建南安文物保护单位云从古室。1992年，他独资38万元为英都中心小学新建教学楼"福兴楼"1幢，教室15间；并捐资人民币50万元创建了洪福兴教育基金会，资助贫困学生，奖励优秀学生。他还亲自到贫苦农民家庭慰问困难学生。1995 年，福建省人民政府授予洪福兴先生"乐育英才"荣誉称号，为他颁发了荣誉奖章、牌匾和证书。

1953—1991 年，洪福兴在家乡英都镇捐建的项目涉及文化、娱乐、教育、卫生、农田水利、民用电力各个领域，几乎家乡所有项目都有他的心血。难怪有位印度尼西亚侨胞说，"福兴先生的事业在印度尼西亚，功德在英都"。

侨胞洪桂林重修抗倭壮士祠

位于南安市英都镇荣星村凤山山麓垵后巷的祠公宫，奉祀着明嘉靖年间抗倭牺牲的周壮士英灵，400多年来香火不断，不但在英都镇及周边乡镇享有无数信众，而且影响到海外的南洋诸国。周壮士英勇抗倭壮烈牺牲的故事，在老一辈侨胞中家喻户晓，代代相传。1998年，印度尼西亚侨胞洪桂林曾独自出资重修祠公宫。

洪桂林（1933—2009），祖籍南安市英都镇良山村，少年时在家乡受过中等教育，青年到印度尼西亚雅加达谋生，后来自营小五金生意。祖国改革开放以后，他多次回乡省亲，对故乡的教育事业多有捐助。1983年，他独资捐建家乡良山小学教室4间。1988年，他与洪文悦、洪江鹤、洪新火、洪本脑等印度尼西亚侨胞合资捐建了南安县第三中学的教学大楼——"印华楼"。

1998年，年已65岁的洪桂林再次回故乡省亲，他记挂着昔日香火旺盛的垵后巷祠公宫，在亲人的陪同下诣庙上香。其时，宗教信仰的寺院宫庙都已次第复兴，唯这处奉祀抗倭英烈的小庙年久失修，破损不堪，洪桂林遂决意独资重修。

这次重修，实际上是重新鼎建，并增建左右厢房各1间，扩建拜埕，新建焚金亭1座。大厅的楹联"一抔黄土埋忠骨，四境黎民祀圣灵"，是洪桂林委托英都本地联家洪廷芳所撰，此联告诉人们，这里埋葬着一位忠勇牺牲的壮士遗骸。

自元朝开始，日本海寇不断骚扰侵犯我国东南沿海，史称"倭患"。明朝嘉靖三十年（1551）以后，倭寇更加猖狂。江苏淮安、松江、苏州、常州，浙江杭州、嘉兴、宁波，福建福州、漳州、泉州、兴化，广东潮州都有倭患，气焰十分嚣张，并将重心逐渐转移到福建沿海，泉州成为倭患的重灾区。1559年，倭寇围攻泉州，劫掠同安县；1560年，倭寇入侵南安英都，攻破安溪县、永春县；1561年，倭寇大举来犯泉州；1562年，倭寇攻陷兴化府（今莆田），入城屠杀万余人；1564年，倭寇围攻仙游县……

在嘉靖年间，泉州人民为捍卫家园与倭寇进行了艰苦卓绝的斗争，涌现了许多可歌可泣的抗倭英雄，戚继光、俞大猷就是当时抗倭的著名将领，还有许许多多英勇杀贼的英雄，他们生前默默无闻，壮烈牺牲后也成了无名英雄。埯后巷祠公宫奉祀的周壮士就是其中之一。

周壮士抗倭牺牲的事，发生在明嘉靖三十九年（1560）农历正月。当时，倭寇攻破安溪县，并入患英都，屯兵于霞美趴船山（今已被开发成荣星村的河滨小区），经常在夜间四处骚扰，烧杀抢掠。时有周氏兄弟，常年在英都做干鲜海味的小生意，他们目睹倭贼横行作恶，义愤填膺，招呼了几位勇士，在黑夜时分从埯后巷泅水过河（当时，英溪没有桥，雨季时河水上涨，不能涉水过河，只能泅渡），擂鼓为号，偷袭敌营。周氏兄弟在与倭寇面对面的肉搏战中，身负重伤，流血不止，自觉体力不支，仍抱着大鼓以极其顽强的毅力浮渡回南岸，爬上埯后巷，血尽而亡。次日清晨，人们发现了周壮士的尸体，就地收埋成坟，并立碑为志。

明朝万历版《泉州府志》载："（嘉靖）三十九年正月，倭寇入南安英山等处。""英山"指英山乡。

为保卫家园、保卫人民群众生命财产安全而壮烈牺牲的英雄，不管其身份高低，民众永远景仰崇拜。许多民众怀着崇敬的心情，远道前来烧香膜拜，寄托景仰之情，于是，热心人士集资在周壮士墓前立一座小庙，移墓碑作神主牌立于庙内奉祀，"祠公宫"由此得名。祠公，意为这栋祠宇主祀的神。

许多民众被周壮士的事迹震撼和感动，远道而来烧香，只为表达对烈士的景仰之情，立庙之初，没有任何迷信成分。然而，英雄的精神是永存的，影响大了，人们把周壮士当作神来奉祀，信众也就多了。

埯后巷祠公宫虽然名不见经传，却以周壮士英勇抗倭的凛然正气在一方民众中享受崇高的敬仰。人们一直把这没有巍峨宫墙的"草根"小庙奉为忠烈祠宇，认为只有为民牺牲的人，才配得上在这里享受香火，接受膜拜。当代发生的一件事也可以佐证这一现象。1949年5月15日，中国共产党领导下的安南同边区游击队会同安溪游击大队和英都地下武装组织英都武装抗征队，三路会合，武装解放英都。战斗中俘获了南安县自卫队一个班，其武器全数缴获，最突出的战果是缴获了国民党政府设在英都的仓库2座，内有储备谷子10万多斤。经请示这些缴获的仓粮一半廉价出售给饥民，另一半上缴充作军需。当5万斤廉价谷子向贫民出售时，众口感戴共产党是人民的救命恩人。因为地下党组织事前策反的仓管员洪庵土（英东村下洋人）保守了秘密，所以仓粮悉数被缴获。当年6月，据守安溪的福建省保安二团调集兵力对英都解放区疯狂反扑，逮捕了地下党领导人家属，还放火焚烧了民宅。为游击队开仓献粮的民国政府英都粮库仓管员洪庵土也被抓去泉州、秘密杀害。噩耗传来，洪庵土年迈的母亲强忍悲痛，把一帧小小的洪庵土遗像拿到垵后巷祠公宫里与周壮士的神位摆在一起。这位老大娘认为，他的儿子是为革命事业、为人民的利益牺牲的，理应入祀忠烈祠，此举得到英都父老乡亲的认可。

岁月推移，香火不断，周壮士的事迹永远不会被忘却。重提当年倭患的历史，旨在警醒后生：在中华历史上，曾经有这么一个外国民族，如此猖狂、嚣张地侵犯过我们。我们世世代代都必须居安思危，牢记历史。印度尼西亚侨胞洪桂林独资重修祠公宫，为我们保护了一处缅怀抗倭英烈的遗址、爱国主义教育的阵地，功不可没。

追寻洪成琳后裔下落记事

　　洪成琳（1886—1964），别号陆登，英都近代的著名侨领。20 世纪 20 年代，他在南洋筹款，回故乡倡建翁山侨立学校，是英都近代教育事业的奠基者之一。1937 年，日本军国主义全面发动侵华战争，他在日本经营的企业资产全部被日本政府没收，从此他辗转漂泊东南亚达 17 年之久，直至 1954 年才挈妇将雏举家搬迁到柬埔寨，定居于金边市公主街沙拉湾寺街 12 号，经营顺安五金建材商店。其间，长女洪器姑远嫁印度尼西亚苏门答腊华侨王家为媳。

　　洪成琳在金边是华侨界德高望重的长者，也是著名的诗人，不但在华侨界享有威望，在金边市的商界也是受尊敬的老前辈。他至死不愿加入外国国籍，"依然故我一侨民"（洪成琳《和于右任》）。1964 年，洪成琳逝世，享年 79 岁，墓葬于金边市郊外福建会馆置的"福建义地"。

　　洪成琳逝世后，其子洪祖馨继续经营顺安五金建材商店。和他在一起的有：母亲卓莲（洪成琳的遗孀），妻蔡瑞娘，子洪宗郎，女儿洪苑容、洪阿儿。一家 6 口靠经营建材商店维持生活，虽不富有，却平静温馨。

　　1970 年 3 月，柬埔寨内阁首相朗诺趁国家元首西哈努克亲王出访之机发动政变，柬埔寨从此开始了漫长的动乱岁月，洪祖馨与故乡英都亲人的通信完全断绝。1975 年，"红色高棉"执政，柬埔寨更是战乱不断，迄无宁岁。

　　洪成琳在世时一直和在故乡的堂侄洪祖珍（1906—1974）保持书信联系，并且常有诗词唱和。柬埔寨由"红色高棉"执政以后，洪祖珍及其儿子洪宗义、洪宗贤、洪宗汉千方百计通过海外亲友打探洪祖馨一家的消息，但杳无音信。

　　1998 年 11 月，洪森执政，柬埔寨开始出现安定局面。洪祖珍已经过世，其子洪宗义、洪宗贤兄弟在通过海外华侨探听洪成琳子孙后代情况无果的情况下，于 1999 年 5 月 18 日由洪宗贤具名致书国家侨务办及福建省侨联，请求协助寻找洪祖馨一家人下落。

　　2000 年 3 月，洪宗贤收到金边市福建会馆辖下金边民生中学校长洪睦民的复信。洪睦民祖籍福建同安，当年 74 岁。他在信中说，洪祖馨是和他很要好的朋友，在1970年朗诺集团发动政变以前，他们经常在一起座谈聊天。洪祖馨的儿子洪宗郎是民生中学的学生。1970年3月，朗诺发动政变以后，民生中学被封，洪睦民举家迁居农村，洪祖馨则继续在金边做生意。1990年，柬埔寨内战结束，洪睦民迁回金边，此时的金边已今非昔比。金边市原有福建籍华侨1600多户，1975年"红色高棉"攻占金边后，把所有居民驱赶出城、迁往农村，至1990年内战结束后返回金边的福建侨民仅有160多户。洪睦民努力寻找好友洪祖馨一家，但都无果。据此，洪睦民分析，洪祖馨在金边已属失踪人员，且二三十年一直未和故乡宗亲联系，有可能已不在人间了。至于洪成琳遗下的房产，已于1975年被"红色高棉"统一没收。"红色高棉"倒台后，居民谁先进入市区谁就可以先占领土地，谁占到就属于谁，根本不可能保留原产权。早前福建会馆所置用于埋葬逝世侨民的"福建义地"也被夷为平地，当然也就无处寻觅洪成琳的坟墓了。洪睦民在信的最后说："我自己一家人的兄弟亲戚共50人左右，只找到11人，战争是多么残酷啊！"

柬埔寨内战结束后，洪祖馨一家没有返回金边，洪睦民据此认为洪祖馨一家已经不在人世。然而，接此复信的洪宗贤认为，这只是失踪的信息，活要见人，死要见尸，仍然坚持不懈地继续追寻，唯一的途径还是拜托官方协助继续查找。

2006年8月，洪宗贤和笔者（当时担任英都侨联会秘书长）到南安市人民政府拜访了市政府华侨事务办公室主任陈创泳同志，向他提出请求政府支持、协助寻找洪祖馨一家下落的诉求。陈创泳主任说，现任柬埔寨福建会馆的会长林先生是永春籍华侨，与他有过一面之交，双方留有名片，当即表示可以发信请求协查。9月6日，陈创泳主任发信给柬埔寨福建会馆，备述英都乡亲一直牵挂洪成琳子孙后裔下落及洪成琳坟墓、房产情况的心情，请求协查。

2006年10月，陈创泳主任收到柬埔寨福建会馆会长林财金亲笔签名的复信，复信明确答复：洪成琳老先生的坟墓因战乱已经被毁掉，其子洪祖馨先生一家大小都在"红色高棉"统治期间先后过世。复信全文如下：

致南安市人民政府华侨事务办公室主任

尊敬的陈创泳先生：

　　您好！

　　接获来函，一切知悉。洪成琳老先生的坟墓因战乱已经毁掉，而其子洪祖馨先生一家大小均已在"红色高棉"统治期间先后过世。至于洪祖馨先生的财产是无从追讨回的。原因是自一九七五年四月十七日后"红色高棉"统治柬埔寨三年八个月二十天期间，金边市是无人民居住的，人民所有财产由"红色高棉"统治政权全部没收、集中起来，而在一九七九年一月七日"红色高棉"政权被推翻，在人民陆续返回原居住地后，新政府的政策是谁占住哪里，哪个地方就属于谁，原来的旧屋主是不能讨回的，就连中国大使馆旧址也是要用钱赎回的。现在仅有的一个讯息，就是洪祖馨先生的妻舅蔡文仪先生居住在越南胡志明市三脚桥那一带，仅此奉告，不足之处，尚望见谅是幸。

　　顺颂
安康！

柬埔寨福建会馆
会长：林财金
2006 年 10 月 5 日

　　至此，洪祖珍及洪宗义、共宗贤、洪宗汉父子 20 多年不懈追寻洪成琳后裔的事尘埃落定。消息传来，多少宗亲仰天长叹：成琳父子，魂兮归来！

　　2006 年 11 月 5 日，第一届世界翁山洪氏恳亲大会在英都洪氏家庙广场隆重举行，海内外翁山洪氏宗亲代表 400 多人欢聚一堂，共叙宗谊。洪成琳的后裔代表、洪成琳长女洪器姑的女儿王秀玉出席大会，她在开幕式的大会发言中郑重宣告，洪家、王家已经商定，由印度尼西亚的王盛允（洪成琳外孙）和英都的洪宗汉（洪成琳侄孙）共同承接洪成琳一脉香火。

　　历经浩劫，且喜宗祧香火延绵不绝。今天，我们只能以这个消息来告慰洪成琳老先生的在天之灵了！

王氏昆仲继承母亲遗志光大外祖事业

　　王盛立（又名洪景祺）、王盛本、王盛允三兄弟，都是在印度尼西亚出生的华裔，祖籍福建厦门。他们的母亲洪器姑，是出身于南安英都翁山洪氏的名门闺秀，是翁山洪氏东五房家族洪成琳（1886—1964）的女儿。

　　洪成琳是清末京师国子监的最后一批学生之一，辛亥革命胜利后出洋经商，首倡并亲自在海外筹款回英都建设翁山侨立学校（今英都中心小学前身），是民国初年南安县最早创办的 4 所新学堂之一。他还担任了首届翁山侨立学校校董会的董事长。

　　洪成琳本在日本经商。1937 年，日本全面发动侵华战争之后，他愤然离开日本转道越南西贡，之后又辗转东南亚诸国，漂泊无定达 17 年之久，直至 1954年才挈妇将雏到柬埔寨金边市定居，经营顺安号五金建材商店。其间，长女洪器姑远嫁印度尼西亚苏门答腊楠榜省的华侨王姓。

　　洪成琳于 1964 年逝世。1975 年，柬埔寨"红色高棉"执政。波尔布特推行极左政策，强行把金边市 200 多万居民一夜之间全部赶出城市，洪成琳的遗孀卓莲以及儿子、儿媳、孙子、孙女，全部在这场疯狂、残酷的"大迁移"运动中罹难，他（她）们是死于离乱之中，还是死于饥饿疾病，不得而知，一门 6口尸骨无存。他们在金边的住宅"恩波楼"也被夷为平地，无觅故址。

　　沧海桑田，时光转眼到了 1994 年。在印度尼西亚楠榜省的洪器姑也已年逾古稀，她的 3 个儿子都已成为印度尼西亚著名的企业家。儿子创建的印度尼西亚 BSG 公司，是涉及海洋航运、矿业能源、种植业多个领域的大型集团公司，跻身为印度尼西亚 50 强企业之一，分支机构遍及中国、马来西亚、新加坡、泰国、美国、英国、阿联酋、中国香港等国家及地区。长子王盛立（景祺）任集团董事局主席，次子王盛本任集团总裁，三子王盛允则担任 BSG 集团旗下专营海洋航运的 BLT 公司董事长。BLT 公司多次在印度尼西亚海运企业排名中列居首位，有"印度尼西亚船王"之称。

　　这一年金秋，洪器姑携儿子王盛本回故乡省亲。宗亲亲切地称她"器姑"，以崇高的礼节、浓烈的亲情迎接这位远涉重洋首次踏上故土的亲人。她在宗亲的陪同下参观了70多年前父亲在海外募捐倡建的英都中心小学,听说这所学校70多年来从100多名学生发展到1000多人,她深表欣慰。她出身儒素之家,家学渊源已经化成血液在她的血管里流淌,眼见父亲生前奠定的基业发扬光大,她感慨万千,添砖加瓦的愿望也油然而生。她对英都镇政府领导说:"洪器此行专为瞻仰父亲当年呕心沥血奠基的翁山教育事业而来,父亲的血脉现在只剩我一人,理所当然应为先父的事业添砖加瓦,做些微薄贡献。我已和儿子们协商好了,决定为英都中心小学捐赠印度尼西亚原木制造的学生课桌椅3500套。"4个月之后,这批价值175万元的印度尼西亚产小学生课桌椅全部运到中国厦门海关交接,英都中心小学全校师生都用上了新的课桌椅,不少学生的家长兴高采烈地到学校参观,纷纷称赞"器姑捐赠的'番柴'(外国木料)学生桌椅真是高档"!

洪器姑携子回祖地探亲之行,给儿子们上了一堂深刻的爱国主义教育课。王氏昆仲出生在异国,没有什么"乡愁"的概念,但他们从英都乡亲对他外祖父洪成琳的景仰和怀念中,读懂了当年外公历尽千辛万苦为故乡募资建校的乡恋情结,如今外公已逝,作为外孙也应尽微薄之力。当他们听到校方介绍说,为了适应现代化教育之需,学校尚欠一栋教学、科研多功能大楼时,慨然表示愿意捐建。

2000年7月1日,王氏三兄弟捐资178万元人民币建成的建筑面积2754平方米,集教学、科研、文化娱乐多功能于一体的英都中心小学"继承楼"落成庆典隆重举行,王氏三兄弟专程从印度尼西亚来英都出席庆典仪式。中共南安市委书记、副书记、市人大常委会主任、市人民政府常务副市长等领导和王氏三兄弟共同为新落成的"继承楼"剪彩,市领导还在庆典仪式上代表福建省人民政府将"乐育英才"金质奖章、荣誉证书、荣誉匾分别授予王盛立(景祺)、王盛本、王盛允。

也是在这次参加继承楼落成庆典之际,王氏三兄弟听说英都的申鹭达卫浴是中国著名卫浴品牌,他们想为推广英都的工业产品做一些贡献。为此,王盛本在2011年3月19日和2012年4月17日,两次到申鹭达公司参观,考察了申鹭达卫浴公司的五金生产线和卫生陶瓷厂,还把印度尼西亚楠榜县县长等地方官员请来申鹭达考察,为把申鹭达卫浴产品推荐给印度尼西亚市场牵线搭桥。

王氏昆仲已经把英都当成自己的故乡了。

归侨洪德成

一、梦里慈亲

我对当下时兴的许多洋节日是颇有微词的，但唯独对母亲节的流行深表赞同。中华民族一向把"母亲"一词等同于伟大和崇高，母亲在我们心中永远是神圣的。今天又是母亲节，白天看到许多年轻的男男女女忙着给母亲送康乃馨、送红包，种种的慰问充满温馨，于是我多年未了的心愿似潮水一样涌上心头，提笔伏案，开始写悼念妈妈的文章。

我的妈妈洪德成是 1944 年 7 月 19 日（农历甲申年五月二十九日）逝世的。当时，我的实足年龄只有 3 周岁又 8 个月。因此，在我幼小的心灵中，妈妈是一个非常朦胧的印象。

听爸爸说，妈妈最喜欢月季花。妈妈逝世后，爸爸把她的照片粘贴在一盆丝绸做的人造月季花丛中的绿叶上。我从懂事起，便常常在夜晚凭借一盏豆大的花生油灯火，对着月季花丛中妈妈的照片发呆。面对她那深邃的眼眸，我感觉她一直在安详地凝望着我。就是在这种静谧而微妙的氛围中，我的脑海渐渐浮现出了母亲朦胧的印象。她甚至多次在神话般的缥缈间出现在我的梦里。

粘贴在花丛中的妈妈照片，是妈妈和爸爸结婚以后，在南安县政府档案科上班时照的。这可能是用于贴证件的二英寸相片。此外，妈妈还遗下 2 张照片。一张是她在泉州培英女中读书时的学生照，图像严重模糊，应该是照于夏秋季节，穿着的学生装是白色短袖衬衫、黑色短裙。另一张是 1937 年 10 月妈妈带领翁山小学抗敌宣传队到南安县城（溪美）宣传抗日，表演街头剧《一片爱国心》后，在中山公园（在今溪美基督教堂旁边，美林桥头的红绿灯一带）的团队留影。这张照片证实了许多老前辈曾经对我说的：你妈妈身高足足有一米七多。

妈妈还遗下她在培英女中念书时的书法和图画作品，都是在学校的作业。我印象最深的是一幅铅笔画《鸵鸟》和一幅工笔水彩画《桃李争春》。十几张字画全在"文化大革命"中失落。

听许多长辈说，妈妈写得一手大字，她的字是越大越好看，是颜楷骨气，完全没有女流的纤弱之风。1956年，老农民洪本移告诉我，东前农业生产合作社那部水车上的大字是你妈妈写的，水车上那副对联也是你妈妈做的。

爸爸也曾对我说："你妈妈写得一手大字，她写的大字比我好看多了。她还会做对联，这点我不如她。"

洪本移说的那副水车上的对联是：

> 泹注任能胜顷刻里波盈畎亩洵是作霖大器
> 迴环流不竭霎时间水满田畴堪称济旱良材

在中华大地五花八门的行业联、工具联当中，此副为抗旱农具水车撰写的对联应该是绝无仅有的。

妈妈留下的照片、字画及其背后的故事，在我脑海中形成了一个不平凡的伟大母亲形象。随着岁月的积淀，我对她的思念历久弥深。

2008年，一首抗震歌曲《妈妈我想你》风靡全国，至今传唱不衰。每当听到《妈妈我想你》这首歌，我都会随歌曲旋律深深陷入怀念妈妈的思绪不能自拔。在一次"K歌"时，我竟然带哭吟唱这些词句，泪流满面：

> 我第一次睁开眼睛看见的是你，
> 我第一次哭泣为我擦干的是你，
> 我第一次跌倒时搀扶的是你，
> 我第一次喊妈妈呀最开心的是你。

二、德成行状

清光绪三十四年（1908）农历戊申岁十月三十，洪德成诞生在马来亚吉打州农村的一个华侨家庭。父亲洪章平，是南安英都洪氏家族中西轩二房英亭家族的裔孙。英亭始祖洪奕道，有良田许多，家资丰厚，他济贫困、建宗祠，乾隆朝荣膺"乡饮大宾"，赴过南安县署的乡饮宴，获知县赐匾"年高德邵"荣归。但到了洪章平这一辈时，已是清末，家道早已中落，生计日艰，于是洪章平跟随出洋"过番"的人群到马来亚吉打州垦荒谋生。娶妻谢套，也是华人，是安溪县厚垵谢家望族的后裔。夫妻俩在吉打州筚路蓝缕，生育二女，长曰洪钱，次曰洪杜顶。"杜顶"是乳名，因她生来就长得个子大又灵活，洪章平说这个女儿很特别，简直像"杜顶"，就作为乳名叫上了。据说"杜顶"是水中的一种小动物，叫什么学名农民不懂。但由于环境变化，这种叫"杜顶"的水中小动物早已绝迹，现在无从稽考了。

1918年，10岁的洪杜顶进了一所华人公会创办的私塾读书。洪章平觉得这二丫头身上有一股聪明的灵气，爱如掌上明珠，把传宗接代的期望寄托在这个宝贝女儿身上。

1921年，读了三年私塾的洪杜顶，转入一家华人开办的小学继续攻书。执教老师觉得杜顶这个名字莫名其妙，把它雅化写成"图等"。在学两年多，老师发现洪图等的各科考试成绩都超过班上男生，就对洪章平说：此女不凡，最好让她回国接受更好的教育，他日前程无量。

1924年，洪章平变卖家产回老家英亭，购置了一些田产以养家，又经英都基督教会介绍，送洪图等到泉州培英女子中学（培英女中）深造。培英女中的前身是英国基督教会在泉州创办的泉州培英女子学校（培英女校）。1921年，中国人接管了这所学校，改名"泉州培英女子中学"，校长是毕业于南京金陵女子大学的文学士王淑禧女士，她手下拥有一支素质很好的教师队伍。报名时洪图等把自己的名字"洪图等"改为"洪秀华"。

1927年，洪秀华从泉州培英女中毕业。正考虑在泉州选择就业时，毕业于福建官立法政学堂的堂叔洪汝复回英都创办翁山侨立学校，规模宏大的新校舍正在建设中。洪汝复早就听说堂兄洪章平有个女儿洪秀华是培英女中的高才生，又是有名的"查某工"（有男子气概的女人）。他怕人才流失，许愿在英亭先建一所翁山侨立学校分校，让洪秀华执教。果然用两个多月时间突击建起了简易校舍3间，还辟有面积3亩的足球运动场（当时农民俗称为"脚球埔"），这是英都历史上第一个足球场。

1927年，洪秀华受聘在英亭任教，实行复式教育，一人教授两个年级。就近吸收英亭、二房二、下楼、大园前、极官、刣马寨等自然村的子弟入学，短短3年时间培养了20多名学生，这些学生都很优秀，其中有后来参加南师学潮的中共地下党员洪耀来、参加闽中地下革命组织后来编入中国人民解放军晋江军分区南安武装常备队担任文化教员的洪培青、人民教师洪海态、著名老中医洪艮土、雅加达爱国华侨洪金銮等。

1932年冬末，翁山侨立学校校园建筑工程全面竣工，英亭分校正式关闭，洪秀华和她的学生全部并入翁山侨立学校总校。

其间，洪秀华的父亲洪章平、母亲谢套相继辞世，姐姐洪钱已嫁至安溪县坂顶乡竖山边。洪秀华含泪殡葬父母，秉承父志，担当起接续宗桃的重任，矢志招夫婿以延香火，改名德成。洪德成认二房二村的印度尼西亚侨眷黄疼老大娘为"契母"。黄疼视德成胜似己出，食同餐，睡同榻，休戚与共。

洪德成因在培英女中受过全面的素质教育，会弹风琴，会画画，除了教国文课外，还教音乐课和美术课。她经常策划组织师生周末游艺联欢活动，丰富和活跃了校园的文化生活。

1937年7月7日，卢沟桥事变爆发，日本发动了全面的侵华战争，翁山侨立学校的外汇支持完全断绝，改为私立南安县翁山小学。在那国家民族生死存亡的危急之秋，洪德成和翁山小学的青年教师一起，组织了抗敌救亡宣传队，克服了资金道具等种种困难，因陋就简排演抗战歌曲，创作了适宜下乡宣传的街头剧，下乡宣传抗战，不但在英都范围内演出，还到大宇墟、象运墟以及东田的汤井等地宣传，募资抗日。

1937年10月10日，洪德成率领翁山小学的抗敌救亡宣传队，带着他们创作的街头剧《一片爱国心》到南安县城溪美镇宣传演出，募资抗日。

1938年秋，经翁山小学教师张碧筠女士介绍，洪德成与廖明炎在南安溪美结婚。廖明炎籍贯长汀县，在南安县政府档案科供职。这桩婚姻从1936年开始议事，双方均已表同意，但廖明炎提出自己是长房独孙不能入赘他姓，经过两年的洽谈，终于在承接宗祧的重要事项上达成协议，约定廖明炎以女婿身份承担洪章平房祧的义务，生育长男应姓廖，之后所生男子全部姓洪。这桩旷日持久的议婚过程，经历了南安县治从丰州迁到溪美。

1939年春，洪德成辞去翁山小学教师的职务，到溪美的南安县政府档案科任管卷员。

1940年，洪德成生一男，取名文龙，表字榕光。

1944年农历正月，洪德成生一女，取名宽娜。

1944年农历四月，洪德成感到精神疲惫，强打精神上班，形容消瘦。在溪美经中西医师治疗，未见好转，五月上旬回娘家英都问诊中医，但回天乏术，于农历五月二十九日抱憾辞世，终年35岁。墓葬于民山村占美山（今英都中学对面），后改葬英东村山兜五墓与夫廖明炎合葬。

三、彤管扬芬

因为我的父亲也早逝，他还来不及完整地告诉我妈妈的生平就匆匆归去。我应该衷心感谢我的外婆黄疼奶奶，还有点金周甘老大娘、西庄美王宙老大娘、下楼黄桂枝老大娘、丰州镇山仔后苏镯老大娘、树脚洪育贤先生、英都医院洪艮土先生、大园前洪本移先生、印度尼西亚华侨洪新火先生等的深情回忆，他们分别为我讲述妈妈在不同时期的经历及其感人的故事，使我能够完整地整理出妈妈的生平行状。我所着他们绘声绘色的讲述，仿佛亲历了母亲生前的许多精彩活动。

　　西庄美王宙老大娘告诉我，你妈妈在泉州读中学时，有一次假期回家看望父母亲，她穿着白色短袖衬衫、黑色短裙，乡里人都来围观。她看到父亲章平在番薯地里锄草，立即脱掉鞋袜下地帮忙，围观的人群又跟到地里去看。章平得意地说："大番客小姐回唐山也没这么热闹啊！这女儿有出息，我指望她接房桃大梁呢。"

　　妈妈的学生洪海态告诉我说，你妈妈会弹风琴，会唱歌跳舞，别以为她是个活泼女子，她一上讲台顿时全班寂静，鸦雀无声。我有一次和同桌在上课时为琐事吵了两句，每人各被打了3下掌心。她下手够狠的，发起威来简直是一只"虎母"。

　　黄桂枝老大娘介绍说，你妈妈是穿着旗袍的新时代女性，但她和乡里的绅士名流出入公众场合，参与社交活动，真真正正是一个"查某工"。她还会写祭文，主持旧式葬礼。我的翁爹洪霖成是私塾先生，一生写过许多祭文，他很喜欢你妈妈写的祭文，说是自成一格。

　　洪育贤老先生回忆起1937年10月10日和我妈妈一起去溪美街头表演、宣传抗日的情景。他说，翁山小学抗敌救亡宣传队共有10人，到溪美宣传演出的有8人。那天大清晨他们就从英都步行出发，到了珠渊搭乘"日渡"（一种有定期班次的水上交通）从水路到南安县城，共在溪美街头演出3场。第一场先赶到"炭埔"演出，"炭埔"就是县城的薪炭交易市场，上午农民挑着柴炭来这里出卖，交易的人很多，这场演出非常成功，效果很好，许多人踊跃捐款。接着又先后到县政府门口的操场和中山公园演出。宣传队成员都是风华正茂的热血青年。在中山公园的最后一场演出结束后，不知谁建议合影留念。在等待摄影师到来之际，大家在公园的中正纪念亭前凭栏北望，眼前是滚滚东逝的西溪水，对岸是美林乡郁郁葱葱的甘蔗林，面对大好河山，洪德成脱口低声吟唱起岳飞的《满江红》，一会儿大家都接着唱起来了："……抬望眼，仰天长啸，壮怀激烈。……待从头，收拾旧山河，朝天阙！"一曲歌罢，妈妈回头对大家说，神州大地已经多处沦陷，有消息说日寇逼近福州。万一有一天南安沦陷，大家少不得要投笔从戎，共赴国难啊！

　　洪育贤先生回忆，当日演出的节目有抗日救亡歌曲《义勇军进行曲》《大刀进行曲（29军大刀队之歌）》等，还有街头剧《东北好地方》《放下你的鞭子》《一片爱国心》。这些节目愤怒控诉了日寇侵华暴行，歌颂了中华民族在强敌面前不屈不挠的伟大抗争精神。其中《一片爱国心》是洪德成创作的剧目，讲的是一位在沦陷区负伤逃脱的工人，流落到闽南小镇，他在街头向人们控诉日寇的血腥暴行，诉说前方抗战将士缺衣少药、艰难作战的情景。这个节目是每次演出的压轴戏。剧情的最后是这位工人跪地向观众呼吁："同胞们，前方将士在流血捐躯，我们应该恪尽己责，节衣缩食，支援抗战。"每演到这里，演员都声泪俱下，场景非常感人，现场观众纷纷捐款。这些通过演出募捐的钱款，由学校交给政府。以上是洪育贤先生在 1959 年详细回忆并向我讲述的。

南安没有沦陷，但妈妈没能看到抗战胜利时溪美县城三天三夜的狂欢情景，于 1944 年农历五月二十九日抱憾撒手人寰。

我随母亲的契拜，认和我母亲相依为命、几乎朝夕相处 17 年之久的黄疼老奶奶为外婆。她一直活到 97 岁，是为我讲述妈妈生平细节最多的一位长者。我妈妈乳名"杜顶"的由来就是她讲给我听的，我一直想知道这种名字古怪的水中小精灵长啥模样，可惜它早已绝迹。

妈妈办事有决断，深得黄疼赏识。这也是她们并非亲生却胜似亲生的原因——她们凡事可以推心置腹，共同探讨。妈妈英年早逝是黄疼一生中受到的最沉重的一次精神打击。妈妈逝世后的一个多月里，她天天哭，眼睛哭坏了，终成眼疾。记得妈妈逝世后的第一个清明节，黄疼奶奶带我去给妈妈扫墓。她坐在坟前抱着墓碑大哭，悲痛的哀思如江河决堤之洪水奔涌，一哭就是大半个小时，哭词中有一段我终生难忘："想起当初时咱同床困，同被甲（盖），好歹代志同烦恼，同撒北（'撒北'为操心之意）。今旦汝在这搭给日曝，给雨渥（淋），汝共天地同久远，留我一人无处说长短！"撕心裂肺的哭声，把远近墓邻上坟的旁人都深深感动了，纷纷过来解劝，众人好说歹说才让她止住大哭，在一旁垂泪的爸爸只好急忙烧纸，搀扶她离开了冢山。这一幕我至今历历在目，记忆殊深。

妈妈逝世出殡时，她生前在翁山小学教书的同事联名送来一轴黑布挽幛。出殡当日下着雨，黄疼奶奶把布上贴的白纸揭了下来交给了我爸爸。爸爸说，上面的悼词是："彤管扬芬"。

把我妈妈称为手握红色笔杆的古代女史，是多年朝夕共处的同事痛悼挚友之由衷挽词，难免有些过誉。但妈妈在短暂的一生中以其独特文采迸发出了闪亮的生命火花，被称为饮誉一方的才女应是当之无愧的。

妈妈是个普通的百姓，在她逝世 77 年之后的今天写纪念她的文章，并非为了褒彰赞美，也并非为了宣传弘扬。我的身上流淌着妈妈的血液，我延续着她的生命，我有责任把关于她的生平事迹搜集起来，传承下去。她平凡的一生并无功业可记，但她在短暂的生命中表现的人格品德和责任担当，足以垂示后昆。

2021 年 5 月 9 日母亲节之夜草拟

5 月 15 日修改定稿

07

传奇故事

吴国乡与郑月娘

第一章　少年才俊

1755 年，也就是清乾隆二十年，在南安二十七都的仑美乡（今南安仑苍）衙内的一户普通农家，随着"哇哇"的婴儿哭声，一个男孩诞生了。时值深秋傍晚，父亲吴飞升望着远方的笔架山，红霞满天，蔚为奇观，欣喜异常，便给新生的儿子取名"国乡"。"国乡"二字取自范仲淹忧国忧民的名篇《岳阳楼记》"去国怀乡"之句，取其不管去到哪里都不能忘记家乡之意。显然，这位吴老先生对儿子充满期待。

吴飞升是儒生出身，妻子也出身诗礼人家，粗通诗词。他们自幼就教国乡读《千家诗》。吴国乡自幼聪慧过人，又十分勤奋，上书塾时，能过目成诵，在乡里出了名，被称为"神童"。

他每天上学来往都要经过墩坂一座榨糖的糖铺，和伙伴经常在那里逗留玩耍。

深秋时节，金风拂面，对面封山的一片枫林，经霜凌落，漫山红遍，远远看去，如云如霞，非常壮观。糖铺的老板粗通文墨，早就听说吴国乡很聪明，有意试一试他的才华。这天，他看到吴国乡和同窗伙伴放学又来到糖铺，便捧出刚刚烹炼的香喷喷的红糖，放在桌上，对他们说："孩子们，今天我要试一试你们做对子的知识学得怎么样，做得好赏红糖，任随你们吃个够，做不好今后休想再来糖铺喧哗。"此时已近中午，国乡和他的伙伴早已肚子饥饿，眼巴巴望着桌上的红糖，口水都要流下来了。糖铺老板指着英溪畔的翠竹和古苍寨上的青松说道："先以竹和松为首字做个对子。"吴国乡笑着说："这容易！竹影侵溪疑凤驭，松声度岭隐龙吟！"老板听后，心中非常诧异，暗想，这孩子小小年纪，对联却意境清新，气魄不凡，将来必定成才。他举头看到对面高大峻峭的龙湖山（又称"壶山"）层峦叠翠，松风呼啸，想了一会儿，便又出题道：

"风回壶谷，湖动声喧如啸虎。"吴国乡暗自思忖，这出句乍看平常，实则暗藏玄机，里面的"壶、湖、虎"三字同音韵，着实不太好对。沉思片刻，吴国乡突然仰头看到远处封山的景色，灵机一动，便对道："霜染封山，枫红叶落似飞蜂。"用里面的"封、枫、蜂"与之应对，老板听后，拊掌大笑夸道："妙哉！果然是神童。"

糖铺老板兑现了诺言，取出红糖让大家吃了个够。然后，他又请吴国乡为糖铺书写了一副春联。吴国乡连称不敢班门弄斧，推辞再三，但老板真心诚意，说道："快要过年了，今年糖铺的春联就用你写的喽！"吴国乡无奈只得要来纸笔，根据古人留下的"两辗榨成甘露汁，四锅烹出黄沙金"的糖铺联，一挥而就。虽然略带稚气，但毕竟铁画银钩，刚劲有力。在场观看的人都拍手称赞。

第二章　初露锋芒

春去秋来，日月如梭。转眼之间已到了乾隆三十四年（1769），吴国乡已经长成翩翩少年了。其间，他经过乡村私塾启蒙，又到县学进修，学业大有长进，顺利地通过了县试、府试、院试，取得了生员资格，就是"秀才"了。这时，他15岁。

1789年，也就是乾隆五十四年，吴国乡已经35岁了。立秋将至，三年一届的省试在即。一天早上，吴飞升夫妇把吴国乡叫到跟前，说道："儿啊，你如今已成家立业，学业也有成就，如今秋闱将至，你应该去求取更大的功名，方不负这几年发愤攻读。"吴国乡双膝跪下禀告双亲："我家耕读继世，儒素家风相延，其乐融融。儿愿躬耕垄亩，朝夕侍奉双亲。"父亲道："汝已是满腹经纶，岂可埋没于乡野？理应报效国家，方不负祖先期望。"几经催促，吴国乡只得遵从双亲之命，赴省城参加乡试。

此时正是初秋时分，农事稍闲。邻里乡亲听说吴国乡将赴省试，这可是全乡第一人！大家都来相送，热情地勉励，预祝成功。吴国乡为表示不负众望，当众摆开文房四宝，在纸上写下：

> 欲破龙门三月浪，
> 更传桂阙九秋香。

这是吴国乡对这次赴试志在必得的宣示：想要在阳春三月鲤鱼跳龙门（明年春天京城会试），肯定要在桂香飘香的金秋时节给大家报告好消息（今年秋闱一定要取胜）。众人一看，果然充满信心，且文采飞扬，不同凡响，都说"此科必中无疑"！

赴试途中，与各地秀才童生结伴而行。吴国乡发现，同行并不都是品学兼优之士，其中不乏轻浮狂妄之徒。搭渡过江之时，听其中一位童生夸夸其谈地说，我沿途看到许多新造坟墓，墓碑皆写"显考"，既然有那么多"显考"逝世，我们此科稳中了。此言令人啼笑皆非，吴国乡并不与之理论。倒是划船的艄公忍不住了，听这些不学无术之徒信口开河、胡言乱语，非常不悦，暗想：此人的秀才资格大概是用钱买的吧，这种人能中举人，岂不是活活气死孔子公。艄公便说："众位先生我们来对个对子吧，我出上联：广东广西广何广？"闽南语讲话的"讲"与广东、广西的"广"同音，这上联发泄了艄公对那位"七讲八讲"夸口"稳中"的童生之讽刺。上联既出，竟无人对出，艄公示意吴国乡试试，只见吴国乡拱手对曰："知府知县知同知。"艄公大喜道："这位公子有才，愿你此科一举成名。"

果然，吴国乡夺得乾隆己酉科第十五名举人。

第三章　诗酒林泉

吴国乡省城中举归来，自有一番忙碌，叩谢祖先，亲朋庆贺。热闹过后，人们都关心吴国乡是准备明年上京会试，还是就去当个县级教谕、训导之类的学官。但吴国乡好像无动于衷，收拾书剑行囊，拜别双亲出行。

他走到园美渡头，搭渡过了西溪，行过大宇，直上封山。时值深秋，一场小雨带来丝丝凉意。日照下的枫树林，风中摇曳的凤尾草，坡上骑牛的牧童，山中砍柴的樵夫，构成了一幅天然的秋光农桑画图。

见此美景，吴国乡不禁口占一绝：

> 几间茅屋碧峰围，
>
> 数亩蔬园豆荚肥。
>
> 闲伴诗书弹古曲，
>
> 旋沽美酒赏云归。

从诗中可以看出，此时的吴国乡，已经把此地当成自己耕读的家园了。

原来，吴国乡此行并非游历山水，而是想在僻壤山乡一边设馆授徒、教书育人，一边农耕樵唱、诗酒林泉，过半隐居的生活。

此地属于南安的二十六都，土名蕉坑乡。山高林密，远离尘嚣，恍如与世隔绝。热情的乡民听说吴举人要来此设馆教书，欣喜万分，很快就准备就绪，从此山乡有了琅琅书声。

吴国乡就这样在这好似世外桃源的深山里享受着耕读之乐，他自号"梅南"

"墨痴"，边教书边务农桑，以美丽的大自然陶冶性情。其间，吴国乡写的一首诗，颇能表明他的心迹：

> 山水清居自盎然，
> 闲云野鹤梦如仙。
> 文韬武略终归土，
> 富贵功名本在天。
> 对酒狂歌方是饮，
> 品茶论道即成禅。
> 倦来寻隙随时睡，
> 幽静林泉不要钱。

他还把明朝沈应很著名的一首诗中的"诗传画意王摩诘，船载书声米舍人"一句写成对联，挂在学馆墙上，表达了他对先贤王维、米芾的仰慕之情。

自从吴国乡在蕉坑设馆育人，乡民好学成风，人才接踵而出。而这一时期，也是吴国乡著作最丰富的阶段，著有《梅南诗稿》《梅南律赋》《墨痴难咏》《砚北绀朱》《赤水元朱》等诗词文集。

一晃过了三年，已近初冬的一天上午，父亲吴飞升前来看望儿子，说道："儿啊，明年又是大比之年，春闱在即。为父今天特为此事而来。古人云，明伦莫大于忠孝。汝满腹诗书，乡试举人，理应胸怀大志，忠君报国，尽己之力匡扶社稷，难道你忘记了当年'欲破龙门三月浪，更传桂阙九秋香'的豪言了吗？这可是你对乡亲们掷地有声的诺言啊！难道你就打算在此隐居林泉，终老一生吗？如果这样，那么非但对不起养育你成长的父母，也有违乡亲的期望。如今圣上求贤若渴，汝当不负吾望。"一席话说得吴国乡重振精神，乃回禀道："谨遵父命，当即准备赴京会试。"遂告别蕉坑父老乡亲启程回乡。蕉坑村民一路相送，依依惜别。

第四章　佛子心肠

1793 年，也就是清乾隆五十八年的春天，吴国乡赴京城参加会试，名列二甲第五十五名，赐进士出身，授山西直隶州隰州大宁县知县，兼署蒲县知县事（"署"指代理暂缺官员的职务），衣锦还乡，举族欢欣。吴飞升择吉日杀猪宰羊，领国乡亲诣祠堂拜祖，昭告列祖列宗，鸣铳三声庆贺，又在祖厝设宴，答谢父老乡亲。诸事完毕，吴国乡启程赴任。

临行之际，拜别高堂。吴国乡发现，母亲闷闷不乐，似有重重心事，乃小心翼翼请问：“孩儿今日启程赴任，未知母亲还有何教示？儿看母亲似有不悦，故孩儿斗胆请问其详。”母亲这才开言道：“儿啊，汝中了进士，当了两个县的父母官，责任大如天。为娘想，居官免不了断案，汝掌握生杀大权，须谨慎细察，切莫轻率断案，误杀贤良。为娘正是为此担心也。”原来吴母出身诗礼之家，每月初一、十五在家吃斋念佛，心地善良，她是为吴国乡的重任担忧呢！吴国乡连忙双膝跪下，叩头禀告：“阿母放心，儿尽忠报国，竭力为民，岂能做出滥杀无辜之事？”吴母道：“汝必牢记为娘三句话：一曰勤政为民；二曰清廉守正；三曰慎思办案，千万不要枉杀无辜。”吴国乡指天发誓，吴母才放心让儿赴任。

吴国乡一行昼行夜宿，翻越千山万水，历一个多月才到达任所。当时，隰州正经历一场暴雨，大宁、蒲县山洪暴发，房屋、良田被冲毁无数，有的灾民流离失所。面对如此严峻的灾情，吴国乡顾不上长途舟车劳顿，立即组织救灾，疏浚河道，修复民居，并连夜上书朝廷，奏请拨赈灾钱粮发放给灾民，还捐出自己的薪俸用于救灾，灾民对新任知县无不感恩戴德。

洪灾过后，农桑正待恢复，却又是一场蝗灾袭来。猖獗的蝗虫成群结队、吞噬庄稼，农夫叫苦连天。吴国乡亲到田间地头指导农民捕杀飞蝗，夜以继日奋战。又奖励农民饲养家禽，将所捉蝗虫喂养鸡鸭，不但扑灭了蝗灾，虫口夺粮，还借此促进了农家饲养家禽，增加收入，大宁县的鸡肉美食自此闻名。

吴国乡到任伊始就政声斐然，远近闻名，百姓称他是“菩萨再世，佛子心肠”。

第五章　智破命案

吴国乡上任不久，就接到一件疑案。一天清早，他正在后堂收阅公事，忽听有人在门外击鼓，遂立即传话升堂。只见堂前跪着一位三十来岁的男子，揪着一位妇女连声喊冤。吴国乡问道：“今日并非三、六、九放告日，你有什么冤情要贸然击鼓？须知王法无情，若状告不实者，从严处置。”那人自称姓赵名皮二，家住本县南门外赵家庄。“只因堂弟赵凡外出做小生意，昨晚回家，不料被其妻林氏暗害，特捉拿送官究办。望青天大老爷明镜高悬，为民申冤。”吴国乡又问：“你的堂兄被她杀害，可有证据，尸首现在何处？”

赵皮二答道：“恶妇因奸杀人，谋害丈夫，又藏匿尸首。老爷若对她施以严刑，她自然招认。”吴国乡又问那妇女：“你姓甚名谁，为何谋害丈夫？”那位乡下妇女虽然见官心存敬畏，却能从容回答老爷审问：“老爷容禀，民妇林氏，配夫赵凡，一向恪守妇道，夫妇相敬如宾，绝无谋害丈夫之事。若说昨夜丈夫回家，民妇实未见面。唯有今晨发现妆台上有银两若干，民妇心生诧异，当下即向婆婆禀告。如此而已，望青天老爷明察。"林氏口供不长，却心神不慌，条理清楚。

吴国乡思忖：赵皮二所告并无干证，而林氏对答从容，不似作案之人。提堂口供有县丞记录，遂命当事人画押在案，赵皮二、林氏各取保听候传唤，宣布退堂。

退堂之后，吴国乡反复思忖，赵皮二告林氏谋害丈夫并无证据，赵凡死未见尸，此案十分蹊跷。乃命手下明察暗访，待查出蛛丝马迹，方可升堂再审。不料明察暗访十余天，并无丝毫进展。人命关天，吴国乡破案心切，决意微服私访。

这一天，吴国乡穿了百姓服装，肩负褡裢，手里举着写有"麻衣神相"的幌子，俨然一副相命先生模样，在南门外小街优哉游哉地转来转去。晌午时分，吴国乡腹中饥饿，见前面有"杏花村"酒肆，便径直走入店中，在墙角一方桌旁坐下。原来此席已有一人落座，正独自一人饮闷酒，见有相命先生同席，只是抬头一瞥，继续低头闷闷独酌。此人年纪五十岁开外，一副憨厚朴实模样，只是心事重重，眉头不展。吴国乡也叫了一壶白酒，边饮边问道："兄台一人独酌，眉头不展，胸中必有难解心事。"那人见对面这位相命先生操着外地口音，气宇不凡，乃告道："实不相瞒，我确有难解之事。"吴国乡见状，再添一壶酒，又叫了小菜，两人边饮边谈，酒至数巡，那人竟将心中隐藏之事和盘托出，倾心相告。

原来，此人名叫赵山，因在赵皮二店中做伙计，又是同姓，人们都称他为"赵三"。两天前，他奉主子差遣外出办事，回来得晚，路过南门郊外的一座荒冢山岗。赵三性本善良，胆子又小，黑夜路过乱葬岗本来就胆战心惊，不料在朦胧中看到前方竟有一人手抡开山大锄，正在疯狂砍杀另外一人。赵三简直不敢相信自己的眼睛，原来这疯狂杀人者正是他的老板赵皮二。赵三吓得魂飞魄散，不敢挪动半步。又见赵皮二将尸体拖入一座废弃坟墓圹中，连那大锄一起用乱石堆砌封闭在墓中，收拾停当方才离去。赵三回家后一夜未睡，连日来眼皮乱跳，心神不宁，故而独自出来借酒浇愁。赵三把当晚所见过程讲完，拱手请问吴国乡："我自当夜见此情景以后，夜不能寐，夕不能餐，不知如何是好？"吴国乡道："吾观汝印堂发黑，晦气缠身，运带伤官。如不当机决断，终身无宁日。"赵三请问该如何决断，吴国乡道："骨鲠在喉，如芒在背，岂能安生？为今之计，汝应立即报官，自有大人为你做主，使恶人受到严惩，使好人的冤魂得到超生，汝自然无烦恼忧愁。"赵三许以次日即往县衙报官，二人拱手作别。

次日，吴国乡传令升堂，三班衙役威武肃立，主簿、县丞笔墨伺候。当堂命衙役拘传赵皮二、林氏到案，赵三早已在大门外听候传唤。赵皮二并不知事已败露，上堂叩头请问："老爷，未知小民所告案情审得如何？"吴国乡惊堂木一拍："现在叫汝听听案情如何！"传赵三上堂。那赵三见堂上审案老爷正是前日酒肆偶遇的"相命先生"，初进公堂的紧张情绪一下子平和了，乃将当夜在乱葬岗所见之事从头到尾一一诉明。赵皮二大惊失色，但还想巧言抵赖，吴国乡怒道，"见证人已经在此，汝休想抵赖。两边刑具如山，你若坦白招供，免受皮肉之苦。何去何从，汝须自己把握，休怪本官言之不预"。赵皮二只得如实招供。

原来，赵皮二早就觊觎林氏美色，图谋不轨，但屡遭林氏拒绝，怀恨在心。他打听到赵凡当晚回家，早在门外等候，假装好意约其饮酒，赵凡信以为真，把随身银两匆匆拿回家中，然后随赵皮二去饮酒。赵凡入家门时林氏正在厨房忙事，全然不知丈夫回家。赵皮二将赵凡灌醉后，即带他到郊外荒冢山坡处实施谋害，本以为神不知鬼不觉，谁料被赵三全部看在眼中。

当下，吴国乡命赵三带路，领仵作前往乱葬岗开墓验尸，凶器大锄也在，吴国乡让赵皮二现场指认，主簿记录仵作尸检报告及赵皮二口供，赵皮二画押在案。

吴国乡令县丞将案件详情写成文书，连带一干人的口供笔录上报隰州直隶州正堂，等候上司批示判决。

不日，上司批复：案情清楚，赵皮二残害无辜，手段残忍，应判死刑。吴国乡依大清律例判处赵皮二死刑，又呈报上司复核批准，秋后斩决。

吴国乡智破命案，老百姓称他是"包公再世"。之后，他处理积讼，断案无数。自此，大宁县民风归正，数月之内"囹圄空虚，门无讼迹"，老百姓过着祥和的生活。

第六章　全节尽孝

乾隆五十九年（1794），也就是吴国乡上任的第二年，奉命担任山西省乡试的"同考试官第一名"（第一副考试官），他慧眼识英才，为朝廷选拔了许多优秀人才。其中就有来自汾州府的刘肇基，后来官至知府。

就在吴国乡在省城典试人才之际，大宁县出了一件人命案。九月的一天，正逢大宁赶集，斯时秋收结束，一年农事已毕，小小的县城，街上商贾、农樵熙熙攘攘，摩肩接踵。城东有薪炭集市，樵夫负薪叫卖，特别拥挤。此时，一位樵夫挑着一百多斤重的松木干薪匆匆赶集，不料在人多拥挤之处受行人挤蹭，后头柴捆突然脱落，挑柴的尖头扁担因惯性霎时间飞起弹向前方，正好击中一位行人的囟门脑盖，那人应声倒下，鲜血从脑盖喷出，顿时一命呜呼。

东门闹市出了人命，马上有地保控制住卖薪樵夫，更有热心人到县堂击鼓报案。此时恰逢吴国乡去隰州述职，县丞一面差人速往隰州州衙报禀吴国乡，一面领主簿、衙役、仵作等人赶往现场。仵作验明尸首，系钝器击伤囟门，伤口二寸，出血甚多，业已毙命。主簿记录在案。县丞初审那樵夫，樵夫供认伤害人命，画押在案。于是，县丞命取棺木将死者尸首入殓，樵夫收监听审。

吴国乡回到县堂审阅了案卷，心想，此系偶发事件，并非有意杀伤人命，与图谋不轨故意行凶杀人者性质不同，心存怜悯，立即提堂亲审。案犯被押到公堂，吴国乡发问：“下跪案犯是何姓名，家住何方？你与死者有何仇怨，为何竟起杀人之念？”这问话明明是向那人提醒。那人禀告道：“小民姓郑，单名平。家住东门外岭下乡，世以农樵为业。我与死者并无仇恨。他确是被小民伤害致死。”吴大人又问：“你可知蓄意行凶杀人是大罪，朝廷律例规定严惩？”那郑平禀道：“回老爷，自古杀人偿命，今日我无话可说了。”吴国乡思忖：此人真是头脑只有一条筋，老爷分明怜悯汝无端受罪，你却脑不开窍，简直是冥顽不化，无可救药！口供记录在案后，吴国乡长叹一声“罢罢罢”，叫主簿认真与他核对口供，画押归档。

那无辜死者是秀才出身，且又是独子，家人数次含泪告状，请求早日判决郑平死刑，务必杀人偿命。吴国乡耐心安抚逝者家属：“依照大清律例，本官已将案情审结上报，量刑由知州、府尹裁定，生杀大权在上司。”

不料，此案报到隰州，知州审核后即令判处死刑，公事下达到大宁县，已是腊月。吴国乡含泪拟了判决文书报批，上司也快，批示“斩立决”。时已届年关，死刑犯不得越冬，必在年内执行。吴国乡身为朝廷命官，王命在身不敢怠慢，吩咐给死囚郑平吃了“长生面”，即押赴刑场，与上司派来的监斩官一起监斩。眼看刽子手高举鬼头刀猛力一砍，血淋淋的人头落地。吴国乡一时头晕目眩，几欲昏厥，一言不发，上轿回衙。

监斩归来，吴国乡回想赴任之际母亲的担忧，如今枉杀无辜，果然被母亲不幸言中，痛切万分。想起当年在母亲面前指天发誓，如今竟违背誓言，无力解救一位罪不该死的犯人，还亲自监斩，与枉杀无辜何异！吴国乡深深自责，内心痛苦万分，不能自拔，多少夜辗转反侧，认为非全节尽孝，无以解脱。他勉强过了新年，便立遗书安排后事、诀别娇妻陈氏，千恩万谢，拜托抚养四男一女成人。写毕，吴国乡吞金自尽。其时正是乾隆六十年（1795）二月初二，享年四十一岁。吴公归天之时正是辰时，春雷大震，鸣声持久，大雨滂沱，令人惊骇不已。大宁百姓当日就得知吴大人清早逝世，纷纷争传"天鼓大鸣，吴大人忠魂升天了"。

吴国乡任知县两年，身后竟无积蓄，无力运柩还乡。隰州知州报奏朝廷，皇帝悯其忠勤廉节，准拨山西库银赐葬，晓谕灵柩还乡所经州县、沿途驿站好生接待，军民为灵柩过境提供方便。灵柩出了山西，迤逦向东而行，取京杭大运河水路南下，至杭州弃舟登陆，换灵輀上路。杭州知府拦车设坛路祭，挥泪送行。吴国乡的门生、正在京城参加会试的刘肇基，闻恩师逝世，悲恸万分，撰挽诗曰：

> 共说梅英日映魁，人琴一去未曾回。
> 才名首出南宫选，品望高儗月旦载。
> 帝里无家成蝶梦，灵輀有泪动猿哀。
> 忠魂驾鹤归何处，应与修文入夜台。

第七章　生死夫妻

吴国乡的灵柩一路穿越千山万水，当年九月回到故乡南安，仑美吴氏举族哀悼，早已搭起灵棚，迎接灵柩安放，又延请本都蔡西妙峰山石佛岩大德高僧，就家建起"三宝坛"，择吉日往石佛岩拜经请忏，为吴国乡"做功德"，超度亡灵。泉州知府、南安知县及地方乡贤达人纷纷前来吊唁，极尽哀荣。时值深秋，梧桐和柿树的树叶，伴随着"做功德"仪式中凄厉的"嗳仔"声在风中飘荡，更添悲凉气氛。乡亲痛失英才，灵前致祭时都泣不成声。"七昼夜"功德圆满，灵棚拆卸，吴国乡的灵柩暂厝，择吉安葬。神主牌位则请入祖厝神主龛安位。

毕竟吴国乡生前政声斐然，遐迩闻名，丧礼完毕之后仍有不少远方人士前来吊唁，一律接入奉祀吴国乡神主的祖厅焚香鞠躬，宾客发现龛里供着的吴国乡神主，旁边还并列供着一位神主，细看其文曰，"故先妣号柔婉延陵吴门郑氏孺人神位"，心生疑窦，吴国乡夫人陈氏现仍健在，四子一女皆陈氏所生，从来未听过吴国乡有先室呀！茶叙之间，有人悄悄向吴氏宗亲询问，宗亲告之：吴大人确有郑氏先室，只是郑氏未婚而卒，吴家当时依礼迎娶其神主为正室。

来宾这一问，引出了一段早已尘封的爱情故事。

话说吴国乡当年十五岁中秀才，是吴氏族中脱颖而出的少年才俊，父母很是高兴，继续送其到八十里外的南安县学深造。国乡每月必回家一次拜望双亲。

为省船资，他不就近在珠渊渡头搭船，而是步行到溪尾渡头搭乘美林渡船，到丰州九日山下金鸡码头登陆。回程也是从金鸡码头乘船至溪美，登陆步行。溪尾到仑美有三十里路程，需路过崎口、莲塘、杨梅岭等地。有一次，走到崎口地界，吴国乡口渴难当，看见路旁有户农家，乃上前叩门讨杯茶水。日近巳时，主人家下田劳作未归，一位姑娘应声开门。吴国乡上前拱手施礼道："小生是位生员，在县学读书，今回家路过贵地，因口渴难当，斗胆敲门讨杯茶水止渴，感恩不尽。"那姑娘十分善良，连声说道："先生休得客气，些小茶水，举手之劳，何恩之有？"说毕转身回屋，取出茶壶、茶杯，泡了满满的一壶乌龙茶。也是口渴太甚之故，一杯入喉，满口生香，吴国乡连声道："谢谢姑娘芳茗。"那姑娘笑吟吟地说道："既是县城读书每必于此经过，先生如不嫌弃，他日再来饮茶。"吴国乡再三称谢，拱手作别。

谁也不曾想到，这次偶遇牵出了一段哀怨凄美的姻缘。

原来那姑娘姓郑，出身中等农户。父亲郑旁，自幼读过几年私塾，虽未成功名，却知书达礼，在乡里也算个文人，家教甚严，家风淳朴。姑娘名叫"月娘"，当时年已二八（十六岁），正是豆蔻年华。她见吴国乡少年英俊，又是言行举止规规矩矩的秀才，萌生爱慕之心，常常不自觉地在空闲时伫立门口痴痴远望，只盼那位少年书生再来饮茶。也是合该有缘分，有一次，月娘正在门口怅望，恰巧吴国乡又从门口经过。此次，郑月娘先开口说："这位先生又要回家了吗？不妨喝茶小歇，再走不迟。"吴国乡见姑娘诚意，也不推却，就在门外石椅坐下，月娘捧出一壶香茗，一旁侍立看吴国乡喝茶。前已见了一面，月娘胆子大些了，便道："敢问先生尊姓大名，日后相遇也好有个称呼。"吴国乡如实相告，"小生姓吴名国乡，家住廿七都仑美乡。"少顷，吴国乡告辞继续上路，月娘默默注目国乡背影，心中怅然若失。

却说那郑父本是细心之人，发现女儿近来沉默寡言，有时眉头不展，做事心不在焉，感到不正常，乃盘问道："女儿近来食欲减少，面色无光，有何心事尽管与阿爸阿母禀明。如是有病，该请个郎中来问诊才是。"女儿不敢当父亲明讲，乃将与吴生相遇之事及暗恋之情如实禀告母亲。郑母遂与丈夫相议。郑父道："吴国乡是仑美才子，名声早有所闻，既有此机缘，待他再过家门，我与他见面就是。"郑母转告女儿："汝父吩咐，这几日留神注意，吴国乡如过家门，请他进来，父亲有话问他。"

果然不日吴国乡又路过郑家门口，郑月娘欣喜至极，满面笑容上前打招呼："吴先生辛苦了。我父亲请汝入内饮茶。"吴国乡说："多有叨扰贵府，却未曾向令尊面谢，该当进见。"乃随郑月娘进入前厅，郑父起身示意吴国乡西边坐下，见他气宇轩昂，果然是不凡之辈。先问些家在何乡，现学业如何之类，吴国乡一一禀告，又说："求学之间屡从贵府门前路过，承令爱赐茶，多有叨扰，从未曾对年伯当面称谢，非常抱歉。"说罢起身作揖。郑父也起身还礼，连说不用客气，又问是否婚配。吴国乡禀道："初得生员资格，有意再进取功名，待乡试得中再议婚事不迟。"郑父又开言："以汝之才当以天下为己任，先求功名后成家室，顺理成章啊。现在吾家小女有爱慕之心，汝若不嫌弃，可以禀告你父亲，前来议婚。我想这也是三生注定的好事，望勿推辞。"吴国乡拱手回话："年伯不弃，小生已是不胜荣幸，岂敢推辞。唯婚姻大事须父母做主，我当即禀明双亲，依礼而行。"一阵茶叙之后，吴国乡告辞。月娘已在屏风后听得清清楚楚，心中欢喜。郑父叫声女儿送客，月娘早已笑吟吟走出大厅，送吴生出门上路。

吴国乡回家即将郑家所提之事禀明父亲，父亲道："崎口乡距我家不远，既有此等好事，我们就不用媒妁之言了，待我委托有崎口亲戚的乡党调查、暗访一下，郑家若家风端正，就可定夺。"不日，暗访探来消息，郑家也是耕读之家，虽然清贫，却安分守己，和睦乡亲，邻里口碑很好。吴父听了大喜，择吉日邀宗长伯叔连国乡一行六人，亲自到崎口郑府提亲。这本是瓜熟蒂落之事，又兼双方都是知书达理，见面只说些客套话，并无一般人议亲时关于"六仪"聘礼数量讨价还价之争执。之后，吴父又择吉日送聘，这门亲事就定了下来。时在乾隆三十九年（1774）春夏之交，吴国乡年已二十岁，郑月娘十六岁。

在那男女授受不亲的古代封建社会，吴郑这门亲事算是"半自主"了，实属一段佳话。偏那郑氏月娘是个多情种，与吴国乡一见钟情就萌生爱意，议聘成功后更是朝思暮想，恨不得天天见面。那吴国乡有时半月回家一趟，功课忙时也曾一个多月才回家一次，每次来回都先经郑家，月娘缱绻情深，脉脉含情迎送，她生性寡言，无恨情思郁郁胸中，日久生病。乾隆四十年（1775）冬，她因一场风寒起病，过春节后未见好转，越病越深，这可惊动了吴、郑两家。郑父曾提议依例俗请吴家迎娶去"冲喜"，也许病情会好转。吴父答道："'冲喜'之说纯属无稽之谈，不可迷信。为今之计急请各地名医会诊，靡资我吴家全责承担。"遂派人泉州、安溪各地寻访名医会诊，指望春暖花开，病势慢慢转安。岂料心病无药，名医无力回天。翌年六月，县学放假，吴国乡来郑家在月娘身旁朝夕守候。一日，月娘执吴国乡之手细声呜咽道："吴郎！妾身得许配与汝，天遂人意，妾别无他求了。知你功名未就，未敢越雷池半步，'冲喜'之说非我所愿。我生为吴家人，死为吴家媳。妾死之后，只求与夫君同穴，我愿足矣！"声细细、悲切切，泣不成声。吴国乡早已泪满两腮，只是劝慰"贤妻不必过分伤悲，容再觅良医来诊，切莫胡思乱想，安心养病"。月娘强振精神答道：

"心病无药，妾自知气数已尽，有郎君在病榻相送，虽未同衾，死亦无憾。"说毕，一缕芳魂冉冉飘去，撒手归西。吴国乡跪倒榻前哀号，竟至昏厥。时在乾隆丙申年（1776）初秋。

郑家小姐未过门身逝，依礼急报吴家。吴家派宗长伯叔、男女眷属一行到崎口，按崎口风俗办理月娘后事，收埋停当。三年之后，吴家迎娶郑月娘神主过门，于是有了前文所述吴国乡神主旁的"先妣"神主牌位。

倏忽过了两年，吴父心想，既然娶了郑月娘神主过门，国乡有了先室，且三年礼尽，"续弦"再娶是名正言顺的，毕竟抱孙子和儿子功名同样重要。此番由不得国乡了，遂托媒说亲，果然寻得安溪县城陈恭家有淑女，门当户对。吴父十分喜欢，叫来吴国乡告以详情，吴国乡也不敢再坚持什么乡试中举再议婚事的原则了，只称"谨遵父命"。话虽如此，但吴国乡毕竟不忘郑月娘旧情，这就是他中举后无意功名、去蕉坑教书的原因。

陈氏名熙娘，依礼成为吴国乡继室，共生四男一女，长子及女儿均不幸早逝。吴国乡逝世后，陈氏含辛茹苦抚养二子武诣、三子武谐、四子武谈成长，三人都先后中了秀才，但都不愿出仕做官，不参加乡试，躬耕田亩，耕读传家。天佑忠良后裔，吴家一门后续人丁兴旺，勤朴家风世代传承。陈熙娘于道光丙戌年（1826）逝世，享寿六十五岁，谥号柔容。

道光丙申年（1836），吴武诣兄弟三人为母亲陈氏"拾骸"，择吉地为父母亲筑一个合圹的大墓，吴国乡的骨骸、陈熙娘的骨骸俱各分别装入"皇金"，又到崎口乡起出郑月娘遗骸，三圹同穴安葬，从此入土为安。此时，距郑月娘乾隆丙申年（1776）逝世已经整整一个甲子了。郑月娘生未与吴国乡同衾，死后六十年终与吴国乡同穴，遂其所愿，只可惜是在夜台与夫君相会。正是：

生未同衾，死终同穴。
生死夫妻，千秋传说。

（吴达生、吴明星讲述，2019 年 10 月）

宝湖岩和洪龙章的传奇故事

第一章　遇险龙湖山

话说清朝道光年间，南安县廿七都英山乡的龙湖山下，有个村庄名叫鹭芸（今南安市英都镇芸林村），村里有个孩子名叫洪龙章，父亲早逝，与守寡的母亲相依为命。母亲守着几分薄田，茹苦含辛抚养龙章。小龙章也十分懂事，看到母亲自己穿着补了又补的百衲衣，过年还要卖鸡、卖鸭给他添新衣服。稻子未成熟的青黄不接之时，口粮不够，母亲只喝稀粥汤，却保障洪龙章三餐不挨饿。小龙章看在眼里，记在心上，小小年纪就想要为母亲分忧。

一晃到了 13 岁，小龙章想：母亲一个女人，田里的活已经够忙了，还要上山割柴草，真辛苦。我现在长大了，可以上山去割柴了，把家里三餐煮饭的柴火包下来。于是，小龙章找了一副割柴草的扁担和柴刀，上龙湖山砍柴去了。

古代的龙湖山大树参天，林密草茂，时有野兽出没，最令人害怕的是偶尔会有老虎出来伤人。因此，上山割柴草的人都结伴而行。那一天，天气突然转阴，人们担心上山会遇雨，说好了去割草的伙伴都不去了，小龙章只想多割点柴草，自己用不完还可以挑到墟上卖钱换点油盐，就独身上山了，谁知这一去差点送了命。

到了晌午时分，洪龙章看看收获不少，准备捆绑柴草挑下山，忽然一声雷响，大雨倾盆而下。洪龙章正想找块岩石避雨，突然闻到一种特别骇人的膻味，伴随着一声吼叫，洪龙章定睛往前一看，一只老虎正向他扑来，吓得浑身发抖的他，一脚踩空，掉进了深坎。这个深坎有一丈多深，所幸并未受伤，却避开了那只大猛虎的攻击。洪龙章定睛一看，这本是一方一丈多高的岩石，上面长满了藤蔓，自己就是踩到岩石上面淋过雨的藤蔓滑倒掉下来的。巨大的岩石下有一个大洞，正好可以避雨。此时，洪龙章惊魂稍定，进入洞中，脱下被淋湿的衣衫，拧干雨水，挂在树枝上，然后打量了一下石洞四周，只见石洞深处摆放着一尊木雕佛像，这才想起大人们常说这龙湖山上本有个岩寺，叫宝湖岩，奉祀一尊菩提祖师。也不知何时，住岩僧人散伙了，只留下祖师公的佛像在这岩洞里。

当下，洪龙章见这尊祖师公的佛像冷冷清清在岩洞中，无人烧香，不免生了怜悯之心，又想刚才危难中虎口脱险，显系祖师公神力庇佑，就折草为香祷告道："祖师公啊，汝和龙章同样凄凉无助，在这荒山野洞受风雨摧残，实在可怜。他日我龙章若有出头日子，定当重兴寺宇，为汝重塑金身。"

从此，洪龙章每次上山割草，都要到这洞口参拜祖师公。

转眼间洪龙章到了 16 岁。这一年，母亲一病不起，不久就逝世了。洪龙章收埋母亲后，心想自己已是成丁的男人，但无兄无弟，单身一人，守着几分田都不够养活自己，何谈成家立业，理应出门闯荡，也许还有几分希望。当时，厦门港已经相当繁荣，洪龙章听人家曾说"厦门四面海，有钱真好使（有钱人都在这里花钱）"，一定是个繁华都市，遂动了去厦门闯荡之心。

第二章　闯荡厦门岛

洪龙章是个说干就干的少年家，下了决心，就立即将自家地里收成的花生煮过盐水，晒干，收拾停当，到山上石洞里拜别祖师公，烧香跪拜，恭恭敬敬取了香灰用一块小红布包好，挑起几十斤咸水花生，只身闯厦门去了。

他听说有个"挑同安担"的小贩经常往返于同安与英山之间，肩挑贩卖两地土产，挣些薄利。龙章就央求他带他同行去厦门，那贩夫看他小小年纪十分可怜，便答应带他同行。走到了同安县潘涂乡，小贩说道："我只到这里买海产干味。你要去厦门，可沿此海边大道直行，到了集美过渡就是厦门了。去陌生地要勤问路。俗话说，路在嘴上啊！"洪龙章再三道谢，辞别了那小贩，径直往集美前行。到了集美，果然有码头，洪龙章就乘渡船到了厦门。

渡船上碰到一个好心人，问洪龙章道你挑的什么东西，去厦门干啥啊？洪龙章告诉他，自己来自泉州府南安县，有自产熟花生，想到厦门卖钱，不知道应该去什么地方合适。那人告诉他，厦门人流最多的地方是大轮船的码头，熟花生是零食，在那里肯定有生意。洪龙章大喜，下了轮渡顾不得吃饭，便立即问路赶到大码头，果然人来人往，熙熙攘攘，十分热闹。当晚，洪龙章在码头随便睡了一宿，天亮就在码头找个地方把两个竹箩筐摆起小摊叫卖"咸水土豆（花生）"。

洪龙章虽说是初次做生意，却很有本事。他用竹篾条扎成几个圆形小箍，在箍里放满花生，一箍花生卖 5 个铜钱，大家看这小伙子做生意实在，都来买他的花生。洪龙章嘴巴勤快，打听到集美附近的灌口镇农民有花生卖。自己带去的花生卖完了，就到灌口镇收购，再来厦门码头卖。

洪龙章听说，这码头的轮船最远的航线是上海。于是他壮壮胆，想去上海闯闯。便准备了二百多斤熟花生，登上了去上海的轮船。有了在厦门做生意的经历，胆子大了，到了那个完全陌生的大都会，他一点也不慌张，找了一条最繁华的大街，就开始摆摊做生意了。

上海毕竟不同于厦门，商铺店面大，气势也豪华。在人家店门口摆摊，有的店主就不高兴，撵他走。也是他好运，有个好心的店主见他摆摊被撵，无处栖身，就叫他来自己的店口摆摊。说也奇怪，洪龙章在这位老板门口做生意，不但没给他带来什么影响和麻烦，反而使他的生意更好。这在洪龙章是没有觉察到的，他只觉得自己老是在这位老板的店门口做生意，多多少少对人家会有些影响，不好意思，过了一段时间就挪个地方去摆摊。这样一来，那位老板的生意也萧条了。那位老板心想，那个卖熟花生的南方小贩，无疑是个贵人，他在我店门外摆摊，我的生意就兴旺，他一走我的生意反而不好了，便赶快去找到洪龙章，请他还来自己店门口做生意。果然，洪龙章一来，店里生意又好起来了。

老板发现洪龙章做人很诚实，又勤快，便和他聊起了身世。洪龙章也不隐瞒，把自己的家庭情况如实相告。老板说道："既然如此，你也不必再做小买卖了，干脆到我店里当伙计，帮我打理生意，我自不会亏待你。"洪龙章大喜过望，就成了这家店铺的雇员。进店以后，洪龙章认真守职，老板的生意也更加兴旺。

老板寻思，这洪龙章不是一般人，显然是一位"贵人"，好运随身，走到哪里就给哪里带来好运，千万不能让他走了。他对洪龙章说，你来我店里已经三年了，帮我做了很多事，我决定把店铺的股份拨出四分之一给你，以后你就好好在我店里经营，将来成家立业，过上好日子。就这样，洪龙章由打工的伙计变成了商店的股东，工作更加卖力了。之后，老板为洪龙章寻了一门亲事，结婚成家。

第三章　发迹上海滩

洪龙章的事迹，在上海工商界慢慢地传播开了，就有人邀请他入股合做生意。洪龙章经过观察，入股了好几家商铺。

从此，洪龙章的家财慢慢壮大了，成了上海商界有名的老板，被称为成功人士、商界奇才。他出入上流社会，结识政界的官僚，在上海的许多泉州同乡也找上门认亲了，还推举他担任上海泉州会馆理事。他的名声也从上海传回了泉州。

有一天，洪龙章看着随身携带的祖师公香火，想起当年曾在岩洞向祖师公许愿，如果有出头的日子，就要重兴庙宇、重塑金身，就动了思乡之念。正要成行之际，又有朋友来介绍，台湾有笔生意，需要较大笔资本，别人做不起，建议洪龙章接手去做，回乡之事只好耽搁。

洪龙章到了台湾，见了朋友介绍的商人，谈起生意的事，果然是一宗大买卖，于是在台湾逗留了两三个月，不但生意顺利，还纳了个二姨太。回归上海之日，洪龙章不但钱包赚得满满，还抱得美人归来。

人最怕是发了大财，周围奉承拍马的人多了，就忘乎所以。洪龙章台湾发财归来，整日应酬各界名流，竟把回故乡叩谢祖师公的事忘得一干二净。还是最早容他在店门口摆摊的那位老板提醒他："洪先生不是常说你能发迹全靠家乡祖师公庇佑吗？现在功成名就，应该回乡践行诺言为祖师公重塑金身才是！"一句话让洪龙章如梦初醒，把一切店务交代正室夫人打理，打点行装，携二姨太踏上回乡之路。二姨太是台湾人，风俗民情与闽南相同，自然很乐意和洪龙章回泉州一趟。

他们乘船沿大运河南下，一路观赏江南风光，入闽之后，又辗转在省城福州逗留，旅途十分快意。到了泉州，早有地方士绅摆宴接风，郡守府官也来拜访，忙碌应酬数日之后，包租了一艘帆船，沿西溪逆流直上英山乡。宽阔的西溪江面上金风习习，洪波激荡，艄公高高扯起风帆，帆船沿着宽阔的江面逆水顺风而行，艄公手掌着舵，哼着闽南山歌，显得十分轻松。洪龙章面对两岸翠绿的甘蔗林，看到亲切的故乡，想起当日身无分文，跟着挑同安担的小贩穿越原始森林，独身闯荡厦门岛，打拼上海滩，不知吃了多少苦。如今轮蹄舟楫，衣锦还乡，洪龙章不禁感慨万千。到了英溪口的埔姜林码头，已是廿七都英山地界，早有堂亲在码头迎候，帮忙搬运行李财物，接回鹭芸村。

次日，洪龙章设筵宴请宗亲，拱手道："龙章此番回乡，一是叩谢祖师公庇佑之恩，重兴宝湖岩祖师殿；二是择地建屋，不只是为自己他日告老回乡有个住所，也是为了告慰祖先，光大祖德。有劳大家相帮相助。"众乡亲都说道："此系善举！叩谢神恩，光宗耀祖，都是大事，祖师公会保佑你更加发达的。"俗话说：有钱好办事。当下，宗亲有的帮忙择地；有的帮忙筹备建材，红砖白石去泉州采购，黑瓦青石则在英山本乡订制。又请得本乡董山村薛厝一名姓薛的大木师傅为工程总师傅。图纸"寸白"由薛大木制定，一切泥水、开石、石雕、细木、砖雕等各路师傅悉听薛大师傅调度。薛木匠祖传三代大木工艺，擅长楼台宫观及"皇宫起"的大厝。洪龙章又请来江西赣州地理先生勘地，一切都紧锣密鼓地进行。

这时，距洪龙章只身去厦门卖花生，已经整整二十年了。当年十六岁的小伙子，现在是三十六岁的壮年大财主了。时在清道光十三年（1833）金秋。

话说洪龙章即将从上海启程回乡时，曾宣扬此行回乡专为叩答祖师公神恩，重兴宝湖岩，建造祖师殿。那些洪龙章参有股份的商铺老板念及和洪龙章合伙以来生意顺畅，感觉也沾了祖师公的恩泽，都慷慨捐银襄助。洪龙章带回英都的白银，有一部分是上海商家赞助宝湖岩重建工程的。

第四章　刘知县受托

翌年初夏，上海有一姓刘名枢的新科进士，授福建省安溪县正堂。启程赴任之日，亲朋好友一同设宴为刘枢饯行，其中一位经商的朋友说道："洪龙章此行回福建为宝湖岩建造祖师殿，上海商家多有赞助。我等曾听洪龙章讲过，安溪县城距离英山乡不过三十里之遥，且有西溪河运，交通方便。刘大人到任如有闲暇，有劳代我们去察看工程进展。"刘枢说道："有这等好事，刘某敢不从命。我有幸受命入闽知安溪县事，当亲到宝湖岩朝拜，顺便察看祖师殿建造情况，转达汝等善信记挂之心。"

刘枢到安溪之后，前任知县赖俊升移交公事完毕。刘枢言及上海亲友嘱托之事。赖俊升拍手道："枉我在安溪任职三年，竟然不知附近南安县英山乡有座岩寺如此灵验。刘君受嘱前往访胜，此乃雅事，赖某愿陪汝一行。"又说，"安溪县大堂面拱笔架山。英山乡在笔架之阳，系南邑文明郁集之邦，英豪之气间世而出。值得登临访胜。"原来赖俊升此次离任安溪是就近平调，时间并不紧迫。当下派了一艘官船，两人走出了县堂大门，只行一箭之地便是南门码头，官船已在等候。两人登舟坐下，艄子喊声："开船喽！"一路顺风顺水，不用半个时辰就到了埔姜林码头。随从侍候二人登岸，早有洪龙章亲自带了两顶大轿在岸边迎候，主宾寒暄之后，上轿直上龙湖山麓宝湖岩。到了祖师殿建筑工地，刘知县见几位泥水匠正开挖地基，工地上堆了些梁柱之类的木料，便对洪龙章道："刘某受亲友嘱托，前来宝湖岩访胜行香，顺便察看宝殿重兴事项。洪先生须知此项工程关系沪泉两地多人厚望，也是答谢神灵的酬愿善举，望自谨慎行事。"洪龙章听得刘知县话中有话，话外有音，觉察到刘知县明显对工程情况不甚满意，忙解释说："祖师公是我救命恩人，兴建寺宇，是我当年许愿，自当恭敬从事，更何况有上海诸多仁兄鼎力相助，洪某敢不兢兢业业！只因一年来多雨成灾，延误工期，木石诸多材料尚未筹齐。料想今年秋后即可顺利施工。"

两位知县站在祖师殿大门位置向前瞭望，但见峰回路转，山川形胜，气象万千。刘枢不禁连声赞叹："天下名山僧占多，此言果然不谬。他日我致仕归田，若能寻得似此仙境般的山间一隅，结庐躬耕，此生无憾了。"赖俊升说："此乃福地洞天，本属神仙居所，非我等凡夫俗子所能享用也。"说罢两人拊掌大笑。洪龙章早已叫人捧上文房四宝，请两位题写寺名。刘枢拱手道："刘某是后学，理宜赖兄提笔。"赖俊升谦让再三，对洪龙章道："宝寺的寺额，应由南邑贤人、英山硕彦题写才是。"乃挥毫题写"宝湖古地"四字，然后两人分别在下款署上自己的姓名，都不题职官衔。赖俊升道："菩提祖师精通三教诸子百家。我等碌碌凡人，岂敢在佛前炫耀虚衔?!"刘枢连声称是。当下，洪龙章吩咐族人把二位墨宝收好，交付木匠雕刻制匾，等待大殿落成张挂。这就是当年安溪两位知县同登宝湖岩的雅事一桩，传为美谈。

第五章 苏廷玉题联

洪龙章送别两位知县之后，急急找来薛大木师傅，请问有何办法把宝湖岩原定的规格改一改，改得高大一点，否则他日上海那帮朋友如果真的来参加落成开光庆典，见此规模可能会不满意。薛师傅说："梁、柱、椽、檩均已按原定尺寸剪料，如要更改规格，只有重新采购木材。"洪龙章心痛银两，叫薛师傅多多想办法，想个两全之策。薛师傅道，为今之计，有一个最省钱的办法，能够把祖师殿抬高，让其显得挺拔高峭，但拓宽规模是不可能的。龙章忙问何计，薛师傅说，将大殿所有石柱础，各再加上一个石柱础，可增高九寸，又在柱顶的斗拱上各加一斗拱，可增高八寸。如此，整个大殿的屋面可抬高一尺七寸，再让泥水师傅把燕尾翘脊弯度上扬，又可给人增高一尺多的视线感觉，此为最省钱之策，只是此举并无先例，纯属应变，不得已而为之。工匠们须得用心施工，否则容易弄巧成拙。洪龙章一听，大喜过望，连声道："有劳大师傅，洪某自有重谢。"这就是南安西部闻名的宝湖岩祖师殿所谓"珠叠珠，斗叠斗"（石质柱础闽南语称"柱珠"）的特殊结构的由来，后人来此参观，无不赞叹薛大木匠的智慧和创造性。

古语说，富贵思淫欲，饥寒起盗心。出身贫寒的洪龙章也是如此。此行回乡明明是重兴庙宇，报答神恩，却在一片阿谀奉承声中，昏了头脑，忘记了初心，经朋友介绍，再纳了一位小妾。这门亲事是高门大户的千金小姐，虽然长得漂亮出众，却是个过惯了富贵生活的娇小姐。洪龙章只迷于她的美色，对其女德无所了解，匆匆就娶了过门。洪龙章心想，现在有了三门妻室，一栋大厦不好安置，本来拟建一栋，现在改变主意，欲建三栋了。私心一来，就容易忘恩忘本。洪龙章大部分精力都忙于三栋大厝的买地备料等事务，本来拟建一栋大厝，现在增加了两栋，自然影响了宝湖岩大殿的投资计划。直到刘枢提起上海亲友相托来看宝湖岩重建之事，洪龙章才着急，急忙请薛大木匠商议应对之策。

道光二十年（1840）金秋，三幢大厝和宝湖岩祖师殿终于进入装饰的收尾阶段。

新建的宝湖岩祖师殿虽然规模不大，但是薛大木匠采用"珠叠珠，斗叠斗"的特殊工艺作为补救措施，果然显得挺拔高耸，挺秀于青山绿水之间，寺宇与山峦和谐相处，别有一番风韵。

三栋大厝更是精雕细琢，木雕、石雕、砖雕、剪瓷雕、泥灰雕各种工艺都十分精细，令人叹为观止。给三姨太盖的那栋大厦，还附有精细的"梳妆楼"一幢。

工程接近尾声，落成庆典在即。洪龙章想起岩寺及三栋大厦的抱柱对联都尚未请人题撰，此时有人报说任四川按察使署布政使的苏廷玉致仕回乡，在府城泉州定居。洪龙章急忙亲自上门求字。苏廷玉读过《泉州府志》，知宝湖岩是南安廿七都著名的"七岩"之一，又听说洪龙章是商界精英，慷慨捐银复兴古刹，欣然答应，当下即与洪龙章一同乘船到鹭芸村观光，先看了宝湖岩，再看三栋私宅大厦，当夜留宿于鹭芸村。次日，苏廷玉为宝湖岩及洪龙章的三栋大厦分别题撰楹联两副。洪龙章连声称谢，吩咐交与油漆工匠把苏先生的墨迹认真描上抱柱。

三栋大厝的大厅抱柱对联经风历雨，现在俱已残缺不全，十分可惜。只有宝湖岩祖师殿两副楹柱联的联文完整地保存了下来。文曰：

一

慈悲广运法无边读三昧弥尊三宝，
色相俱空尘已净洗五香何藉五湖。

二

宝殿拟大雄此地无非佛，
湖源通上海其间即是仙。

第六章　梦幻梳妆楼

苏廷玉在第一副对联中，阐述了他对拜佛修行的理解。"三昧"是佛教术语，是从梵文音译成中文的。它的含义是通过修行达到的寂定心境。上联意思是，认真钻研佛学，得到了真谛，就会更加崇拜"三宝"了（佛教的"三宝"指佛、法、僧。佛是已经成就圆满佛道的一切诸佛，法是诸佛的教法，僧是依佛教教法如实修行的出家沙门）。"色相俱空"是大乘派佛教的重要思想。苏廷玉认为，修行达到色相俱空的境界，就是佛教智慧的开悟。达到这种境界，也就不必拘泥于"浴佛"礼仪（寺院僧人在每年四月初八用五种香料泡成香汤"浴佛"的礼仪）形式是否隆重了。

洪龙章不懂得这些深奥的佛教理论。他最兴奋的是，苏先生在联中赞美了"湖源通上海"的传奇历程。他寻思道：是啊！当年若非神仙相助，我洪龙章哪有今日似锦年华！他十分高兴，重谢了苏廷玉。

次年春天，宝湖岩及三栋大厝同时宣告竣工，洪龙章为菩提祖师重塑金身，延请高僧大德隆重举行开光礼仪，又请了一帮"正一派"道士来家安坛做法事，为三栋大厦"镇宅"。洪龙章的三位夫人各人安置一宅，三姨太出身富家，安置在有梳妆楼的那栋大厝。庆典期间，宾客如云，酒筵一席接着一席，还请了九甲戏班来搬演大戏。三姨太爱听南曲，洪龙章又请了一阵弦管先生在梳妆楼下演奏南音，闹哄哄忙了十多天才告平静。大太太惦记上海生意，过了农历年就携儿带女回上海了。二姨太无出，她已习惯了上海的生活，随大太太回上海，助理店务。

三姨太出身富庶家庭，自幼娇生惯养，入门以后洪龙章为她置了用人，打理生活。她还有个自恋怪癖，喜欢打扮。听说厦门有卖进口的玻璃大镜，她就让洪龙章派人去厦门买了一面，整天对着大镜涂脂抹粉，自我欣赏，自称每日要照18次镜子。她除了打扮，一切家务全然不管，天天过着锦衣玉食的奢华日子，洪龙章还置了几十亩良田让她掌管，出租生息，以供家庭日常费用。三姨太生了一个儿子，这个咬着金汤匙出生的小子，和母亲一样，从小就是衣来伸手，饭来张口，啥事都不懂，也不认真读书，毫无上进心，结交一些纨绔子弟，挥金似土，整天游手好闲，无所事事。三姨太母子所作所为，让洪龙章懊悔不及。所幸有贤惠妻小在沪，洪龙章对三姨太渐生厌弃之心，后来索性在上海居住，不回老家了。

三姨太母子过惯了奢华的生活，坐吃山空。后来，上海那边丈夫不寄银两，就变卖田产，田地卖完卖大厝，卖到最后只剩梳妆楼，就典当抵押借债，最后梳妆楼也归债主所有。当年万贯家业，到头来败得精光。

光阴荏苒，历180多年变迁，三栋豪华的古式大厝，数易其主，居住的都不是洪龙章的后人。梳妆楼则毁于一场大火，雕梁画栋，顷刻化为灰烬，曾经的繁华富贵都成了如烟往事，梦幻一场。

洪龙章再也没有回过家乡鹭芸村，他终老于上海。儿女都在上海成家。他们的后裔现在怎样了？这也成了英都洪姓宗亲族裔记挂的心事。这种记挂一代传一代，至今仍然有人提起。

洪龙章捐建的宝湖岩祖师殿，在改革开放后得到完善的修缮保护并不断扩建，已经形成了规模宏伟的寺庙建筑群，非常壮观。可惜的是，苏廷玉手书的对联墨迹在修缮时没有拓下来，联文虽在，字迹已不是苏廷玉原书，成遗珠之憾。

1998年4月，南安市人民政府宣布宝湖岩祖师殿为南安市重点文物保护单位，周边环境也进一步绿化美化，成为著名的旅游观光景点，景名"宝湖洞天"，入选"翁山十二景"。

（历年调查，讲述人众多，经综合整理完稿于2022年5月3日）

附：人物小考

洪龙章 福建省南安县英都翁山洪氏东三房十九世裔孙，"孝"字辈。约生于清嘉庆二年（1797），卒年不详。在上海经商。曾重建宝湖岩祖师殿，及三栋私宅。后来居上海。

赖俊升 生卒年不详。清道光十一年（1831）任福建省安溪县知县，在任三年（《安溪县志》有载）。

刘枢 生卒年不详。清道光十四年（1834）任福建省安溪知县，在任一年（《安溪县志》有载）。

苏廷玉 （1783—1852）福建省泉州府同安县人，清嘉庆十九年（1814）进士，历任刑部郎中、松江知府、山东按察使、四川按察使署布政使、大理寺少卿等职。道光二十年（1840）致仕，退休后居泉州府城通政巷，捐建文昌庙、尊经阁等，并撰写通淮关岳庙《觉世真经》《元妙观碑记》《泉州武帝庙碑记》等。著有《从政杂录》《亦佳室诗文钞》等。

薛木匠 姓薛，名字失传，清代英都著名的大木师傅，居董山村薛厝（今民山村团结村民组），生卒年不详。

一代名医洪绍泮

清朝乾隆年间，英都的新枫村出了个名医，名叫洪绍泮。新枫洪氏的族谱中有简单的记载："绍泮，字敬文。精通岐黄，一代名医。"

洪绍泮自幼习医，在泉州府城及家乡英都坐堂行医，悬壶济世，经他治好的病人很多，口碑甚好，还留下了许多充满传奇色彩的神医故事。

一、寒冬腊月治"伤暑"

民间有句俗语说"十二月吃芥菜，六月才中风"。这句话的意思是，不符合自然规律的事是不可能发生的。然而，民间有传说，洪绍泮在泉州行医的经历中，确实发生过一件类似的事。

话说乾隆某年的寒冬腊月，泉州知府的母亲生了一场病，遍请全城名医诊治，均不见效。后来就有人举荐说，有个南安英都来的郎中，名叫洪绍泮，客寓通津门外洪厝，此人专治疑难杂症，药到病除，何不向他求诊？知府听了此言，立即命手下去寻访，果然把洪绍泮先生请到了。

洪绍泮一到知府第，立即入内堂为老太太望、闻、问、切，少顷，告退出外堂，知府命家人奉茶，只听洪绍泮轻呷了一口茶，喃喃自语道："伤暑风！伤暑风！"此言一出，举座骇然，纷纷说"伤暑风"是六月中暑，岂有寒冬腊月患暑病之理，甚是荒唐。甚至有人当场讥讽道，这位先生是不是看老太太身穿羊羔皮裘认为穿得太"热"中暑了。一时满堂大笑。知府喝道："不得无礼，且听洪先生论病。"洪绍泮这才不慌不忙，对知府细细道来："启禀大人，令堂脉象实而郁结，有如六月天暑湿外邪入侵之状。老太太自诉腹痛腹泻，实是胃伤风寒，脉象表现为暑湿入侵。年事已高，体态臃肿，伴有痰湿，故诸病乘隙而发。其表现症候有如'伤暑风'，并非说令堂腊月中暑也。此冬病宜用暑药治之。"

众人听绍泮一席话，如堕五里雾中，将信将疑。知府大人却认为绍泮论病究源确有道理，拱手说道："那就请绍泮先生按汝诊断的脉象开药方吧，当遵嘱事之。"洪绍泮沉思片刻,开了一副藿香正气汤加减,君药疏风解表化湿、理气和中,辅以臣药固本扶正。先服一剂,立见显效;连服三剂,即可痊愈。此即所谓洪绍泮"冬日治暑病"的奇案一例。

洪绍泮当年通过诊脉断定知府母亲有"伤暑风"症候,并用治中暑的藿香正气汤治愈该病,与现代人冬天患胃肠型感冒,用藿香正气水治疗如出一辙。足见其脉理之精通,医术之神妙。从此,泉州知府与洪绍泮医师结为至交。

二、慧眼识六甲

后来,泉州换了个知府,听说洪绍泮医术精湛,且为人随和,也和他结识成为朋友,二人经常在一起品茶聊天。有一次,洪绍泮先生和泉州知府正在客厅品茶,适有知府大人的千金从厅前走过。洪绍泮观看她的面容及身态,悄悄告诉知府大人:"千金有喜,身怀六甲?"一向对洪绍泮先生非常尊重、视为至交的知府大人勃然大怒,气得面色发青,斥责道:"你胡说八道!吾女尚未婚配,足不出户,岂有怀孕之理?!枉我一向对汝敬重,原来汝是江湖骗子,庸医害人。如此行医看病,不知害死了多少人命。"立即喊令衙役收监,欲待罪行调查清楚明白,呈报上司治以死罪,秋后斩决。洪绍泮不慌不忙地对知府大人说,"你我枉为多年至交,如今汝反面无常,念我有年迈母亲在堂,你宽限我三个月时间,赚些银两好为老母亲置一口棺材送终,三个月后任汝处置"。知府大人念洪绍泮是孝子,准予保释三个月。很快,三个月快到了,洪绍泮庸医的"罪行"调查未果,知府千金的肚子却越来越大,知府急忙请来洪绍泮先生,请问这该如何是好。洪绍泮先生叹道,当日汝若听我言,或者可以堕胎,以守名节。如今怀孕已七个多月,生命孕育成功,堕胎有悖天理。令爱未婚先孕,此系大人家事,洪绍泮不便发言,大人自去处置,只是我的庸医之名,闹得泉郡满城风雨,你必为我洗白。知府大人深悔当初不听忠言,致有今日,再三道歉,并许以为其建宅一座为谢。后吩咐手下立即准备材料,请好工匠,经过三个多月,在绍泮家乡英都新枫村,一座"皇宫起"红砖黑瓦土木结构的十间大厝建筑完成,即如今大新村新枫的下新厝、泉郡名医洪绍泮故居。新厝落成,泉州知府自愧家有丑事不敢张扬,乃委派南安知县姚任道,赠金字牌匾一方——"先正风规",表彰洪绍泮先生的家风和医德。这故事发生在乾隆四十五年,即1780年,至今已240多年了。

这事也常常引起好奇的人向洪绍泮先生提问,你怎么只看一眼就敢断定知府千金有孕?洪绍泮说,少女初孕,脸上已无黄花闺女的光泽,"病仔面"十分明显，甚至体态都已发生变化，已无青春少女的窈窕身姿，这些微妙的变化，都是可以观察出来的。众人一听，连声称赞：果然神医！

三、川芎炖鸡毒死人

传说乾隆年间，英都坂埔杨厝（现在良山村洋厝）有一户杨姓人家，家拥万贯之财，但是有个长子不务正业，白天睡觉，晚上赌博，经常彻夜不眠，致使四肢无力，头昏脑涨，体质十分虚弱。这可急坏了杨家老爹，寻思必须找个好医生，给儿子调理好身体，教以正业。否则一晚输掉一百栳田地，再多的家产都会败个精光，而且性命难保。多人推荐本都新枫的洪绍泮先生医术精湛，于是便请洪绍泮来家诊病。绍泮看这年轻人虽30岁左右，但面色苍白，精神疲惫，手无缚鸡之力，倒像是70多岁的老人家。病人自诉大便溏泄，经常头晕。由于经常熬夜，说话有气无力，嘴唇苍白。洪绍泮判断，此系气血两虚，宜补中益气，扶正养元。开了汤剂，用"四物"汤佐以补气之药，和鸡健一起文火烧炖，连汤带肉服之，可固本扶正，气血双补。洪绍泮根据病人长期沉迷赌博、没有运动、气血双郁，在"四物"中突出加大了川芎的剂量。杨家人按照洪绍泮医生的处方如法炮制，当晚仆人伺候杨公子服药，上床睡眠。第二天早上，仆人叩门，叫喊杨公子起床吃饭，没有反应，推门一看，杨公子竟然已没了呼吸，只见他心跳停止，嘴唇发黑，直挺挺死在了床上。杨家人到官府状告洪绍泮误诊害死杨公子。县官到杨家仔细勘察，杨家人诉说遵照洪绍泮的处方用药，并无不妥，显系误医致死。那县官粗通药性，寻思"四物"是当归、川芎、熟地、白芍，药性平和，岂能置人于死地？于是详细询问洪绍泮。洪绍泮道，此系针对病人虚弱体质用药，药性平和，绝无可能毒死人，"四物"中加大川芎剂量，也无不妥。事出反常必有妖，洪绍泮亲自到煎药的厨房察看。原来那杨家虽然富有，厨房卫生情况却十分糟糕，就在炖药小灶的上方，挂满了海鲜干味，苍蝇乱飞。洪绍泮吩咐按原方再抓一服药炖鸡健，自己亲手在杨家厨房炖药，炖药过程中，发现煮药小炉灶上面挂着的一大串墨鱼，爬出一只大蜈蚣，药气蒸发上升，蜈蚣吐液滴下，药汤立刻变成黑色，故而药汤有毒，难怪杨公子服后中毒身亡。洪绍泮又当着县官的面，在别的炉灶重新蒸煮药汤，亲自饮服，安然无恙。官府综合判研，认定洪绍泮开的处方无毒，杨家公子是服了在煎煮药汤过程中滴入蜈蚣毒液的汤药身亡，与洪绍泮无关。"川芎炖鸡害死人"原来是"蜈蚣吐珠毒死人"，此案至此真相大白。

四、冷水治难产

有一年冬天，寒风刺骨，特别寒冷。这一天，英都霞美村有个农民急匆匆来到洪绍泮家，一进家门立即双膝跪下，说："赶紧救救我老婆，难产两天了，肚子反复阵痛，就是婴儿生不下来，十分危急！"洪绍泮先生二话没说，立即背起行医褡裢随他一起来到产妇家，只见那产妇面无血色，腹痛厉害，两天没生下小孩，几乎连呻吟的力气都没有了，情况确实十分危急。洪绍泮脑子一动，想起曾见过医书有记载，泼冷水治难产的病例，决定孤注一掷。他对那产妇的丈夫说，你的妻子经过两天两夜反复折磨，现在已临生死关头，今日背水一战，胜负如何全靠你的运气。他立即叫产妇丈夫端来一盆冷水，旁边家人都感觉纳闷，小孩生不下来，拿来冷水有什么用？洪绍泮先生接过满满的一盆冷水，直接泼到产妇头上，产妇大声一叫，突然全身发力，只听得哇哇的婴儿哭声，小孩顺利生了下来。产妇家人合家跪谢："多亏绍泮神医，恩同再造。"洪绍泮又吩咐，产妇体弱，宜徐徐调养，月内进补切莫操之过急。

原来，古代并没有助产的手术。洪绍泮根据该产妇的身体情况，折腾了两天，精疲力尽，以冷水突然刺激助其发力，终于把婴儿分娩出来，外行人听来，确是不可思议的奇事一桩。洪绍泮先生冷水治难产的故事一下子传遍了南安、安溪。

民间自古有关于医师时运的说法，认为一个名医的盛誉有个高峰期，高峰期一过，名医也就慢慢淡出人们的视野了。因此，有人将洪绍泮冷水治难产及险些因"川芎炖鸡毒死人"一案陷入不白之冤两件事，编了一句顺口溜："时来冷水治生产，运去归芎医死人。"（"归芎"指当归和川芎，是"四物"中的两味）至今，这句熟语依然是英都民间酒后茶余的谈资。这也印证了洪绍泮在行医过程中的确经历过这么两件奇事。

五、五世口警告贪吃汉

英都的洪氏家庙，因奉祀翁山洪氏第五世祖宗的神主牌位，故又名"五世祠"。明清以来，"五世祠"门外（五世口）就是英都的农产品交易中心，人们每五日赶集一次，称为"英墟"。至清代，五世口已是十分繁荣的市场，煎豆干、卖麻糍、泡面茶、卖肉粽，各种小吃都集中在这里。

话说有一年冬天，洪绍泮出诊路过五世口，在一个卖麻糍的摊点前停了下来，因为他看到有个年轻人在买麻糍，一下子买了三斤，并在摊点前狼吞虎咽，吃下了一斤。再看那年轻人，面色青黄，并非健壮之人。洪绍泮看这情况，知道此人买麻糍并非用之请客，而是自己贪吃，如此狼吞虎咽，早晚胃肠会闹毛病，遂上前劝道：麻糍虽然好吃，但不能如此吃法，再吃会生病了。年轻人满不在乎，心里说你这人真怪，连吃麻糍你也管？并不理睬洪绍泮的警告。

次年，又是一个冬天来临，洪绍泮又路过五世口，想起去年之事，便问那卖麻糍的老板："去年买麻糍的那个年轻人，还有再来吗？"老板说："病了，躺在床上呢！下不了地。听说找了几个医生看了，都不见好转。"洪绍泮听后连声长叹，不听吾言，贪吃致病了。老板随后托人捎话给那年轻人的家属，何不找洪绍泮先生看病？家属立即来请洪绍泮先生到家里看病。洪绍泮进门一看，年轻人面色苍白，嘴的周围发黄，面容消瘦，说话有气无力，声音低微，自诉腹胀，小便短少。洪绍泮诊脉后说，脉象低沉，此系积食郁结所致，脾土虚弱，拟以参苓术散加减。那年轻人服药调理一个多月，胃胀完全消除，精神也好多了。洪绍泮再施以补中益气药汤，终于使他完全治愈，恢复了健壮体魄。年轻人想起当日不听洪绍泮先生的劝告，几乎送了性命，十分羞愧，乃亲到绍泮家门口放鞭炮鸣谢。

（洪伟财讲述）

竹仔林桥的八百年沧桑

　　南安西部的英都镇大新村，有一座名为"竹仔林桥"的古桥，这座全用花岗岩建造的石桥，800年来静静地和桥下潺潺的东流水一起不舍昼夜地守望着一方生民。桥虽不大，却遐迩闻名。1998年，竹仔林桥被南安市人民政府公布为市级文物保护单位。

　　这是一座横跨小溪的单孔石桥，桥的南北两端用花岗岩石块砌墩，用4条长5.2米、宽0.65米、厚0.35～0.38米的花岗岩条石并列构成单孔跨梁石桥。桥板上刻有这座桥始建及历次重造的时间：

绍定五年壬辰冬造

延祐丙辰春重造

万历乙亥冬重造

万历癸卯冬重造

　　虽经数百年岁月磨洗，字迹依然非常清晰。几百年间四次接力造桥，历届工匠都成了无名英雄，唯独留下这些纪年石刻，明确记载了此桥始建于绍定五年（1232），绍定是南宋理宗的年号，距今已近800年了。之后经过三次"重造"。第一次重造在延祐丙辰（1316）之春，延祐是元朝仁宗的年号，距其始建时间84年。第二次重造是明朝的万历乙亥（1575），万历是明朝神宗的年号，距前一次重造259年。第三次重造是在万历癸卯（1603），距上一次重造28年。

　　800年前，洪氏族人尚未迁徙英都，当年始建此桥的先辈是什么姓氏，他们的后人现在去向何方，都已无从稽考。但关于当年造桥的故事，一代代口传下来，年已七旬的老农民洪珠欣便是传承人之一。他介绍说，别看现在这条小溪流量不大，听老前辈说，古代这里是一条深水小河，平时水深数尺，两岸的村民过往十分困难，小孩根本无法通过。一下大雨，从廿八都山上狂泻下来的山洪波涛汹涌，闹出人命的事经常发生，这给当地村民的生产、生活带来了诸多不便。当时，村民只得上山砍伐大树建造木桥。然而从山上砍伐原始森林，本来就是一件很艰巨的事，而且树干的跨度不够长，溪中还要用大松木打桩做桥墩。辛辛苦苦耗费无数人力建造起来的木桥，往往经一场大水就被冲坏，桥梁随水漂走，又得上山伐木重造。村民为此苦不堪言，常常望着这二丈宽的河面兴叹。

宋元年间，泉州经济繁荣，也带动了内地的农桑发展，英都除了出产粮食外，还有茶叶、丝绸生产。农民生活稍改善后，就筹备建一座永久性石桥。洪珠欣介绍说，据传说，本来拟建于距现址 500 多米的上游，但桥墩还未完工就被洪水冲毁，只得重新择址。前辈说，是经过"仙人指点"才建于现址的。也就是说，在南宋理宗的绍定五年（1232）在此始建永久性石桥，从此奠定了千年基业。

关于这座桥的三次重造过程，洪珠欣是这样介绍的：听前辈口口相传，要在这溪上设一座没有桥墩的单孔跨梁石桥，石板长度达二丈（鲁班尺）以上，而大新村本地没有这么大的花岗岩石可供开采，必须采自外山。然而，一块长 5.2 米、宽 0.65 米、厚 0.35 米的大型石料，重达 8000 多斤（4 吨），全靠人力搬运也是非常困难的。为减少人力搬运的劳苦，其中一段路程采用水运，就是从下游用木船拉纤运到现场，并且要避开汛期洪水，选择在冬季突击施工。可见当年建造此桥之艰辛。

洪珠欣还介绍了这座桥梁由始建时只有一条跨梁石板又经三次"重造"才建成四条大型跨梁石板桥的前世今生。

南宋绍定五年，人们盼望已久的石桥落成，因石桥横跨竹仔林溪，故被称为"竹仔林桥"，桥身为单板巨型花岗岩条石，宽度为鲁班尺 2.2 尺，折合今天的 65 厘米。大家都觉得比起以往危险的木桥安全多了。但美中不足的是桥面太狭窄了。于是，经历两三代人筹备，终于在 84 年之后"重造"，增加了一条跨梁，成为桥面 4.5 尺宽的双梁石桥，此时已是元朝了。

入明以后，英都因农业经济繁荣而成为南安西部的物资集散地，通往同安县的驿路开始形成，南安西部与同安农特产品交流日渐频繁，结伴往返于同安与英都的商贩都要由此桥经过，此桥成了英都人启程前往同安的主要地标。同时，桥的南北两端商肆店铺也应运而生，桥南一端的小街称为"顶街"，桥北一端的小街称为"下街"。粮行米市、日用杂货在此交易甚多。明朝中叶，翁山洪氏家族已在英都繁衍，成为泉郡望族。居住在竹仔林桥的洪氏宗亲，眼看竹仔林桥过往行人不断增加，四尺多宽的石桥显得太窄小了，经过许多年筹备，终于在明神宗万历乙亥年（1575）重新加大、加固、加宽桥墩，又增加一条跨梁，成为三板的石桥。此时，距上一次"重造"已有 259 年之久。

然而，洪氏族人仍然不满足于此，一鼓作气，又经过 28 年的筹募，终于在万历癸卯年冬天再增一板，成为由四条花岗岩石梁组成的单孔石桥，桥面宽度达到 2.8 米，合鲁班尺 9.3 尺，已接近 1 丈了，完全满足了当时的交通需求。

石桥落成时，两岸商户摆香案谢天，还搬演"大班戏"庆祝。英都洪氏族人视此桥为穿越崇山峻岭西行的起点，将此永久性石桥喻为千年基业，期盼它永远造福后代子孙。有位长者说，如果有一位传圣旨的钦差大臣或"天子门生"来此过桥，就是"活圣旨"压桥，可保千秋永固。

事有凑巧，当石桥择吉落成庆典之后，恰有中过会元的本族东轩二房洪启睿回乡拜祖，于是合族人士商议，请洪启睿乘坐官轿先绕道通过竹仔林桥，然后到洪氏家庙开门祭祖。原来，洪启睿于万历壬辰科（1592）京城会试名列榜首，成为"会元"。万历皇帝金殿御试，洪启睿被钦点为二甲进士第一名，赐"金殿传胪"，授礼部主事。当时，洪启睿家住泉州，高中"金殿传胪"后立即上京赴任，来不及回祖地南安英都拜祖。万历癸卯（1603）年，也就是洪启睿中传胪的 11 年之后，官职已迁升浙江左布政了，这才回祖地祭祖。是年冬天，恰好赶上竹仔林桥扩建落成庆典，得以经过故乡新造的石桥。此事在英都传为盛事。长者说，皇帝金殿御试，亲自钦点洪启睿为金殿传胪，是当之无愧的"天子门生"、国之栋梁。"天子门生"过桥，从此基业永固。

果然，从明朝至今，竹仔林桥历经无数次狂涛骇浪，它息波安澜，基础及桥身都巍然如山，从未经过大修或加固。

明、清、民国，数不清有多少肩挑货物的商贩、大汗淋漓的轿夫、急急行军的军队和谋求生计的平民从此桥经过。中华人民共和国成立以后，负重的人力板车和手扶拖拉机频频往返于此，石桥依然不变。唯一变化的是，桥面的石板被磨光了。

时光穿越 800 年，竹仔林桥见证了周遭沧海桑田的变幻。昔日英都的西行起点，而今已被新的公路取代。周边的商肆店铺，早已变成漂亮的民居楼房。在石桥的下游，已经另建了一座钢筋水泥桥。而这座古桥，还时时有行人及摩托车、电动车经过。饱经沧桑的古桥，与充满时代感的新农村和谐共处。它那古老的建筑，连同它的悠久历史，都被人们细心地呵护着。

2022 年 6 月 28 日

后　记

　　本书在编辑期间，得到了中共泉州市委办公室主任吴忠溪、英都镇党委书记陈金颖、霞溪村党委书记洪再双同志的关心和支持。

　　本书的出版经费，得到了英都镇教育基金会、翔云镇商会、石山村委会、民山村委会、温州市英都乡亲联谊会、良山村委会、博纳斯威阀门股份有限公司、百安消防有限公司，洪诗得、陈玉栋、林成洲、洪振华（阿宝）、洪春龙、洪文兴、洪有福（恒坂）、洪猛练、洪志权、洪安春、洪美生、洪育福、洪进财、洪振灿、洪子琛、洪有福（英侨）、洪源法、洪锦贵、洪鸿吉等单位和个人的大力赞助。

　　特此鸣谢！

廖榕光